食品生产许可详解与案例指引

屠大伟　主编

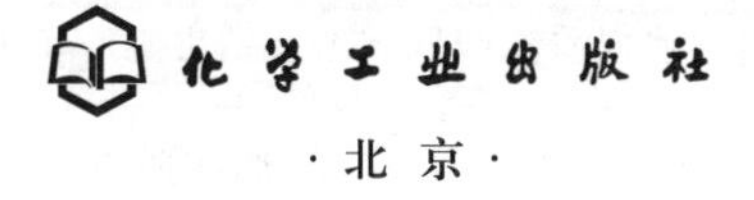

·北京·

图书在版编目（CIP）数据

食品生产许可详解与案例指引 / 屠大伟主编. 北京：化学工业出版社，2025. 1. -- ISBN 978-7-122-46777-5

Ⅰ. F426.82

中国国家版本馆 CIP 数据核字第 2024209ED9 号

责任编辑：邵桂林　　　　文字编辑：张熙然
责任校对：王　静　　　　装帧设计：韩　飞

出版发行：化学工业出版社
（北京市东城区青年湖南街 13 号　邮政编码 100011）
印　　装：北京云浩印刷有限责任公司
850mm×1168mm　1/32　印张 8¼　字数 220 千字
2025 年 3 月北京第 1 版第 1 次印刷

购书咨询：010-64518888　　　　售后服务：010-64518899
网　　址：http：//www. cip. com. cn
凡购买本书，如有缺损质量问题，本社销售中心负责调换。

定　　价：49.00 元

编写人员名单

主　　编　屠大伟

副 主 编　刘文俊

编写人员（按姓氏拼音排序）

丁镜溢　金小珂　刘文俊

毛　凌　屠大伟　尹婧萱

前言

2020年1月2日国家市场监督管理总局公布《食品生产许可管理办法》，于2020年3月1日起施行。2022年10月8日，国家市场监督管理总局又配套发布了修订后的《食品生产许可审查通则》，于2022年11月1日起施行。《食品生产许可管理办法》《食品生产许可审查通则》的修订与发布进一步细化完善了食品生产许可制度，明确了市场监督管理局的许可职责，强化了获证企业的监督检查。

食品生产许可制度的实施是《中华人民共和国食品安全法》的明确规定，也是市场监督管理部门贯彻实施国家产业政策、履行食品安全监管职责、加强食品安全监管、保障民众身体健康及生命财产安全的重要手段。食品生产许可制度实施数十载，经过多次变革，对进一步严格规范食品生产企业的生产加工环境、设施设备、工艺条件、质量管理制度，促进生产企业加强产品的质量管理，提升生产企业保障食品质量安全的能力发挥了不可替代的积极作用。随着我国经济体制改革的不断深入，以及食品生产许可制度的逐步完善，我国的食品工业迅速发展，经济质量和综合效益稳步提升。据国家统计局数据，2021年，我国规模以上食品工业企业实现营业收入9.14万亿元，同比增长12%，2021年规模以上食品工业增加值按可比价格计算同比增长8.7%，比2020年增加9.8%。这种良好的发展趋势会吸引更多的企业加入食品制造的队伍当中，而企业想要生产食品、创造经济价值的首要条件就是获得行政许可。

食品生产许可的获得具有法定的条件与程序，生产企业必须满足申请事项的许可条件，并按照法定的许可程序取得生产许可，方可从事生产活动，不同的食品类别具有不同的许可标准与要求。为了让生产企业了解食品生产许可制度、知晓食品生产许可的必要性和许可程序，同时加强许可管理部门与生产企业的沟通，特编写《食品生产许可详解与案例指引》。本书从食品生产许可制度概述、相关法规、申办流程、许可分类及产品工艺流程、食品标准与检验、生产许可的筹建与准备、生产许可证的监督检查和案例指引八个方面来系统地讲解食品生产许可，意在从生产企业的角度理解食品生产许可制度，了解申请食品生产许可证前的筹备工作、生产许可证的许可程序、获证企业的许可证管理。本书大致讲解了食品生产许可制度的由来与变革，并通过相关的法律规章来阐述实施食品生产许可制度的必要与意义；详细地讲解了食品生产许可程序，包括申请前的建厂规划、材料准备、资料与现场审查、许可证的变更与延续等内容；讲解了食品生产许可的分类以及各类食品的工艺流程、关键控制点、设施设备；帮助企业了解什么是食品标准，怎么科学合理地运用相关标准，怎么确定产品的检验指标与方法，如何在没有相关标准时去建立与备案企业标准；详细地讲解了对食品生产许可证的监督检查，包括监督检查的意义、对生产许可管理部门工作人员的监督管理、对获证企业的监督管理、对违反法律规定企业的处罚等内容；最后分析不同情况的企业的案例，例如新办企业申请许可证、许可证的变更、许可证的延续等，通过不同的案例分析来指引企业根据具体情况提出许可申请，并强调不同情况应当注意的事项，以便企业参考。

由于编者水平有限，书中难免存在不足之处，恳请广大读者多提宝贵意见，以便将来进行修订再版。

编者

2024 年 10 月

目录

第1章
食品生产许可制度概述

食品生产许可制度是为了保证食品安全、保障公众身体健康与财产安全、规范食品生产活动、加强食品生产监督管理、贯彻国家产业政策以及促进市场经济健康、协调发展的一种行政许可制度。该制度规定，生产企业必须具备持续生产合格产品的能力，并经过审查获得食品生产许可证后，方可从事相关生产活动，任何企业未取得生产许可证，不得生产食品生产许可制度管理的产品。

目前，食品生产许可制度的管理部门为国家市场监督管理总局，省、自治区、直辖市市场监督管理局，县级以上地方市场监督管理局。

1.1 食品生产许可制度历史沿革

1.1.1 食品生产许可制度的产生

食品生产经营许可是食品能否进入市场的关键条件，早在1983年7月1日实施的《中华人民共和国食品卫生法（试行）》第二十六条就有规定：食品生产经营企业和食品商贩，必须先取得卫生许可证方可向工商行政管理部门申请登记或者变更登记。卫生许可证的发放管理办法由省、自治区、直辖市卫生行政部门规定。1995年10月30日第八届全国人民代表大会常务委员会第十六次会议通过并公布施行的《中华人民共和国食品卫生法》（以下简称

《食品卫生法》）第二十七条规定：食品生产经营企业和食品摊贩，必须先取得卫生行政部门发放的卫生许可证方可向工商行政管理部门申请登记。未取得卫生许可证的，不得从事食品生产经营活动。根据《食品卫生法》的要求，形成了以“单一部门”——卫生行政部门负责的监管体制，由卫生监督和防疫两个部门负责实施。食品卫生许可从新中国成立初期实施至2002年由食品质量安全市场准入制度取而代之。

食品质量安全市场准入制度包括以下三方面的内容：一是食品生产许可制度，即食品生产企业必须经审查发放食品生产许可证后方可从事食品生产活动；二是强制检验制度，即食品生产企业须对其产品进行自检，检验合格后方可出厂，同时监督管理部门对获证企业实行定期监督检验，对不合格产品应当实行更为严格的检验；三是QS标志制度，QS是“质量安全”的英文“Quality Safety”的缩写，即产品经检验合格，在出厂销售之前，必须在产品最小销售单元的包装上印刷QS标志。原国家质量监督检验检疫总局于2002年7月首次将米、面、油、酱油和醋5类食品纳入食品质量安全市场准入制度，同时要求从2004年1月1日起，未获得市场准入资格的米、面、油、酱油、醋不得生产与销售。2003年1月14日，首批带有QS标志的食品进入市场，同年，肉制品、调味品、饮料、乳制品以及冷冻食品等10类食品开始实行市场准入，之后其他28类食品也逐渐实施该制度。

随着改革开放的深入，市场开始浮现“重产出、轻质量”的现象，国内外的食品安全事件频发，为了遏制食品安全事件的发生，2004年出台了《国务院关于进一步加强食品安全工作的决定》（国发〔2004〕23号），这是“食品安全”第一次出现在国家级规范性文件中。文件指出，食品安全关系到人民群众的身体健康与财产安全，关系到社会的经济发展与稳定，关系到国家的公信力与形象，提出应采取“分段监管为主、品种监管为辅”的方式，一个部门负责监管一个环节，明确各部门的主体责任，根据权责一致的原则，实行食品安全监管责任与追责制度。2006年，河北白洋淀发生苏丹红“红心鸭蛋”事件；2007 年，广东中山发生用碱性橙Ⅱ浸染豆腐皮事件；2008 年，发生三聚氰胺事件，此事件涉及包括三鹿集团在内的 22 家乳制品生产企业，造成全国 26 万婴幼儿泌尿系统出现异常，其中 6 人死亡。为了有效控制食品安全事件的发生，保障人民群众的身体健康和财产安全，2009 年 2 月 28 日中华人民共和国第十一届全国人民代表大会常务委员会第七次会议通过《中华人民共和国食品安全法》（中华人民共和国主席令第 9 号）（以下简称《食品安全法》），同时废止《食品卫生法》。

2009 版《食品安全法》第二十九条规定：国家对食品生产经营实行许可制度。从事食品生产、食品流通、餐饮服务，应当依法取得食品生产许可、食品流通许可、餐饮服务许可。取得食品生产许可的食品生产者在其生产场所销售其生产的食品，不需要取得食品流通的许可；取得餐饮服务许可的餐饮服务提供者在其餐饮服务场所出售其制作加工的食品，不需要取得食品生产和流通的许可；农民个人销售其自产的食用农产品，不需要取得食品流通的许可。食品生产加工小作坊和食品摊贩从事食品生产经营活动，应当符合本法规定的与其生产经营规模、条件相适应的食品安全要求，保证所生产经营的食品卫生、无毒、无害，有关部门应当对其加强监督管理，具体管理办法由省、自治区、直辖市人民代表大会常务委员会依照本法制定。2009 年公布实施的《食品安全法》为 2015 年史上最严《食品安全法》的公布与实施奠定了基础。

1.1.2 食品生产许可制度的改革

随着社会经济的快速发展，我国人民的生活水平逐渐得到提高，对食品的要求不单是“果腹之欲”，而是在保证食品卫生安全的基础之上侧重于食品的内在安全性，例如食品原料的品质、食品添加剂的限量使用等。从《食品卫生法》过渡到《食品安全法》就是在保障食品卫生安全的同时注重食品的内在质量，同时对非食用物质添加、超限量使用食品添加剂等违法犯罪行为进行约束打击。《食品安全法》的发布与施行也是适应经济全球化需求的一大举措。

自《食品安全法》施行以来，我国的食品安全工作稳步开展，总体形势稳中趋好，但仍存在更深层次的矛盾与问题，食品安全形势依然严峻。为完善我国食品安全监管体制，建立严格的食品安全监管制度，构建食品安全法治秩序，推进食品安全社会共治格局，不断提高食品安全保障水平，新修订的《食品安全法》于2015年10月1日起施行。《食品安全法》（2015版）第三十五条规定：国家对食品生产经营实行许可制度。从事食品生产、食品销售、餐饮服务，应当依法取得许可。但是，销售食用农产品，不需要取得许可。2018年和2021年又先后修订了两次《食品安全法》，但是其主体内容上没有较大的变化，同样规定从事食品生产、食品销售、餐饮服务须依法取得行政许可。

为贯彻实施《食品安全法》，规范食品生产许可的监督管理工作，落实对食品生产环节的监管职责，2010年4月7日，国家质检总局公布了《食品生产许可管理办法》（质监总局令第129号）（以下简称《办法》），自2010年6月1日起施行，同时QS标志更改为“企业食品生产许可”的汉语拼音首字母缩写，“质量安全”更改为“生产许可”。2015年8月26日，新《食品安全法》发布后，国家食品药品监督管理总局局务会议审议通过配套修订的《食品生产许可管理办法》，8月31日，国家食品药品监督管理总局局长毕井泉签署第16号令，9月1日，国家食品药品监督管理总局公布了该局令，自2015年10月1日起施行。新《办法》明确，食品生产许可证编号将由SC（“生产”的汉语拼音首字母缩写）开头，QS认证将退出历史舞台，从QS到SC有三年的过渡期，自2018年10月1日起，食品生产者生产的食品不得再使用原包装、标签和QS标志。本着“放管结合、方便企业、从严监管”的原则，新《办法》除更改QS认证标志外，还对原有的食品生产许可制度进行了完善。

1.1.2.1 五取消

（1）取消部分前置审批材料核查　申请食品生产许可时需要提

交的前置审批材料繁多，一些材料与许可事项并没有直接关系，这是近年来食品生产者反应比较强烈的问题，为此新《办法》对生产许可申请需要提交的材料重新作了梳理，凡是与许可事项没有直接关系的一律取消前置审批材料核查。

（2）取消许可检验机构指定　之前的生产许可规定是，申请人的产品检验需要到指定的有资质的检验机构进行。为了方便企业、提高审批效率，新《办法》规定申请人可自行检验或者委托有资质的食品检验机构对其产品进行检验。

（3）取消食品生产许可审查收费　为贯彻落实党中央、国务院便民惠民政策和财政部、国家发展改革委《关于取消、停征和免征一批行政事业性收费的通知》，新《办法》取消了食品生产许可审查收费。食品药品监督管理部门在接受企业生产许可（换证）申请、实施生产许可审查、产品检验审查时不得收取任何费用。

（4）取消委托加工备案　委托加工属于市场行为，行政部门不应干涉，新《办法》取消食品生产者向监管部门进行委托加工备案的规定。食品生产委托双方只需要根据法律法规和食品安全国家标准真实标注委托方和被委托方的名称、地址和联系方式，以及被委托方的食品生产许可证等信息即可。

（5）取消企业年检和年度报告制度　新修订的《食品安全法》规定食品生产经营者应当建立食品安全自查制度，定期对食品安全状况进行检查评价。为了与《食品安全法》的要求相一致，新《办法》取消了食品生产者年检和年度报告的规定，不再要求其向食品药品监管部门提交年检和生产许可年度自查报告。

1.1.2.2　四调整

（1）调整食品生产许可主体　实行一企一证，对每一家符合条件的食品生产企业发放一张食品生产许可证，生产多类别食品的，在生产许可证副本中予以注明。

（2）调整许可证书有效期限　将食品生产许可证书由原来的3年有效期限延长至5年。

（3）调整现场核查内容　获证企业在许可食品类别范围内增加生产新的食品品种明细，不再进行许可现场核查；申请保健食品、特殊医学用途配方食品、婴幼儿配方乳粉生产许可，在产品注册时经过现场核查的，可以不再进行现场核查；增加新的食品类别，保健食品企业变更原料前处理、提取等受托企业的，许可审批机关仅对其生产工艺、生产场所及设备设施等进行现场补充核查。

（4）调整审批权限　除婴幼儿配方乳粉、特殊医学用途食品、保健食品等重点食品原则上由省级食品药品监督管理部门组织生产许可审查外，其余食品的生产许可审批权限可以下放到市、县级食品药品监督管理部门。具体办法和目录由省级食品药品监督管理部门确定。

1.1.2.3　四加强

（1）加强许可档案管理　各级食品药品监督管理部门建立完善食品生产许可档案，详细记录食品生产者许可信息及生产的食品品种、日常监督管理机构、日常监督管理人员等内容。

（2）加强证后监督检查　食品药品监督管理部门制定监督检查计划加强对企业的日常监督检查，公布监督检查结果，并记入企业食品安全信用档案。

（3）加强审查人员队伍管理　食品生产许可审查人员由省级食品药品监督管理部门统一培训、统一考核、统一注册、统一发证、统一管理。严肃食品生产许可审查工作纪律，加强审查人员考核管理，建立申请人评议制度，强化内部督查和社会监督。

（4）加强信息化建设　建立生产许可信息化系统，鼓励各地探索实行网络申请、受理、审批、发证，推行电子证书，提高食品生产许可的信息化、透明化、规范化水平。

1.1.3　食品生产许可制度的新征程

随着我国经济体制建设地不断深入，食品行业得以飞速发展，食品生产许可制度也日趋完善，现行的食品生产许可制度在制度设计和操作运行层面也浮现出新的问题，例如许可材料繁多、许可程序复杂、企业补办证件不便等。为此，2019 年 12 月 23 日国家市场监督管理总局审议通过新《食品生产许可管理办法》，2020 年 1 月 2 日国家市场监督管理总局令第 24 号公布，自 2020 年 3 月 1 日起施行。为贯彻实施新《办法》（以下均指 2020 版）相关要求，使食品生产许可的审查工作与《办法》一致，结合食品生产许可工作经验，适应新形势下食品生产许可管理工作需要，统一许可审查标准，规范全国食品生产许可审查工作，故市场监管总局于 2022 年 10 月 8 日发布修订后的《食品生产许可审查通则》（以下简称《通则》），自 2022 年 11 月 1 日起施行。

新《办法》删除了原《办法》的第三十条、第四十条和第四十六条，新增第十八条和第四十八条，并对原《办法》条款做出 11 点修改，具体修改内容包含以下方面：①新增条款，当申请人申请多个类别的食品时，申请人可根据相关部门确定的食品生产许可管理权限，自主选择其中一个受理部门提交申请材料；②新增条款，未经申请人许可，审查等许可工作人员不得透露申请人的商业机密，法律规定或涉及国家安全、社会公共利益的除外；③第一条增加《中华人民共和国食品安全法实施条例》作为新《办法》的法律依据；④对第五条的“风险分类”做出新规定，要结合食品原料、生产工艺等因素分类；⑤提出许可流程以网上办理为主，简化流程，提高办事效率；⑥将“农民专业合作组织”纳入为生产许可的申请主体；⑦对专业技术人员作了新规定；⑧对提交许可的申请材料重新作出了规定，减少了书面材料；⑨对核查人员作了新规定，对新申报和扩项申报试生产产品的检验报告要求作了修改；⑩对“企业生产条件发生变化”时的许可进行了规定；⑪对违反“未经生产许可的产品生产”进行了规定；⑫对“生产场所发生变化的许可”作出了规定；⑬对于违反“办法”的规定，明确要责任追究。

新《通则》的具体修订内容为：①调整与法律法规不适应的内容，例如删除外设仓库、委托办理许可材料等与《办法》不适应的条款内容；②调整许可实施主体及适用范围，实施主体由“食品药品监督管理部门”调整为“市场监督管理部门”；③调整申请材料符合性的审查要求；④调整审查环节时限要求，现场核查完成时限为5个工作日，审批部门10个工作日内完成食品生产许可工作；⑤规范核查人员组成及职责；⑥明确新食品品种的审查要求；⑦明确现场核查要求；⑧便利企业通过电子化方式提交申请；⑨加强与特殊食品审查要求的衔接；⑩对条款内容进一步优化。

《办法》与《通则》的修订，是对食品生产许可制度的进一步完善，也意味着这一制度开始踏上新征程。此次修订针对原有制度存在的问题，按照新修订的《食品安全法》及其条例、其他相关标准要求、“放管服”和“证照分离”改革要求，从服务经济体制改革、服务社会管理创新、完善监督管理机制出发，积极吸收采纳地方经验做法，契合实际地解决近年来地方开展食品生产许可工作中遇到的共性问题，进一步明确食品生产许可的申请条件、审批程序和时限要求，规范食品生产许可活动，提高食品生产许可的工作效率，增强新《办法》、新《通则》的科学性和可操作性，使之更加适用于新形势下食品生产许可监督管理的工作要求。

1.2 食品生产许可制度的宗旨和特点

《中华人民共和国行政许可法》（以下简称《行政许可法》）第十二条第一项规定：直接涉及国家安全、公共安全、经济宏观调控、生态环境保护以及直接关系人身健康、生命财产安全等特定活动，需要按照法定条件予以批准的事项。第四项规定：直接关系公共安全、人身健康、生命财产安全的重要设备、设施、产品、物品，需要按照技术标准、技术规范，通过检验、检测、检疫等方式进行审定的事项。食品生产活动是直接关系公共安全、人体健康、生命财产安全的特定活动，为保证影响公共安全、人体健康、生命财产安全的食品的质量安全，贯彻国家产业发展政策，规范食品、食品添加剂生产许可活动，加强食品生产监督管理，从而实施食品生产许可制度。下面将从以下几点阐述食品生产许可制度的宗旨和特点。

1.2.1 食品生产许可制度的宗旨

1.2.1.1 保证食品安全，保障公众身体健康和生命安全

《食品安全法》第一条规定：为保证食品安全，保障公众身体健康和生命安全，制定本法。《食品安全法》是食品生产许可制度实施的依据之一，许可制度的实施宗旨应当与《食品安全法》相适，即将保证食品安全、保障公众身体健康和生命安全作为食品生产许可制度施行的首要宗旨。

食品安全有三层含义：一是数量安全，即一个国家或地区能够生产人民基本生存所需的食品，要求人们既能买得到又能买得起生存生活所需的基本食品；二是质量安全，指提供的食品在营养、卫生方面满足和保障群众的健康需要，食品的质量安全涉及食物原料的污染、食品是否有毒、添加剂是否超剂量使用、标签是否规范、是否有非食用物质添加等问题，需要在食品受到污染之前采取预防措施，以免食品受到污染或遭遇主要危害因素的侵染；三是可持续安全，这是从可持续发展的角度要求食品的生产活动需要注重生态环境的良好保护和资源利用的可持续性。为保证食品的数量安全、质量安全和可持续安全，解决食品行业的乱象，保障民众的健康与生命安全，实施食品生产许可制度，从源头上加强食品的生产管理，提高食品的市场准入条件，促使食品生产企业改善生产环境与条件，加强食品质量安全管理，提高食品安全保障水平。

1.2.1.2 规范食品生产活动，加强食品生产监督管理

安全的食品，不单是“产”出来的，也是“管”出来的。虽然食品质量安全的提高要依赖于市场的竞争机制，通过优胜劣汰来调节，但是在市场机制尚未完全形成，不能充分发挥调节作用时，还需要适当的行政干预和法律约束来保证食品安全。李克强多次强调，要健全覆盖从“农田到餐桌”全过程最严格的监管制度，确保食品和农产品安全。有效的食品安全监管机制，是保障食品安全不

可或缺的重要手段，食品生产许可制度作为食品安全监管机制的重要组成部分，严格限制从事食品生产活动的主体资格，规范食品生产企业的生产行为，从而达到加强食品生产活动的监督管理、落实食品安全主体责任的目的，也有利于更好地维护社会主义市场经济秩序，有利于培育食品生产行业乃至整个社会的食品安全意识。

食品生产许可制度，是安全食品生产的第一道“关口”。按照党中央、国务院深化体制机制改革、加快实施创新驱动发展的战略部署、简政放权、便民惠民的工作要求，实施食品生产许可制度，进一步明确行政许可的定位，妥善处理事前监管与事中、事后监管的关系，明确食品生产许可证的申请条件、受理程序、时限要求等，规范食品生产许可活动，提高食品生产许可的工作效率，并在一定程度上从制度设计层面和具体操作层面提升食品生产行业的创新驱动能力，改变食品生产企业，转变经济增长的方式，提高经济运行质量。

1.2.1.3 适应市场发展需求，贯彻国家产业政策

食品生产许可制度的实施对于贯彻国家产业政策、加快经济结构调整可以起到有效的调控作用。改革开放以来，我国的经济呈现快速增长的趋势，食品行业的发展也愈渐成熟，在这期间，为适应食品行业的发展，保障食品的质量安全，食品生产许可制度多次改革。改革初期，食品行业技术装备不够先进，加工工艺落后陈旧，缺乏必备的工艺设施设备和质量检验手段，导致企业生产的食品质量水平参差不齐，难以保证食品的质量安全，为保证公共安全、人体健康、生命财产安全，先后实施了卫生许可制度和食品质量安全市场准入制度。随着国民经济水平的提高，民众对于食品质量的要求从简单的卫生、充饥转变为营养、健康，《食品安全法》也适应于当时的国情而颁布实施，同时我国开始实施食品生产许可制度。通过实施食品生产许可制度，逐步提高对食品生产企业的要求，督促生产企业加强技术创新，改善生产设施设备，改善产品的工艺条件，完善产品的质量检验手段，促进食品生产行业的发展，并在发

展中持续完善食品生产许可管理制度。通过修订食品生产许可管理办法、审查通则和细则等规章来提高食品的准入门槛，驱动食品生产企业的创新，提高资源利用效率，切实保护生态环境，保证科学发展观和国家产业政策的贯彻落实。

1.2.2 食品生产许可制度的特点

1.2.2.1 强制性

《办法》第二条规定：在中华人民共和国境内，从事食品生产活动，应当依法取得食品生产许可。这表明任何单位和个人在生产列入食品生产许可分类目录的食品时，必须按照规定的程序申请并获得食品生产许可证，方可生产。同时，还表明任何单位和个人在销售和经营活动中也必须销售、使用获得食品生产许可证的产品。《办法》是实施食品生产许可制度的一项体现，也是贯彻实施《食品安全法》而颁布的规章，所以跟《食品安全法》一样具有法律的强制性特点，因此食品生产许可制度具有强制性。

1.2.2.2 准入性

对于符合获得食品生产许可条件的生产企业，省、自治区、直辖市市场监督管理局作出准予行政许可决定，发放食品生产许可证证书，允许其生产、销售和在经营活动中使用取得食品生产许可证的产品。因此，食品生产许可制度具有准入性。这种准入性，实际上是国家对食品生产企业具备生产列入食品生产许可分类目录产品生产能力的最基本要求或者说是基本的门槛，达不到基本要求就不允许其准入市场。

1.2.2.3 广泛性

食品生产许可是具有社会性事项的行政许可，故该制度的许可范围具有广泛性。食品生产许可制度的广泛性包括适用对象广泛、适用地域广泛和适用主体广泛：一是适用对象广泛，食品生产许可制度覆盖的对象几乎包括整个食物链体系的各个阶段，且各个阶段都由市场监督管理局对其监督；二是适用地域广泛，《办法》中规定在“中华人民共和国境内”适用，即凡是在我国领土、领海和领空范围内从事食品生产活动的单位和个人，都必须按照规定程序申请并获得食品生产许可证，方可生产，但香港特别行政区、澳门特别行政区和台湾地区不适用《办法》规定；三是适用主体广泛，适用主体包括从事食品生产活动的行政相对人和从事食品生产许可事项审批工作的行政机关。

1.2.2.4 评价性

食品生产许可制度是一项专业技术性很强的质量评价制度。在实施食品生产许可制度的过程中，国家市场监督管理总局和省、自治区、直辖市市场监督管理局组织有关食品生产许可证申请的核查人员和检验机构，对生产企业进行实地审查和产品检验，或委托有资质的第三方检验机构检验产品，通过实地审查和检验产品确认企业是否具备持续稳定生产合格产品的能力。因此，这种强专业性的审查工作表明食品生产许可制度具有评价性的特点。

1.2.2.5 体系性

食品生产许可制度的体系性主要体现在以下两个方面：一方面，该制度的许可标准体现在许可前置条件方面，例如，该制度对进行食品生产的必备条件和进行食品生产相关活动这一行为规范有一系列严格的审查评价标准；另一方面，该制度的许可标准体现在后续的监管标准方面，例如，对获证企业后续提供的加工产品和服务质量也有严格的标准。这就形成了事先许可标准和事后监管标准相结合的、完整的、系统的标准体系。

1.2.2.6 核准性

我国的行政审批主要有审批、核准、批准、注册、同意等形式，食品生产许可制度实行核准制，例如，发放食品生产许可证的过程就是一个核准的过程。首先，市场监督管理局的工作人员在满足条件的情况下要对生产企业进行现场核查，主要是该企业的生产条件是否符合相关规定；其次，根据现场核查的相关情况进行评价；最后，对其生产的产品进行检验，目的是确认这个企业是否具备持续生产合格产品的能力；符合以上条件，市场监督管理局即颁发生产许可证。食品与民众息息相关，“制度”在规制食品生产企业的同时，成为民众健康的第一把保护伞。

1.3 食品生产许可制度的原则

根据《办法》规定，食品生产许可应当遵循依法、公开、公平、公正、便民、高效的原则，同时，食品生产许可也应实行一企一证的原则。

1.3.1 依法原则

依法是指食品生产许可制度中的法律法规制定、生产许可程序、现场审核、证件变更与延续等活动必须合法。“食品生产许可”一词早在《食品卫生法（试行）》中就出现过，法律要求：食品生产经营企业和食品商贩，必须先取得卫生许可证方可向工商行政管理部门申请登记或者变更登记。经过时代的革新，《食品卫生法》虽然废止，但是《行政许可法》和《食品安全法》依旧规定：国家对食品生产经营实行许可制度，从事食品生产、食品销售、餐饮服务，应当依法取得许可。与食品生产许可制度配套制定与修订的《办法》《通则》以及各食品类别的生产许可审查细则都是根据最新的《中华人民共和国食品安全法》《中华人民共和国食品安全法实施条例》等法律法规制定。

食品生产许可的获取必须依法。食品生产许可证的办理、变更、延续都根据《办法》《通则》等有关法律规章规定的程序申请，包括申请的材料、受理的时间等都做到有法可依，这既保障了企业的权利，又规范了食品生产许可程序。此外，企业获取证件后依旧受到法律的监督，生产许可证需根据法律法规的要求进行变更、延续、废止、吊销等活动。

1.3.2 公开原则

《行政许可法》第五条规定：有关行政许可的规定应当公布；未经公布的，不得作为实施行政许可的依据。行政许可的实施和结果，除涉及国家秘密、商业秘密或者个人隐私的外，应当公开。公开原则是指行政机关在实施食品生产行政许可时，应当让申请人或利害关系人了解行政许可的标准和条件、许可受理的机关和地点、许可的过程、许可的结果等。公开行政机关的行政许可活动是政府活动公开化的体现，是公民参政的延伸，体现了公民的知情权，同时还能保障公民对行政机关许可活动的监督作用。

公开活动首先是要落实公开原则、公告制度，行政机关可将许可的标准、许可的条件、受理的行政机关、相关的文件要求、行政处理的流程、处理的期限以及许可的食品、食品添加剂类别等以公告的形式公之于众，使该申请人及其相关单位和工作人员了解许可的内容、程序与结果，也便于群众监督。其次是要落实咨询制度，当法律规定公民有权了解行政许可活动的有关资讯时，允许公民在法律规定的范围内向行政机关提出问题，行政机关应当答复公民的问题或者允许其查阅有关资料。总之，食品生产许可制度的实施过程应当是公开透明的。

1.3.3 公平原则

《行政许可法》第五条规定：符合法定条件、标准的，申请人有依法取得行政许可的平等权利，行政机关不得歧视任何人。公平原则要求行政机关在实施食品生产行政许可时，应当做到不同情况差别对待、同等情况同等对待，不能存在歧视行为。

① 根据法律要求的同等性，即包括法律、法规、规章制度以及法定标准和条件具有相同性。在食品行政许可活动中，除了法律规定的条件之外，任何人、任何事都不应再被要求执行附加的条

件，也不应被降低要求或者豁免，如果法律规定针对不同的人和事件有不同的条件和标准，则应当根据法律规定执行不同的条件和标准。

② 事件处理的相同性，即对待相同的事件行政机关应当做出相同的处理，而不得区别对待，以此保持同类型事件处理前后的一致性、连续性和统一性，也保证了以相同的方式对待相同事件的不同申请人。

③ 相同情况的人应当被予以相同的法律法规，即对待相同条件的人应当予以相同的对待，对待不同条件的人则根据法律规定适用不同的法律法规。

④ 不能存在歧视，行政机关应当保护申请人依法取得食品生产行政许可的平等权利，对所有申请人一视同仁，对于不符合许可制度规定的申请，行政机关不得放宽条件颁发许可证，对于符合许可制度规定条件和标准的申请，行政机关不得歧视，应当依法作出行政许可决定。

⑤ 行政许可程序上不得存在偏私现象，在行政许可活动中，由于许多许可事项存在竞争性，多个申请人会同时申请，因此，行政机关的工作人员在实施行政许可的过程中严禁单方面接触任何一方的申请人，工作人员应当代表政府机关处于“中立者”的位置上，避免偏袒或者偏听、偏信，从而作出所有申请人都能平等接受的决定。

1.3.4 公正原则

公正原则是行政许可制度的一项基本原则，直接关系到政府机关的形象。行政许可机关不仅具有制定许可条件和标准的权利，同时还拥有发放、废止、吊销、暂扣许可证的权利。因此，行政许可机关在受理、核查、发放许可证时必须遵循公正原则。

① 要求食品生产许可行政机关主管部门、检验机构及其工作人员对待所有涉及食品生产许可证管理范围内的企业、单位和个人，从适用的技术法规、许可的程序、许可的结果与许可证的监督

等都必须一视同仁，必须按照规定的食品生产许可制度进行受理审查，公正地作出是否获得食品生产许可证的决定。

② 行政机关制定许可条件与标准时，不得侵犯公民的基本权利，不得在时间、地点、取得救济途径等方面过分地增加申请人的负担，公正地对待任何人、任何事，提供平等的申请机会。例如，企业对决定有异议的，可以在规定的时间内申请复检，相关部门需在规定时间内作出复检结论。

③ 强化行政许可机关人员的责任，保证工作的公正性。机关人员必须经过考核且取得相应的资格证书后方可参与行政许可活动。

④ 行政许可机关受理、核查、发放食品生产许可证时不得违反一般程序规定，如果遇到两个申请同时申请同一许可事项时，许可机关应当按照先后顺序受理、核查、发放许可证。在相同条件下，先申请的先发放许可证。

⑤ 行政许可机关在许可活动中不得歧视申请人，必须公正平等地对待所有申请人，并在规定的时间内作出颁发或者拒绝的决定，拒绝发放许可证或者区别对待相同条件的申请人都应当说明理由。

⑥ 行政许可机关的工作人员在处理许可申请时若遇到与本人或亲属有利害关系的许可事项，工作人员应当回避，申请人也可提出回避要求。

⑦ 行政机关拒绝、收回、暂扣、吊销、废止、变更许可或者在许可活动中提出附加条件时，应当是书面告知申请人，并说明作出该决定的理由，同时向当事人交代其具有申请复议或者诉讼的权利。

1.3.5 便民原则

便民原则即要求食品生产行政许可程序应当简化手续、方便快捷。具体讲就是在实施食品生产许可制度时，应当尽可能地考虑申请人是否便利，在申请的过程中要尽量为申请人提供方便，例如，现在企业提交申请材料是通过网络申请提交，避免申请人奔波，也保证了申请材料的完整性；在企业试制食品送检时，企业可以根据自己的便利选择任何一家食品生产许可制度允许的、有检测资质的检验机构送检；对于需要变更、延续许可证的企业，行政机关可在法律规定的条件内尽量减少现场审查，对于能够当场作出许可决定的，应当场决定，能即时完结的事项，要抓紧即时完结。同时，许可机关也应改进许可的工作方式，积极推进电子化办公，运用现代化信息技术，提高管理水平和效率、简化程序、减少环节，将有关许可的政策、信息及时公布到官方平台，切实地提高管理水平、强化服务、方便群众。

1.3.6 高效原则

按照行政许可法的规定，高效原则是指行政机关在受理食品生产许可申请时，应当按照法定的程序及时处理申请，不能无故拖延，且要以较小的行政成本，即最少的人力、物力、财力和最短的时间，来受理、审查、发放许可证。高效原则不仅仅体现了行政相对于申请人的利益，也体现了国家的利益。高效原则要求行政机关人员具备正确的质量观念和经济观念。

① 许可机关应当严格遵守法定的受理权限和许可的条件与标准，及时受理申请人提出的食品生产许可申请，不得无故或巧立名目拖延，许可的结果必须及时告知申请人，如果认为申请人存在不符合规定的条件，应当及时告知申请人许可结果，并告知申请人及时补充材料或明确予以拒绝，不得拖延不予答复。

② 食品生产许可申请活动需要其他部门配合时，许可申请受理单位应当及时与该部门沟通，相关部门应及时回应配合工作，缩短许可过程。

③ 食品生产许可审查工作要提高工作效率，在限定的时间内及时完成审查工作，对于申请人存在利害关系的许可事项，应当及时加以考虑并作出回应，不得超过规定时限。

1.3.7 一企一证原则

在2015年修订的《办法》中就规定食品生产许可实行一企一证原则，即同一个食品生产者从事食品生产活动，应当取得一个食品生产许可证。本条规定提出每一家符合条件的食品生产企业发放一张食品生产许可证，生产多类别食品的，在生产许可证副本中予以注明即可。

原来的食品按照食品生产许可目录划分为28个类别、51个单元，食品生产许可证是根据食品许可目录来发放，申请人首先按照食品分类单元申请生产许可，一个单元一个代号，是组成食品生产许可证编号的一部分。为了简化程序、提高办事效率、减轻企业负担，要求申请人实施许可管理办法由原来的一个单元一张许可证改为一个申请人一张许可证，即对符合要求的食品生产者只发放一张食品生产许可证，同时申请多类别食品的，也只发放一张许可证，并在许可证副本中注明。

一企一证的原则，减少了企业发证的数量，减少了申请、审查、审批的次数，减少了企业办理许可证的次数，也减少了企业后期维护食品生产许可证的成本，将多张证书合并为一张证书，既减轻了企业的负担，简化了工作流程，避免了重复劳动，提高了工作效率，又契合了便民、高效的原则。

1.4 食品生产许可制度管理体制

1.4.1 食品生产许可制度管理体制概述

食品生产许可经过卫生行政许可到食品质量安全市场准入制度再到食品生产许可制度的变革，其监管机构也跟着发生了变化。《食品卫生法》规定我国实施食品卫生监管制度，并由国务院卫生行政部门主管全国食品卫生监督管理工作，随着食品质量安全市场准入制度的实施，2004年出台《国务院关于进一步加强食品安全工作的决定》（国发〔2004〕23号），采取“分段监管为主、品种监管为辅”的方式理顺食品安全监管职能，明确各部门职责，例如由质检部门负责食品生产加工环节的监管，工商行政管理部门负责食品流通环节的监管，食品药品监管部门负责对食品安全的综合监督、组织协调和依法组织查处重大事故。

2009 年《食品安全法》正式实施，食品安全的监管工作依旧采取“分段监管为主、品种监管为辅”的方式，并由国务院质量监管部门负责食品生产活动；2015 年《食品安全法》规定，将质量技术监督部门和工商行政管理部门的食品市场监督管理职能整合到食品药品监督管理部门，实施食品市场一体化统一监管体制，并由食品药品监督管理部门负责食品生产活动。2018 年 3 月 17 日，第十三届全国人民代表大会第一次会议通过《国务院机构改革方案》，方案提出将国家工商行政管理总局的职责、国家质量监督检验检疫总局的职责、国家食品药品监督管理总局的职责、国家发展和改革委员会的价格监督检查与反垄断执法职责、商务部的经营者集中反垄断执法以及国务院反垄断委员会办公室等职责整合，组建国家市场监督管理总局，负责市场综合监督管理，统一登记市场主体并建立信息公示和共享机制，组织市场监管综合执法工作，承担反垄断统一执法，规范和维护市场秩序，组织实施质量强国战略，负责工业产品质量安全、食品安全、特种设备安全监管，统一管理计量标准、检验检测、认证认可工作等，并不再保留国家工商行政管理总局、国家质量监督检验检疫总局、国家食品药品监督管理总局。

根据《办法》第六条规定：国家市场监督管理总局负责监督指导全国食品生产许可管理工作。县级以上地方市场监督管理部门负责本行政区域内的食品生产许可监督管理工作。

1.4.2 食品生产许可制度管理机构及其职责

1.4.2.1 国家市场监督管理总局

国家市场监督管理总局于 2018 年 3 月组建，主要负责市场综合监督管理，并整合了国家工商行政管理总局、国家质量监督检验检疫总局、国家食品药品监督管理总局、国家发展和改革委员会的价格监督检查与反垄断执法、商务部的经营者集中反垄断执法以及国务院反垄断委员会办公室等管理部门的职责。国家市场监督管理总局作为食品生产许可制度的主管部门，其主要职责有：

① 负责监督指导全国食品生产许可管理工作，建立并组织实施国家统一的认证认可和合格评定监督管理制度；

② 负责制定食品生产许可审查通则和细则；

③ 负责制定并报批食品生产许可分类目录，并可以根据监督管理工作需要对食品类别进行动态调整；

④ 负责制定食品生产许可证正本、副本式样；

⑤ 可以定期或者不定期组织对全国食品生产许可工作进行监督检查。

1.4.2.2 省级市场监督管理局

省级、自治区、直辖市市场监督管理局的主要职责有：

① 可以根据食品类别和食品安全风险状况，确定市、县级市场监督管理部门的食品生产许可管理权限；

② 负责保健食品、特殊医学用途配方食品、婴幼儿配方食品、婴幼儿辅助食品、食盐等食品的生产许可；

③ 可以根据本行政区域食品生产许可审查工作的需要，对地方特色食品制定食品生产许可审查细则，在本行政区域内实施，并向国家市场监督管理总局报告，但国家市场监督管理总局制定公布相关食品生产许可审查细则后，地方特色食品生产许可审查细则自行废止；

④ 负责本行政区域食品生产许可证的印制、发放等管理工作；

⑤ 可以定期或者不定期组织对本行政区域内的食品生产许可工作进行监督检查；

⑥ 针对食品生产加工小作坊制定具体的监督管理办法并执行；

⑦ 可以根据本行政区域实际情况，制定有关食品生产许可管理的具体实施办法。

1.4.2.3 县级以上地方市场监督管理局

县级以上地方市场监督管理局的主要职责有：

① 负责本行政区域内的食品生产许可监督管理工作；

② 贯彻实施上级主管部门发布的食品生产许可审查通则和细则等规范性文件；

③ 应当加快信息化建设，推进许可申请、受理、审查、发证、查询等全流程网上办理，并在行政机关的网站上公布生产许可事项，提高办事效率；

④ 县级以上地方市场监督管理部门认为食品生产许可申请涉及公共利益的重大事项，需要听证的，应当向社会公告并举行听证；

⑤ 应当依据法律法规规定的职责，对食品生产者的许可事项进行监督检查；

⑥ 应当建立食品许可管理信息平台，便于公民、法人和其他社会组织查询，应当将食品生产许可颁发、许可事项检查、日常监督检查、许可违法行为查处等情况记入食品生产者食品安全信用档案，并通过国家企业信用信息公示系统向社会公示，对有不良信用记录的食品生产者应当增加监督检查频次；

⑦ 应当建立食品生产许可档案管理制度，将办理食品生产许可的有关材料、发证情况及时归档；

⑧ 对未列入《食品生产许可分类目录》和无审查细则的食品品种，县级以上地方市场监督管理部门应当依据《办法》和本通则的相关要求，结合类似食品的审查细则和产品执行标准制定审查方案（婴幼儿配方食品、特殊医学用途配方食品除外），实施食品生产许可审查。

1.4.3 食品生产许可证核查人员的管理

食品生产许可证核查人员（以下简称核查人员）是指在实施食品生产许可制度时，具备一定资质，从事申请加工食品、直接接触食品的材料等食品相关产品生产许可证企业（以下统称“食品生产许可证企业”）实地核查的人员。核查人员包括食品生产许可证审查员（以下简称审查员）、食品生产许可证高级审查员（以下简称高级审查员）和技术专家。

1.4.3.1 核查人员的资质获得

审查员主要是对食品企业的生产条件是否符合食品生产许可制度实施细则的要求，是否具备持续生产合格产品的能力进行实地核查。审查员的评分关系到生产企业能否进行食品生产活动，审查员的素质高低，决定了其在实地核查工作中是否具有科学性、公平性、公正性，这关系到国家和人民群众的切身利益。因此，我国对食品生产许可证审查员实施资质管理，要求审查员必须经过培训、考核、注册获得相应的资质后，方可从事食品生产许可证申请企业的实地核查工作。

审查员可申请晋级为高级审查员。技术专家是指根据许可工作的需要，对食品生产许可证申请企业进行实地核查，提供技术支持且尚未获得审查员注册证书的有关人员。技术专家应具有生产企业所申请产品行业领域的特定专业技术知识和丰富的实际工作经验，技术专家参加生产企业实地核查工作时，不作为核查组成员，不参与做出审查结论。同时，为了保证审查员的专业素养和培训质量，对食品生产许可证审查员教师（以下简称审查员教师）同样实施资质管理，审查员教师也需要经过培训、考核、注册取得资质后，方可培训审查员。审查员教师必须是具有相应产品类别的高级审查员。

1.4.3.2 核查人员注册证书的管理

① 注册证书持有者未在规定期限内将期满换证材料报送至许可管理部门的，不得按换证程序办理，需重新培训注册。

② 注册证书持有者应当妥善保管证书，证书遗失或损毁，应当及时提出补领申请。

③ 审查员有以下行为的，将对其注册证书实行暂停处理：a. 未

按规定的程序、时限和要求从事企业实地核查的，且情节较轻的；b. 实地核查时未向被核查企业出示相关证件的；c. 无故不服从派遣的；d. 本年度参加食品生产许可相关培训时长不足15小时的；e. 在实地审查工作中综合评价出现“差”的。

④ 审查员在暂停期间对其过错行为认识深刻、认真改正并未造成不良影响和后果的，可在暂停期满前一个月向市场监督管理局提出恢复申请。

⑤ 暂停期间不受理审查员的换证或晋级申请，若暂停期满后证书过期，须重新培训注册。

⑥ 审查员有以下行为的，将注销其证书，不得再次申请注册：a. 未按规定的程序、时限和要求从事企业实地核查的，造成严重影响的；b. 借审查工作之便，刁难企业，索取、收受企业财物，谋取其他不当利益行为或有企业投诉经查属实的；c. 以虚假材料等不正当手段骗取资格证书的；d. 从事生产许可有偿咨询的；e. 出租出借证书供他人使用的；f. 虚假宣传证书作用误导企业造成严重后果的；g. 在证书有效期内受到2次（含）以上暂停处理的；h. 年度考核评价为“不合格”的。

1.4.3.3 核查人员的行为规范

① 注册证书持有者不得以虚假材料等不正当手段骗取资格证书，不得出租、出借证书供他人使用，应当妥善保管证书，证书遗失或者损毁，应当及时申请补领；

② 审查员应当遵守市场监督管理局的管理，服从工作派遣，按照审查组织单位的工作要求完成有关工作；

③ 审查员应当熟练掌握《办法》《通则》以及各类别产品的审查细则，掌握生产企业质量管理体系的基本要求；

④ 审查员应熟练掌握受审生产企业产品的加工工艺特性以及相关专业知识，及时在审查过程中发现潜在的质量安全问题，保证受审企业具备持续生产合格产品的能力；

⑤ 审查时应根据具体情况采取多种审查方式，例如考试的形

式、提问的形式、盲样检测的形式或现场操作等形式，一般多采用现场提问的形式；

⑥ 审查员在进行现场审查工作时，要注意把握审查尺度，尤其是在下“不合格”的结论时，要慎重，避免因为误判给生产企业造成很大的损失；

⑦ 审查员应当按照产品实施细则及实地核查程序、时限及其它相关规定开展企业实地核查，进行核查时，需向被核查企业出示相关证件，严格审查，公开、公平、公正开展工作，不得刁难企业，不得索取、收受企业的财物，不得向企业推销生产设备和检测设备，不得谋取其他不正当利益；

⑧ 审查员应当严格保守申请食品生产许可证企业的商业秘密，严禁将企业的信息资料提供给第三方以获取不正当利益；

⑨ 审查员不得从事生产许可有偿咨询或以任何形式参加其他中介机构组织开展的食品生产许可有偿咨询服务；

⑩ 审查员在参与生产企业实地核查工作前，应向审查组织单位申明同被审查企业的关系。

第2章 食品生产许可相关法律规章

2.1 中华人民共和国食品安全法

在中国，食品安全问题一直以来都受到了社会和政府的广泛关注，而《食品安全法》则是为了应对这一问题，通过法律手段对食品的生产、流通和消费进行规范和约束的一部重要法律。这部法律自2009年施行以来，已经成了我国食品安全管理的核心法律，保护了亿万消费者的生命安全和健康。

2.1.1 食品安全法基本概述

《食品安全法》旨在建立一个全面的食品安全保障体系，定义了食品的安全标准，明确了食品的生产、流通和消费的法律规定，以及对食品安全违法行为的法律责任，确立了食品监管部门的职责，以保障食品从农田到餐桌的全过程安全。

2.1.1.1 食品安全法的概念

《食品安全法》是中华人民共和国立法机关为了规范食品生产经营活动，保障食品安全，保护消费者权益，制定并实施的专门法律。《食品安全法》从立法层面明确了食品安全的定义、标准、监管方式以及违反食品安全法律法规的法律责任等，旨在从源头上防止食品安全问题的发生。

《食品安全法》的出台，主要是为了应对日益严峻的食品安全形势。在法律出台之前，中国的食品安全监管体系尚不完善，导致食品安全问题频发。例如，2005 年苏丹红事件、2008 年的三聚氰胺事件等严重危害了公众健康，影响了食品行业的发展，引发了社会的广泛关注和强烈不满。

此外，随着经济的发展和市场经济的进步，社会对食品安全的需求也在日益提升。这不仅体现在对食品质量的关注上，还体现在对食品生产经营过程中环境保护、动物福利等问题的关心。因此，有必要通过立法手段，建立健全食品安全保障体系，从而保障公众的食品安全权益，推动食品产业的可持续发展。

《食品安全法》的出台，既是对前期食品安全事件的反思和纠正，也是对现代社会食品安全需求日益提升的回应。

2.1.1.2 食品安全法的变革

《食品安全法》自实施以来，经历了若干次重要的修订和变革，每次变革都是对前一版本的修正和补充，旨在提高法律效力，增强对食品安全的监管力度，以及更好地保护消费者的权益。

初始版本的《食品安全法》主要是为了规范食品生产和销售行为，遏制食品安全事件的发生。然而，随着社会经济的发展和食品科技的进步，新的食品安全问题开始出现，比如转基因食品的安全性问题、添加剂过量使用问题、食品虚假宣传问题等，这就需要对《食品安全法》进行相应的修订和更新。

在后续的修改中，《食品安全法》进一步明确了食品生产者和经营者的责任，强调了全过程、全链条的食品安全监管原则，加大了对食品安全违法行为的处罚力度。其中，加强对食品添加剂的管理，明确禁止非食品原料进入食品，对食品广告和标签进行规范，这些都是重要的变革内容。同时，《食品安全法》也强化了食品安全信息的公开透明度，让公众有更多的参与权和知情权。

这些变革给食品安全监管带来了深远影响。它使食品安全监管由被动转为主动，从源头到销售环节，都实现了有效的监管。增加了对食品违法行为的处罚力度，对食品生产企业形成了更大的约束力，使其在面临违法与遵法之间更倾向于遵法。食品安全信息的公开和透明度的提高，增强了消费者的知情权，使消费者在食品选择上能更加明智。

对食品生产企业来说，这些变革使它们在生产活动中需要更加重视食品安全，投入更多的资源进行食品安全管理，改进生产工艺，规范生产行为，遵守法律法规。同时，它们也必须提高对食品安全问题的敏感度，做到预防先于治理，以确保食品的安全性。

《食品安全法》的变革，反映了我国食品安全监管理念的不断升级和法律制度的完善。同时也为食品生产企业指明了方向，即把安全摆在生产的首位，遵循法律，保障消费者权益，这对于推动我国食品安全工作的深入开展，提高食品安全水平具有重要的意义。

2.1.1.3 食品安全法的实施意义

《食品安全法》首要的目标就是确保食品生产的规范性。它设定了食品生产活动应遵循的一系列严格的标准和规则，涉及生产流程管理、食品原料的安全性、产品质量控制，以及生产环境的卫生条件等。例如，《食品安全法》要求食品生产企业建立和完善食品安全管理制度，做到从源头到销售全程可追溯。通过强制性的法律规定和行政监管，《食品安全法》有力地推动了食品生产过程的标准化和规范化，提高了我国食品的安全水平。

《食品安全法》不仅对食品生产行为进行规范，而且在很大程度上保护了公众的合法权益。《食品安全法》明确规定，食品生产经营者必须保证食品安全，确保食品不含有危害人体健康的非法物质，不得生产、销售不符合食品安全标准的食品。此外，《食品安全法》对食品安全事件的处罚力度也在不断加大，进一步提高了食品生产经营者遵守食品安全法规的动力。这些措施不仅有效地保护了消费者的权益，还通过预防和减少食品安全事件的发生，提高了公众对食品安全的信心。

《食品安全法》的实施也对食品市场结构和企业行为产生了深远影响。严格的食品安全标准和规定要求企业不断提升生产技术和管理水平，这无疑提高了市场的门槛，但也推动了食品产业的升级和发展。同时，《食品安全法》强调食品的全程可追溯，这促使了食品企业更注重食品质量和品牌建设，为消费者提供更为安全、健康的食品。更重要的是，《食品安全法》的实施有助于建立公平的市场竞争环境，杜绝了低质低价的恶性竞争，保护了诚实守法的企业的利益，也保障了消费者的选择权。

2.1.2　食品安全法的指导作用

《食品安全法》对于食品生产许可制度的建立和发展起到了非常重要的指导作用，对于食品生产许可制度而言，《食品安全法》无疑发挥着重要的指导作用。为食品生产许可制度提供了法律依据和框架，确保了许可制度的合法性和正当性。为食品生产许可制度设定了明确的标准和要求，对食品生产过程进行规范，从而有效保障食品的质量和安全。《食品安全法》的重要性和指导意义，对我国食品安全和公共健康产生了深远影响。

2.1.2.1　食品安全法在食品生产许可的规范中的应用

《食品安全法》作为我国食品安全领域的基础性、全面性法律，对食品生产许可制度产生了深远的影响。在食品生产许可的规范中，《食品安全法》明确规定了食品生产过程的管理规定、食品原料的选取标准，以及食品加工与包装的规范，为食品生产者提供了法律依据和操作指南。

（1）食品生产过程的管理规定　《食品安全法》在食品生产过程的管理上，强调了食品生产者的责任和义务。生产者需要遵循“安全、卫生”的原则，严格控制生产环节，防止食品污染，确保食品的安全可靠。此外，《食品安全法》还要求生产者建立健全食品安全管理体系，定期进行自我检查和记录，以便对食品安全情况进行跟踪和追溯。

(2) 食品原料的选取标准 《食品安全法》对食品原料的选取标准设定了明确要求。生产者在选用原料时，需要严格按照国家食品安全标准进行，禁止使用非法添加物和过期、腐败的原料。《食品安全法》还规定，食品生产者应当建立健全食品原料进货查验和验收记录制度，对不符合食品安全标准的原料，应当予以拒收。

(3) 食品加工与包装的规范 在食品加工与包装环节，《食品安全法》同样提供了详细的指导。加工过程中，生产者应当遵循科学的加工工艺，防止食品被污染，确保食品的营养成分不受损害。对于包装，《食品安全法》规定，包装材料和包装方法应当符合国家的食品安全标准，不得使用有毒、有害的物质对食品进行包装，也不得利用包装手段进行虚假宣传。

通过这些规定，《食品安全法》在食品生产许可制度中起到了实质性的指导作用。它不仅规定了食品生产的行为准则，也保障了食品质量和消费者的利益，为我国食品生产许可制度提供了坚实的法律支撑。

2.1.2.2 食品安全法在食品生产许可审查中的应用

(1) 审查标准的制定 《食品安全法》在食品生产许可审查中的应用首要体现在审查标准的制定上。《食品安全法》作为食品生产的法律依据，为制定食品生产许可审查标准提供了方向性的指导。审查标准主要涵盖了食品生产的各个方面，包括但不限于原料的选用、生产过程的管理、产品质量的控制、包装和标签的规定等。

原料的选用必须符合《食品安全法》的规定，不得使用《食品安全法》明令禁止的添加物和原料。审查过程中，审查人员会严格检查企业的原料来源和原料使用记录，确保其符合法律规定。

生产过程的管理必须符合《食品安全法》对食品生产过程的规定，包括设备的清洁度、员工的健康状况和个人卫生，以及生产过程中的各种操作规程。审查过程中，审查人员会对企业的生产现场进行实地检查，以确保其生产环境和生产过程的合规性。

产品质量的控制也是食品生产许可审查的重要标准之一。审查人员会抽检企业的产品，对其进行各种质量检测，以确保其产品质量符合《食品安全法》的要求。包装和标签的规定也在审查标准之内。审查人员会检查企业的产品包装和标签是否符合《食品安全法》的规定，包括但不限于产品名称、生产日期、保质期、配料表、营养成分表等内容的标注。

（2）审查流程的规定　食品生产许可的审查流程在《食品安全法》的指导下，一般包括以下几个步骤。

首先，企业提交申请。企业需要向相关的食品监督管理部门提交食品生产许可的申请，包括相关的企业信息、生产信息、产品信息等。

随后，审查部门对提交的申请进行初审，主要是对申请的完整性和符合性进行检查。如果申请信息不完整或者不符合规定，审查部门会要求企业补充或者修改申请信息。

通过初审之后，审查部门会对企业进行实地审查，包括对企业的生产环境、生产设备、生产流程、原料选择等进行审查。实地审查是审查过程中最重要的环节，审查人员会根据《食品安全法》的规定和审查标准进行检查。

实地审查结束之后，审查部门会对审查结果进行评估，如果企业符合食品生产许可的所有要求，审查部门会向企业颁发食品生产许可证。

审查流程的制定是《食品安全法》对食品生产许可审查的重要指导，其目的在于确保食品生产的合规性和食品的安全性。

2.1.2.3　食品安全法对食品生产许可的影响

《食品安全法》对食品生产许可的影响表现在三个主要方面：保障食品生产的合规性，提升食品质量和食品安全水平，以及保护食品生产者和消费者的权益。

《食品安全法》在法律层面为食品生产的合规性提供了保障。食品生产许可是《食品安全法》的重要组成部分，其目标是确保食品生产过程的合规性和可控性。食品生产企业在获得生产许可前，必须满足《食品安全法》设定的各项生产条件，包括但不限于原料采购、生产过程、产品质量、设施设备、质量控制和食品安全管理等方面的规定。这些要求使得食品生产过程具有可预测性和一致性，从而保证了食品的安全性和合规性。

《食品安全法》通过对食品生产许可的严格管理，有力地提升了食品质量和食品安全水平。《食品安全法》要求企业在生产食品的过程中必须严格遵守食品生产许可的要求，对产品质量实施全过程的监控，这有力地提升了我国食品的整体质量和食品安全水平。由此，消费者可以信任获得生产许可的食品企业，购买到的食品符合质量和安全标准。

《食品安全法》在保护食品生产者和消费者权益方面发挥了重要作用。对于食品生产者而言，食品生产许可的获取过程促使其提升自身生产能力和管理水平，增强了市场竞争力。同时，许可证也是对其产品质量和安全的一种认可，有助于赢得消费者的信任和市场份额。对于消费者而言，《食品安全法》确保了他们购买到的食品是经过严格审核、符合国家标准的，从而保障了他们的食品消费权益。

《食品安全法》对食品生产许可的影响不仅体现在合规性、食品质量和安全水平的提升上，也在保护食品生产者和消费者权益上起到了积极的作用。

2.1.2.4 食品安全法的作用意义

《食品安全法》在促进食品市场公平竞争、保障国民健康及推动食品产业可持续发展方面起着至关重要的作用。其作用的核心在于为食品生产和销售提供了一套明确、公平的规则，从而确保所有的行业参与者在同等的法律环境下竞争。

《食品安全法》确保了食品市场的公平竞争。法律明确规定了所有食品生产企业都必须遵守的食品安全标准和生产规程，无论企业的规模大小，都需要遵循相同的法规，确保了食品生产环节的公平性。同时，严格的审查和执法也防止了不法商贩用以次充好、虚假宣传等手段欺诈消费者，从而保护了诚信经营的企业，维持了市场的公平竞争环境。

《食品安全法》保障了国民健康。食品安全直接关系到人们的生命安全和健康，《食品安全法》通过明确规定食品生产、经营的标准和规范，以及严格的食品检测和审批制度，有效地防止了不安全食品进入市场，大大降低了食源性疾病的发生率，保护了公众的健康。

《食品安全法》推动了食品产业的可持续发展。通过设立食品安全标准，推动企业采用更为安全、环保的生产方式，促进了食品产业的技术进步和创新。同时，对食品安全的重视也提升了企业的社会责任感，促使企业在追求经济效益的同时，更加注重社会效益和环境效益，推动了食品产业的可持续发展。

《食品安全法》的作用不仅体现在保障食品的安全性，更在于通过规范和引导，促进食品产业健康、公平、可持续的发展，同时保障消费者权益，为社会的稳定和谐作出了重要贡献。

2.2 食品生产许可管理办法

2.2.1 食品生产许可管理办法概述

《食品生产许可管理办法》作为我国食品行业的重要法规，对于确保食品安全、保护消费者权益、引导和规范食品生产行为具有重大的实践意义。它是食品生产者在生产过程中必须遵循的法律规章，旨在通过一系列严格的生产和经营准则，来保证食品的卫生质量和安全性，最终保护消费者的健康和权益。

2.2.1.1 食品生产许可管理办法的历史背景

《食品生产许可管理办法》的诞生，是对我国食品安全管理制度不断完善和改革的重要反映。早在2009年，《食品安全法》就已经规定了食品生产企业必须具备相应的生产条件，并通过卫生许可证的方式进行管理。但随着我国食品工业的快速发展和市场经济的深入推进，原有的《食品安全法》对于食品生产企业的管理已经显得不够完善，不能有效应对新出现的食品安全问题。

在这样的背景下，2015年，《食品安全法》的修订明确了实施食品生产许可制度，并由此诞生了《食品生产许可管理办法》。它更加具体、全面地规定了食品生产企业的生产环境、设备、原料、人员等各方面的要求，明确了食品生产许可证的申请、审批、发放和监督管理的具体流程，以此对食品生产行为进行全方位的管理。

此外，《食品生产许可管理办法》的制定，也得益于国际食品安全管理理念的引进和借鉴。例如，HACCP（危害分析与关键控制点）管理体系的引入，使得我国的食品生产许可管理从被动的事后控制转变为主动的事前防控，大大提高了食品安全管理的科学性和有效性。

《食品生产许可管理办法》的出台，正是为了解决食品生产过程中可能出现的各种安全问题，通过法律手段来规范食品生产行为，保证食品生产环节的安全，最大程度地降低食品安全风险，保护广大消费者的生命健康和权益。实施《食品生产许可管理办法》，不仅可以保障我国的食品安全，提高我国食品行业的整体质量水平，也对促进我国食品工业的健康发展起到了积极的推动作用。

2.2.1.2 食品生产许可管理办法的变革

自《食品生产许可管理办法》出台以来，其经历了数次的修改和更新，以适应中国食品产业和社会发展的新要求。初版的管理办法主要是为了规范食品生产活动，保证食品的基本质量和安全性。然而，随着社会的发展和科技的进步，管理办法也相应进行了多次变革。

在管理办法的变革过程中，一个明显的驱动力量是社会发展。随着我国经济的飞速发展和消费者对食品安全及质量的日益关注，管理办法也需适应这一新的发展态势。比如在审批过程中增加了更严格的环境评估和设备检查，以响应公众对环境保护和食品安全日益增长的关切。同时，管理办法也明确规定了食品生产企业在产品质量、生产环境、员工培训等方面的更高要求，从而保证了消费者的权益。

科技进步也是推动管理办法变革的重要力量。例如，管理办法在对食品生产企业的技术装备和质量控制要求上作出了重大调整，以适应现代化食品生产技术的发展。这包括要求企业引进先进的生产设备，使用科学的生产工艺，以及实施严格的质量管理系统等。

管理办法的这些变革带来了深远的影响。这些变革提高了我国食品生产的整体水平和质量。对生产设备、原料、生产环境、员工素质等方面的更高要求，使得食品生产企业不得不提高自身的生产水平，从而推动了整个食品产业的发展。这些变革也加强了对食品生产的监管力度，使得非法和低质量的食品生产活动得到了有效的遏制。这些变革为消费者提供了更加安全、健康、优质的食品，从而保护了消费者的权益。

食品生产许可管理办法的变革反映了我国在食品安全监管方面的决心和实践。这些变革不仅促进了我国食品产业的健康发展，也为保护消费者权益和推动社会和谐发展起到了积极的作用。然而，随着科技的进步和社会的发展，管理办法还需继续改进和完善，以适应新的发展需求。

2.2.1.3 食品生产许可管理办法的实施意义

《食品生产许可管理办法》的实施在确保食品安全、规范食品生产企业的行为，以及保护消费者权益等方面发挥了重要作用。

首先，对于食品安全而言，《食品生产许可管理办法》的实施无疑是一道坚实的防线。该法规对食品生产过程中的原料采购、加工流程、储存运输等各个环节提出了严格的标准和要求，以确保生产出的食品符合食品安全标准，减少因食品制作过程中的疏忽或非法添加等行为对食品安全的威胁。此外，法规也要求企业建立严格的自我检查机制，定期对自身的生产流程进行审查，提早发现并解决可能存在的安全隐患。

对于食品生产企业而言，《食品生产许可管理办法》的实施也起到了规范和指导的作用。该法规详细列出了食品生产许可的申请、审批流程，以及在生产过程中需要遵守的各项规定，为企业提供了一份清晰的“行动指南”。同时，法规的执行也倒逼企业提高自身的生产技术和管理水平，以达到法规的标准。这不仅有利于企业提升自身的竞争力，也对提升我国的食品生产行业整体水平起到了推动作用。

至于消费者，《食品生产许可管理办法》的实施更是起到了重要的保护作用。食品是关系到人们生命健康的重要商品，食品的安全问题也是消费者最为关心的问题之一。该法规的执行，使得消费者在购买食品时能有更多的安全保障，也让消费者在选择食品时更加放心。

以某个具体的食品生产企业为例，该企业在接受食品生产许可的审批过程中，根据法规要求，对自身的生产流程进行了全面的优化和调整。例如，企业在原料采购环节，严格按照法规要求，选择了符合食品安全标准的供应商，并在原料入库时进行了严格的质量检查。在生产环节，企业改进了生产设备，提高了生产过程的自动化和智能化水平，减少了人为操作的误差。在储存运输环节，企业优化了储存设施，确保了食品在运输过程中的安全。这些都是《食品生产许可管理办法》在实践中的具体应用，也充分展示了该法规实施的重要意义。

2.2.2 食品生产许可管理办法要求

在食品生产行业，许可管理是保障食品安全、保护消费者权益的一项关键性工作。为了规范食品生产行业，我国政府制定了一系列的法律法规，其中，《食品生产许可管理办法》就是其中的一项重要法规。这部法规是对食品生产许可的具体执行要求的详细规定，是指导食品生产行业的重要工具。下面，我们就将详细解读这部法规的具体内容和要求。

2.2.2.1 食品生产许可管理办法涉及的内容

《食品生产许可管理办法》作为我国食品安全法规的重要组成部分，主要规定了食品生产企业应遵循的具体要求和标准，以确保食品生产的安全和卫生。以下是《管理办法》的主要内容和详细规定的解读。

生产环境的要求：根据《管理办法》，食品生产企业的生产环境应遵守严格的卫生标准。这包括企业的选址应避免环境污染源，生产设施的设计应有利于卫生清洁，同时必须设有合适的设施用于废物处理和废水处理。企业还应定期对生产环境进行清洁和消毒，以防止食品被污染。

生产设备的要求：《管理办法》规定，食品生产设备必须符合食品安全和卫生要求。设备应采用易于清洁和消毒的材料制造，并且在使用过程中不得向食品中迁移有害物质。同时，企业应定期对设备进行维护和清洁，确保其正常运行和卫生安全。

生产原料的要求：《食品生产许可管理办法》明确，所有用于食品生产的原料、食品添加剂和食品接触材料，必须符合国家食品安全标准。企业应确保原料的来源合法、可追溯，并在收货时进行严格的质量检查。此外，对于易腐原料和半成品，企业还应妥善进行储存和管理，防止其变质污染。

生产过程的管理：食品生产过程应遵循好的生产规范，以确保生产的食品符合安全和质量要求。企业应制定详细的生产流程和操作指南，同时进行严格的过程控制，例如定期检验产品的微生物和有害物质指标，控制生产过程的关键环节。

产品质量的控制：企业应建立有效的质量管理体系，包括生产自控、质量检验和追溯体系。对于不合格的产品，企业应严格执行产品召回和销毁的程序。此外，企业还应对产品进行合理的包装和标签，确保包装的卫生安全，并在标签上准确标注产品的名称、配料、生产日期、保质期等信息。

《食品生产许可管理办法》的目标是保障食品生产的全过程安全，确保消费者的权益。因此，食品生产企业应严格遵循这些规定，做好食品安全管理，以满足社会公众对食品安全的期待和需求。

2.2.2.2 食品生产许可管理办法的具体实施要求

《食品生产许可管理办法》对食品生产过程中的环境、设备、原料、人员等方面都有非常详细且专业的要求，其目的是确保食品生产的安全性和可靠性。

对食品生产环境有严格的要求。生产环境需要保持清洁卫生，同时需有足够的空间以防止交叉污染。此外，生产区和非生产区需有明确的划分，确保原料、产品、废弃物的有效管理。例如，北京的一家著名糕点制造企业，为了符合《管理办法》，专门投资改造了生产车间，增设了温度和湿度控制设备，并设置了专门的清洁区和存储区。

设备也是食品生产的关键因素。设备需要保持良好的运行状态，并定期进行维护和清洁。在选择设备时，需考虑设备的材质是否会对食品造成污染，而且设备的设计和布局也需有利于清洁和维护。例如，一家薯片生产商为了满足管理办法的要求，专门引进了高效的清洁设备和过滤系统，以确保设备在生产过程中的洁净度。

在原料方面，《食品生产许可管理办法》对原料的选取和管理都有严格的要求。所有原料都需要符合食品安全标准，且在使用过程中需要进行有效管理，防止原料的过期和污染。一家知名的酱油生产商，在原料的管理上做了大量的工作，它对进货的大豆和小麦都进行严格的检测，并在存储过程中严格控制湿度和温度，以保证原料的质量。

人员素质也是《食品生产许可管理办法》重点考虑的方面。所有参与食品生产的员工都需要接受相关的培训，并具备一定的食品安全知识。他们需要了解食品安全法律、法规和食品生产操作规程，并在日常工作中严格执行。以一家糖果生产企业为例，他们在员工入职时都会进行食品安全培训，同时还会定期进行知识的更新和补充，以确保员工在生产过程中能够严格遵守食品安全的规定。

《食品生产许可管理办法》通过对食品生产环境、设备、原料、人员等方面的具体要求，为食品生产提供了一个安全、可靠、高效的生产环境，有力保障了食品的质量和安全。

2.2.2.3 食品生产许可管理办法的遵守和执行

《食品生产许可管理办法》的实施和遵守是食品安全的关键组成部分，而监督和执行这一法规的职责则落在政府相关监管机构的肩上。

政府相关部门如国家市场监督管理总局及其在地方的分支机构会对申请食品生产许可的企业进行严格的审查。这包括对企业的生产设施、设备、生产流程、员工培训、原料来源等进行全面的检查，以确保其符合《食品生产许可管理办法》的要求。

在企业获得食品生产许可后，政府仍然会定期进行抽查，确保企业的生产过程始终符合法规要求。如果在抽查过程中发现企业有违规行为，根据违规的严重性，监管机构会给予警告、罚款、吊销许可证等处罚。

食品生产企业必须严格遵守《食品生产许可管理办法》，任何违规行为都可能对企业的声誉和经营造成严重影响。除了可能面临罚款或者吊销许可证的处罚，严重的食品安全问题还可能导致消费者的信任丧失，或者引发消费者对企业提起的法律诉讼。此外，食品安全事件还可能导致企业的股价下跌，甚至引发社会的广泛关注和谴责。

因此，食品生产企业必须从源头开始，做好食品安全工作，严格遵守《食品生产许可管理办法》，以确保生产的食品符合安全、卫生的要求，维护消费者的权益，同时也保障企业的长期稳定发展。

2.3 食品生产许可审查通则

2.3.1 食品生产许可审查通则概述

《食品生产许可审查通则》简称《食品审查通则》，是食品生产企业在申请食品生产许可证时，对其生产条件、生产能力、产品质量安全控制能力等方面进行审查的一系列规定和标准。它是我国食品安全法规体系的重要组成部分，主要旨在通过严格的审查流程确保食品生产企业能够满足国家食品安全法规的要求，从而保障我国食品生产的安全和质量。

2.3.1.1 历史背景

自20世纪80年代起，随着中国的改革开放，食品生产业得到了快速的发展。然而，快速的发展带来的问题也日益突出，食品安全问题频繁发生，对人民群众的身体健康和社会稳定带来了严重威胁。在此背景下，中国政府逐步加强了对食品生产的管理，食品生产许可制度应运而生。

在最初阶段，食品生产许可制度主要是由地方政府负责实施的，这在一定程度上确保了食品安全，但也存在制度不完善、执行力度不够等问题。为此，自2002年起，我国开始探索并逐步推行由国家统一颁布和执行的食品生产许可制度，这标志着我国食品生产许可制度进入了新的发展阶段。

2009年，我国正式出台了《食品安全法》，首次明确规定了食品生产许可的相关要求，这为《食品生产许可审查通则》的出台奠定了法律基础。同时，《食品生产许可审查通则》的设立也是对食品生产许可制度的一次重要改革，其目的是进一步完善食品生产许可制度，提高食品安全水平。

《食品生产许可审查通则》的设立是我国食品安全管理制度变革的重要成果。其最初版本在2010年发布，从源头上确保了食品安全，通过对食品生产企业的严格审查，有效地避免了不符合要求的食品进入市场，保护了消费者的权益。

此后，《食品生产许可审查通则》经历了多次修订和完善，以适应食品生产行业的快速发展和变化，以及社会对食品安全的日益增长的需求。每次的修订和完善都反映了我们对食品安全认识的深化和制度创新的进步。

总的来说，《食品生产许可审查通则》的发展历程和关键变化反映了我国政府对保障食品安全的决心和努力，也体现了食品生产许可制度不断适应社会发展和变革的历程。

2.3.1.2 变革实施意义

在过去的30年里，《食品生产许可审查通则》发生了显著的变革。从原本的宽泛模糊，到现在的严谨细致，这一转变标志着我国食品生产行业对食品安全问题的高度重视。接下来，我们将深入探讨这些变革的内容和其对食品生产行业及相关企业的意义和影响。

《食品生产许可审查通则》的变革内容主要包括以下几个方面。

标准化和程序化：早期的审查通则较为宽泛和模糊，给予了审查机构和企业很大的自由裁量权。然而，近年来的变革趋向于标准化和程序化，明确规定了审查的具体程序，明确了每个步骤中应遵循的标准和要求，从而提高了审查的透明度和公正性。

风险评估：新的审查通则在审查过程中加入了风险评估环节，不仅对企业的生产工艺和设备进行审查，还对可能存在的食品安全风险进行了评估。这是对早期审查通则"形式优先"原则的一种修正，更加注重实质性的食品安全问题。

持续监管：与早期的一次性审查不同，新的审查通则强调了持续监管的重要性。在获得许可后，企业还需要定期接受审查，以确保其持续符合食品生产和安全的要求。

这些变革对食品生产行业和相关企业的意义和影响非常深远。

通过标准化和程序化的审查流程，企业可以清晰地知道如何满足审查要求，降低了企业的合规成本，同时提升了食品生产行业的整体水平。

风险评估的引入使得企业不仅需要满足形式性的要求，更需要关注实质性的食品安全问题。这无疑对企业的食品安全管理能力提出了更高的要求，同时也保护了消费者的权益。

持续监管的实施，确保了企业不能仅在申请许可时符合要求，而在后续的生产过程中忽视食品安全。这种做法有利于建立企业的长期合规意识，提高食品的安全性。

食品生产许可审查通则的变革对于提升我国食品安全水平，保护消费者权益，以及促进食品生产行业的健康发展起到了关键性的作用。

2.3.2　食品生产许可审查通则要求

《食品生产许可审查通则》是对食品生产企业进行审查的重要指南和工具，其目的是确保企业在生产过程中符合国家和地区的食品安全法规，以保障消费者的利益和食品市场的公平竞争。

该通则主要涵盖了食品生产企业的基础设施、生产工艺、原料和配料、产品质量控制、员工培训和管理等多个方面的要求。这些要求围绕着食品生产的全过程，包括但不限于食品的原料选择、生产过程控制、产品检验，以及食品的储存和运输等环节。

《食品生产许可审查通则》也设定了相应的审查程序和方法，以及不符合要求的企业可能会面临的处罚和整改措施，以此对食品生产企业形成有效的约束和激励。

2.3.2.1　审查内容概述

《食品生产许可审查通则》的主要目的是确保食品生产过程的安全性、合规性和质量控制。因此，其涵盖的内容非常广泛，以下列出的是一些主要的审查内容。

生产工艺：审查生产工艺是为了确保食品生产企业的生产流程符合规定的安全标准和技术规范。这一部分包括但不限于生产设备、生产流程、生产环境和生产操作等方面。例如，审查人员会检查生产设备是否在有效的运行状态，生产流程是否科学、合理、严谨，以及生产环境是否清洁、无害，生产操作是否规范、一致。

原料：审查原料的目的是确认食品生产企业使用的原料质量符合要求，包括原料来源、储存方式、使用方法等。例如，审查人员会验证原料供应商的资质，查验原料质量证明文件，检查原料的储存条件是否符合规定，以及是否按照规定的方法和比例使用原料。

产品质量控制：审查产品质量控制主要是查看食品生产企业是否有完善的质量控制体系，以及是否严格执行该体系。具体包括质量控制的流程、方法、质量检测等方面。例如，审查人员会查验质量控制流程的合理性和有效性，验证质量检测设备的准确性和有效性，以及质量检测数据的真实性和准确性。

员工培训：审查员工培训主要是检查食品生产企业是否有完善的员工培训体系，包括培训内容、培训方式、培训频率、培训效果等。例如，审查人员会查看培训内容是否全面，包括食品安全知识、操作技能、应急处理等；检查培训方式是否合理，能否确保员工充分理解和掌握；审查培训频率是否符合要求，以及培训效果如何。

2.3.2.2 适用情况描述

《食品生产许可审查通则》适用于所有在中华人民共和国境内从事食品生产活动的组织和个人。这些通则不仅涵盖了食品生产企业，也包括食品加工工厂和个体经营者。实际上，任何意图进行食品生产和加工的单位和个人，都需要遵循《食品生产许可审查通则》。

这样做的原因在于，《食品生产许可审查通则》旨在确保食品生产的各个环节符合国家对食品安全的严格要求。在这个背景下，《食品生产许可审查通则》的目标是促进食品生产和加工行业的健康发展，通过规范生产过程，保证生产出的食品符合食品安全标准，以保护消费者的生命安全和身体健康。

由于《食品生产许可审查通则》包含了全面的食品安全要求，因此它适用于各种食品生产和加工行业。这包括但不限于以下几个主要领域。

农产品深加工：如谷物、水果、蔬菜、肉类、海鲜等食品的生产和加工。

糕点、烘焙和谷物加工：如面包、糕点、面条、粮食加工等。

乳制品和饮料生产：包括牛奶、酸奶、奶酪、果汁、碳酸饮料等。

方便食品和冷冻食品生产：如即食面、冷冻食品、罐头食品等。

食品添加剂和营养强化食品生产：如食品香料、色素、营养素补充剂等。

每种食品类型对食品安全的要求可能有所不同，因此《食品生产许可审查通则》就更加重要了，它们为食品生产提供了一个统一的、系统的审查和管理框架，保证了各类食品的安全性。

2.3.2.3 具体实施要求

企业在实施食品生产许可审查时需要遵循的步骤和规定包含了多个环节，对于所有食品生产企业来说，遵守以下步骤和规定至关重要。

提交申请：食品生产企业首先需要完成相关的申请表格，并准备好所需要的所有附件，包括但不限于企业营业执照、企业组织结构和人员配备情况、食品安全管理制度等。

审查前准备：食品生产企业应当按照通则中规定的要求进行准备，这包括但不限于对企业设施、设备、原材料、生产工艺、质量控制系统等进行全面的自我审查。

接受审查：企业须在规定时间内接受来自审查机构的现场审查，与审查员配合，确保审查员能全面、准确地掌握企业的实际情况。这也包括对相关食品安全风险的评估以及对食品安全控制措施的评估。

审查后整改：根据审查结果，企业可能需要进行整改。所有要求的整改项目应在规定的时间内完成，并且提交整改报告。整改报告应详细描述每项改正行动以及相应的结果。

持续改进：获得许可后，企业应定期进行自我审查和风险评估，并根据新的法规、标准和技术进步不断优化生产流程和质量控制系统。

需要强调的是，以上的步骤只是大体的要求，企业在实际操作中需要根据通则的详细要求和自身的实际情况进行灵活应用。同时，企业还需要注意监管机构可能会针对不同的产品类型和生产环境设定不同的具体要求，这也是企业在实施食品生产许可审查时需要特别注意的。

另外，《食品生产许可审查通则》是一个动态的法规文档，随着科学研究的发展和社会需求的变化，通则的内容可能会进行调整。因此，企业应关注并及时适应这些变化，以确保其生产活动始终符合最新的法规要求。

2.4 其他的法律规章

《中华人民共和国食品安全法》《食品生产许可管理办法》《食品生产许可审查通则》。这些法律规定与食品产业的发展和消费者的健康安全息息相关，其规定的变化往往反映了国家对食品安全重视的程度，以及对食品生产过程中的质量控制的要求。

《食品安全法》是食品生产和销售的基本法，它规定了食品生产、经营、消费的权利和义务，对食品安全监管进行了全面的规定。通过这项法律，政府设定了基本的食品安全标准，为食品生产许可制度提供了法律基础。

《食品生产许可管理办法》是实施食品生产许可制度的关键法规，它细化了《食品安全法》的规定，对食品生产过程进行了具体、详细的规定。《食品生产许可管理办法》要求食品生产企业必须达到基本标准，为食品生产许可审查提供了具体的依据。

《食品生产许可审查通则》则是对食品生产许可的审查过程进行规定的规章，它明确了审查的程序和标准，为食品生产许可审查提供了清晰的操作路径。

这三项法律规定不仅构成了食品生产许可制度的主体框架，而且对食品生产许可制度的实施起到了指导和规范的作用。它们的存在，保证了食品生产的规范化和标准化，有效地促进了食品安全，为消费者提供了食品安全的保障。

2.4.1 法律规定对食品生产的影响

食品生产许可相关的法律规章对食品生产企业产生了深远的影响，它们为企业提供了明确的行业指导和标准，指示企业如何在食品生产、加工、储存和销售等各环节中确保食品安全和质量。这些规章对食品生产流程进行了规范化和标准化，确保了食品生产的科学性和系统性，从而最大程度上减少了生产过程中的疏漏导致的食品安全问题。

对消费者和公众而言，这些法律规定保障了食品的安全性和可靠性，使他们能够信任市场上的食品产品。食品安全问题不仅会影响消费者的健康，还可能对社会的公众安全构成威胁。因此，这些法律规定在保障公众利益、维护社会稳定方面起到了关键的作用。

2.4.2 遵守法规的重要性

遵守食品生产许可相关的法律规章对保障食品质量和安全具有至关重要的意义。这些规定为食品生产过程设立了一系列的标准和准则，确保了从原材料采购、加工、储存到销售等各环节的安全性和合规性，从而保证了食品的质量和安全。

对于食品生产企业，遵守这些法律规定不仅是履行社会责任、保障消费者权益的必要条件，也是建立和维护其商业信誉的关键。如果企业不能遵守这些法律规定，可能会面临严重的法律风险，如罚款、产品召回甚至吊销生产许可等，这些都将对企业的经济利益造成严重影响。

第3章
食品生产许可申办流程

3.1 新办企业获证流程

3.1.1 食品生产许可证发放程序

食品生产企业申请食品生产许可证大致可分为前期筹备、提交申请、资料受理、现场核查、整改获证等流程，获得生产许可证后还应根据相关规定对证件进行监督管理（图3-1）。

3.1.2 前期筹备

食品生产企业首先应根据目标市场、消费群体、当地风俗及市场现状等基本情况确定加工产品，参考最新《食品生产许可分类目录》及相应的审查细则确定该产品的分类及工艺流程，根据《审查通则》、相应审查细则、产品的工艺流程及GB 14881—2013《食品安全国家标准 食品生产通用卫生规范》等文件开展工厂建设。

根据《办法》第十条规定：申请食品生产许可，应当先行取得营业执照等合法主体资格。例如，企业法人、合伙企业、个人独资企业、个体工商户、农民专业合作组织等，以营业执照载明的主体作为申请人，不包括食品小作坊。《中华人民共和国食品安全法》明确要求食品生产加工小作坊的具体管理办法由省、自治区、直辖市制定。

根据《办法》第十一条规定，申请食品生产许可，应当按照以

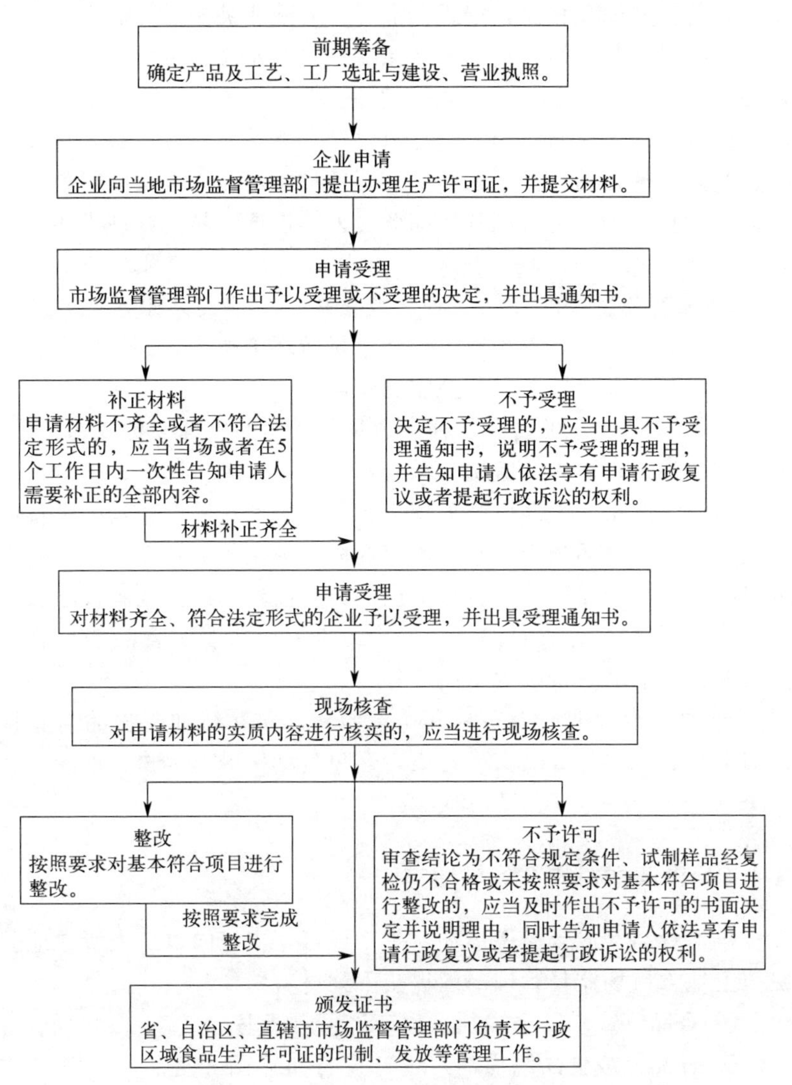

图 3-1 食品生产许可证办理基本流程

下食品类别提出：粮食加工品，食用油、油脂及其制品，调味品，肉制品，乳制品，饮料，方便食品，饼干，罐头，冷冻饮品，速冻食品，薯类和膨化食品，糖果制品，茶叶及相关制品，酒类，蔬菜制品，水果制品，炒货食品及坚果制品，蛋制品，可可及焙烤咖啡产品，食糖，水产制品，淀粉及淀粉制品，糕点，豆制品，蜂产品，保健食品，特殊医学用途配方食品，婴幼儿配方食品，特殊膳食食品，其他食品等。国家市场监督管理总局可以根据监督管理工作需要对食品类别进行调整。除此之外，申请食品生产许可还应满足以下条件。

① 具有与生产的食品品种、数量相适应的食品原料处理和食品加工、包装、贮存等场所，保持该场所环境整洁，并与有毒、有害场所以及其他污染源保持规定的距离。

② 具有与生产的食品品种、数量相适应的生产设备或者设施，有相应的消毒、更衣、盥洗、采光、照明、通风、防腐、防尘、防蝇、防鼠、防虫、洗涤以及处理废水、存放垃圾和废弃物的设备或者设施；保健食品生产工艺有原料提取、纯化等前处理工序的，需要具备与生产的品种、数量相适应的原料前处理设备或者设施。

③ 有专职或者兼职的食品安全专业技术人员、食品安全管理人员和保证食品安全的规章制度。

④ 具有合理的设备布局和工艺流程，防止待加工食品与直接入口食品、原料与成品交叉污染，避免食品接触有毒物、不洁物。

⑤ 法律、法规规定的其他条件。

3.1.3 申请材料的准备与提交

申请食品（或食品添加剂）生产许可，应当向申请人所在地县级以上地方市场监督管理部门提交下列材料：

① 食品（或食品添加剂）生产许可申请书；

② 食品（或食品添加剂）生产设备布局图和食品（或食品添加剂）生产工艺流程图；

③ 食品（或食品添加剂）生产主要设备、设施清单；

④ 专职或者兼职的食品安全专业技术人员、食品安全管理人员信息和食品安全管理制度。

申请保健食品、特殊医学用途配方食品、婴幼儿配方食品等特殊食品的生产许可，还应当提交与所生产食品相适应的生产质量管理体系文件以及相关注册和备案文件。

申请人应当如实向市场监督管理部门提交有关材料和反映真实情况，对申请材料的真实性负责，并在申请书等材料上签名或者盖章。

申请人申请生产多个类别食品的，由申请人按照省级市场监督管理部门确定的食品生产许可管理权限，自主选择其中一个受理部门提交申请材料。受理部门应当及时告知有相应审批权限的市场监督管理部门，组织联合审查。

除了上述由《办法》明确要求的“食品生产许可申请书、食品生产设备布局图、食品生产工艺流程图、食品生产主要设备及设施清单、食品安全专业技术人员、食品安全管理人员信息和食品安全管理制度”等材料外，全国各省、自治区、直辖市等地的市场监督管理部门还会根据当地情况要求提交其他材料，在申请生产许可证时可提前向当地的市场监督管理部门咨询具体要求，再根据当地市场监督管理部门的具体要求准备申请材料。

以重庆市大足区为例，准备申请材料时，需根据大足区食品生产许可申请材料目录收集，材料说明中备注为“必需”的材料为申请人（即生产企业）提交申请时需要提交的必备项，备注为“按需”的材料则根据生产企业具体实际确定是否需要提供（表3-1）。

表3-1 大足区食品生产许可申请材料目录

序号	材料名称	材料说明
1	食品生产许可流程登记表	必需
2	区县局食品、食品添加剂生产许可受理登记表	必需
3	授权委托书(有相应情形时提供)	按需
4	营业执照获取核验记录(扫描/复印并打印纸质件)	必需
5	法定代表人/委托人与受托人身份核验记录(扫描/复印并打印纸质件)	必需
6	食品生产许可申请书(企业盖章)	必需
7	食品生产主要设备、设施清单(企业盖章)	申请书表格齐全可不重复提交
8	食品安全管理制度清单(企业盖章)	

续表

序号	材料名称	材料说明
9	工艺设备布局图、厂区环境图、功能间布局图(企业盖章)	必需
10	食品生产工艺流程图(需列示生产产品主要原料,企业盖章)	必需
11	相关法律法规规定应当提交的其他证明材料,如产业政策等(产业证明需核验原件,同时加盖企业公章;其它证明材料企业盖章)	按需
12	执行企业标准的,须提供经卫生行政部门备案的企业标准文本(骑缝加盖企业公章)	按需
13	食品生产许可证邮寄地址(企业盖章)	必需
14	受理通知书复印件(区县局加盖印章)	必需

申请材料应根据表 3-1 目录序号编号命名，同样以大足区为例，表 3-2 为某企业申请材料的提交顺序表与命名。申请材料的准备有很多细节，流程登记表、受理登记表、授权委托书和邮寄地址等模板化的文件根据实际情况如实填写即可，其中授权委托书只适用于申请人委托他人办理食品生产许可证。委托代理人需要提供授权委托书及身份证明文件（身份证正反面），被委托人行使的全部职责和责任由委托人承担，被委托人不承担任何法律责任。授权委托书需由申请人签字盖章，明确被委托人姓名、身份证明、委托权限。

表 3-2 大足区某生产企业申请材料的命名方式与排列顺序

序号	命名	序号	命名
1	申请食品生产许可需提交材料目录	7	工艺设备布局图
2	食品生产许可流程登记表	8	厂区环境图
3	食品生产许可受理登记表	9	功能间布局图
4	营业执照	10	食品生产工艺流程图
5	申请人身份证	11	食品生产许可证邮寄地址
6	食品生产许可证申请书		

食品生产许可证申请书模板可登录各地申报网站下载，申请书的内容应符合生产企业所在地市场监督管理部门的要求。以重庆市为例，食品生产许可证申请书分为“申请人基本情况、产品信息表、食品生产主要设备设施、食品安全专业技术人员及食品安全管

理人员、食品安全管理制度清单、食品生产许可其他申请材料清单”六大板块，各板块有不同的填写要求。

（1）申请人基本情况

① 申请人名称、法定代表人、统一社会信用代码、住所等内容按照生产企业最新营业执照如实填写即可。营业执照的营业期限需在有效期内。

② 食品生产许可证编号与变更事项新办企业无需填写，以“/”代替。

③ 生产地址若与住所一致，则填写相同地址；另外，当企业住所地址存在“自主承诺”字样时，在填写生产地址时，应将“自主承诺”删除，仅仅只需保留详细地址。若不一致，则填写申请人从事食品生产活动的详细地址。

④ 联系人、联系方式填写企业申办食品生产许可证主要负责人的信息即可（表3-3）。

表3-3 申请人基本情况

申请人名称			
法定代表人			
食品生产许可证编号			
统一社会信用代码			
住所			
生产地址			
联系人		联系电话	
传真		电子邮件	
变更事项			
备注			

（2）产品信息表　产品信息表中的相关内容需根据申请者实际生产而定。在确定具体产品后，可依据食品生产许可分类目录填写，值得注意的是，相关填写内容需要与分类目录保持一致。分装生产的，应在相应品种明细后注明。申请食品添加剂生产许可的，《食品添加剂生产许可审查细则》对产品明细有要求的，填入“备注”列。生产保健食品、特殊医学用途配方食品、婴幼儿配方食品

的，在“备注”列中载明产品或者产品配方的注册号或者备案登记号；接受委托生产保健食品的，还应当载明委托企业名称及住所等相关信息。生产保健食品原料提取物的，应在“品种明细”列中标注原料提取物名称，并在备注列载明该保健食品名称、注册号或备案号等信息；生产复配营养素的，应在“品种明细”列中标注维生素或矿物质预混料，并在“备注”列载明该保健食品名称、注册号或备案号等信息。如该企业所生产的产品为白酒，产品信息表如表3-4所示。值得注意的是，在填写品种明细时，除了填写产品具体明细外，还需填写产品执行标准。

表3-4　产品信息表

序号	食品、食品添加剂类别	类别编号	类别名称	品种明细	备注
1	酒类	1501	白酒	1. 白酒(原酒)：小曲固态法白酒(GB/T 26761)	/
2	淀粉及淀粉制品	2301	淀粉及淀粉制品	1. 淀粉制品：干粉条(GB 2713)	/

(3) 食品生产主要设备、设施　生产设备、设施清单的填写可分为两种情况。一方面，若生产企业只申请一种食品类别，则只需按照生产工艺流程顺序录入使用的相关设备设施，无共用关系可言，如表3-5所示。另一方面，若申请人存在生产多种食品的情形，则需分类填写，每种食品类别应对应其相关设备、设施，在上述情况下，部分设备、设施都会存在着交叉共用情况，这就需要我们在制作设备、设施清单时，在名称板块标明共用关系，如表3-6所示。需要注意的是，若企业有冷冻库、冷藏库、烘房等在生产过程中占重要作用的功能间，也需要在设备、设施清单中明确。食品生产设备、设施还应包括检验仪器，生产企业根据执行标准中所提到的出厂检验项目需要的设备填写。生产设备、设施和检验仪器清单的型号、数量必须与厂房实际相符，由生产设备、设施和检验仪器清单组成的食品生产主要设备、设施清单才可作为食品生产许可证申请材料。

表 3-5 食品生产主要设备、设施（一）

设备、设施(白酒)				
序号	名称	规格/型号	数量	使用场所
1	蒸煮釜	3t	1	制酒车间
2	摊晾床	8.0m×12.0m	1	制酒车间
3	发酵池 1～6	3.0m×4.0m×1.5m	6	制酒车间
4	发酵池 7	1.5m×2.0m×1.5m	1	制酒车间
5	冷却器	Φ4.0m	1	制酒车间
6	甑锅	Φ4.8m	1	制酒车间
7	秤酒罐	1t	1	制酒车间
8	计量秤	/	1	制酒车间
9	推车	/	3	制酒车间
10	接酒箱	1.0m×0.8m×0.8m	1	制酒车间
11	锅炉	/	1	锅炉房
12	酒缸	500kg	21	酒库
13	酒罐	10t	5	酒库
14	酒罐	50t	2	/
15	铁锹	/	10	制酒车间
16	不锈钢防爆泵	YBX3-71M2-2	1	制酒车间
17	铁扒	/	4	制酒车间
18	恒温室	12m^2	1	制酒车间
19	托盘	2.1m×3.5m×4.5m	6	制酒车间

表 3-6 食品生产主要设备、设施（二）

设备、设施(膨化食品)				
序号	名称	规格/型号	数量	使用场所
1	大米膨化成型机	/	2	膨化间(2 楼)
2	转运盆	/	1	膨化间(2 楼)
3	炒锅	500L	4	化糖间(1 楼)
4	转运桶	直径 80cm	2	化糖间(1 楼)
5	燃气灶	/	2	熬糖拌和间(1 楼)
6	熬糖锅	50L	7	熬糖拌和间(1 楼)
7	不锈钢桶	直径 60cm	2	熬糖拌和间(1 楼)
8	搅拌机	CHJ-V 型	2	熬糖拌和间(1 楼)
9	不锈钢盆	直径 100cm	2	熬糖拌和间(1 楼)
10	不锈钢盆	直径 100cm	1	成型间(1 楼)
11	自动连续切块成型机	FSD	4	成型间(1 楼)

续表

设备、设施(膨化食品)				
序号	名称	规格/型号	数量	使用场所
12	多功能枕式包装机(与热加工糕点共用)	/	4	内包间(1楼)
13	包材消毒柜(与热加工糕点共用)	/	1	内包间(1楼)
设备、设施(糖果)				
1	电子秤	0.1g	1	配料间(2楼)
2	工作台	1.2m×1.0m×0.8m	1	配料间(2楼)
3	配料盆	/	1	配料间(2楼)

(4) 食品安全专业技术人员及食品安全管理人员　食品安全专业技术人员是指具有食品生产的专业知识，可给食品安全管理提供专业技术服务的人员，如研发人员、检验人员、质控人员、生产线调试人员等。而食品安全管理人员是指负责本企业食品安全具体管理工作的人员，既可以是企业负责人，也可以是其他员工，主要指质量安全管理人员、生产管理人员等。食品生产需配备的专职或兼职的食品安全专业技术人员及食品安全管理人员应符合相关审查细则及《食品安全法》的要求，《食品安全法》第一百三十五条规定：

① 被吊销许可证的食品生产经营者及其法定代表人、直接负责的主管人员和其他直接责任人员自处罚决定作出之日五年内不得申请食品生产经营许可，或者从事食品生产经营管理工作、担任食品生产经营企业食品安全管理人员。

② 因食品安全犯罪被判处有期徒刑以上刑罚的，终身不得从事食品生产经营管理工作，也不得担任食品生产经营企业食品安全管理人员。

③ 食品生产经营者聘用人员违反前两款规定，由县级以上人民政府食品安全监督管理部门吊销许可证。

除法律规章明文规定不能担任食品安全管理人员外，食品安全专业技术人员及食品安全管理人员的配置还应满足以下要求：

① 法人、检验员、质检部负责人、生产部负责人相互不得兼

任，其他人员允许兼任。

② 检验员应当取得法定培训机构或具有相应资质的检验机构出具的培训合格证明（明确涵盖学员从事的检验工作范围），或具备中专以上食品、药学、化学相关专业的学历证明。

③ 检验员、质检部负责人、生产部负责人、食品安全员、质量负责人、生产工人均须取得健康证。

（5）食品安全管理制度清单　食品安全管理制度清单内容符合《办法》第十二条第（三）项和相应审查细则要求。如表3-7为重庆市某食品生产企业提交的食品安全管理制度清单（只需要填报食品安全管理制度清单，无须提交制度文本）。其中管理文件编号由企业标准代号“Q”、企业名称缩写、文件流水号及文件编写年代号组成。

表3-7　食品安全管理制度清单

序号	管理制度名称	文件编号
1	进货查验记录管理制度	Q/ZHST-A-2021-4.4
2	生产过程质量控制管理制度	Q/ZHST-A-2021-3.1
3	出厂检验记录管理制度	Q/ZHST-A-2021-5.1
4	食品安全自查管理制度	Q/ZHST-A-2021-5.6
5	从业人员健康管理制度	Q/ZHST-A-2021-1.4
6	不安全食品召回管理制度	Q/ZHST-A-2021-6.2
7	食品安全事故处置管理制度	Q/ZHST-A-2021-8
8	质量方针、目标和管理职责	Q/ZHST-A-2021-1
9	产品质量管理制度	Q/ZHST-A-2021-5
10	不合格管理制度	Q/ZHST-A-2021-5.5
11	卫生管理制度	Q/ZHST-A-2021-2.2
12	人员培训制度	Q/ZHST-A-2021-1.5
13	设备设施保养和维修管理制度	Q/ZHST-A-2021-2.3
14	文件管理制度	Q/ZHST-A-2021-3.6
15	食品添加剂管理制度	Q/ZHST-A-2021-4.6
16	产品防护控制程序	Q/ZHST-A-2021-5.7
17	销售管理制度	Q/ZHST-A-2021-6.1
18	消费者投诉受理管理制度	Q/ZHST-A-2021-7
19	产品检验管理制度	Q/ZHST-A-2021-5.2
20	产品留样管理制度	Q/ZHST-A-2021-5.9
21	其他管理制度	见《食品安全质量手册》

（6）食品生产许可其他申请材料　根据《办法》要求，申请食品、食品添加剂生产许可，申请人需要提交如下材料：

① 食品（或食品添加剂）生产设备布局图；

② 食品（或食品添加剂）生产工艺流程图。

申请特殊食品（包括保健食品、特殊医学用途配方食品、婴幼儿配方食品）生产许可，申请人还需要提交：

① 特殊食品的生产质量管理体系文件；

② 特殊食品的相关注册和备案文件。

除上述申请书提到的生产设备布局图（图 3-2）和生产工艺流程图（图 3-3）外，根据各地区市场监督管理部门要求，还应提交厂区周围环境图（图 3-4）和功能间布局图（图 3-5）。生产设备布局图、厂区周围环境图和功能间布局图是展现和记录申请人生产场所原始情况的关键材料，这些图纸需与企业现实厂房情况保持一致，不得有出入。功能间布局图、生产设备布局图的绘制需标注人流、物流方向、功能间尺寸面积、现场具体设备设施等内容，最终

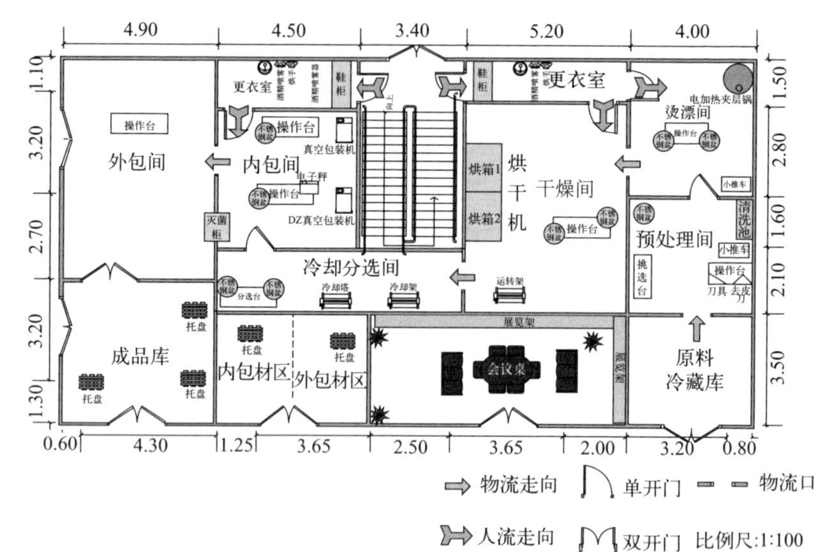

图 3-2　某食品企业生产设备布局图

提交的相关图纸需完整、准确，按比例标注，设备布局合理，符合相应审查细则和所执行标准要求。另外，各地区市场监督管理部门对于图纸的绘制会有不同的要求，例如重庆市合川区要求功能间布局图、生产设备布局图针对申报不同单元的食品，需在图纸中使用不同颜色标注其产品生产的物流方向与人流方向。

蔬菜干制品（热风干燥蔬菜）

工艺流程图

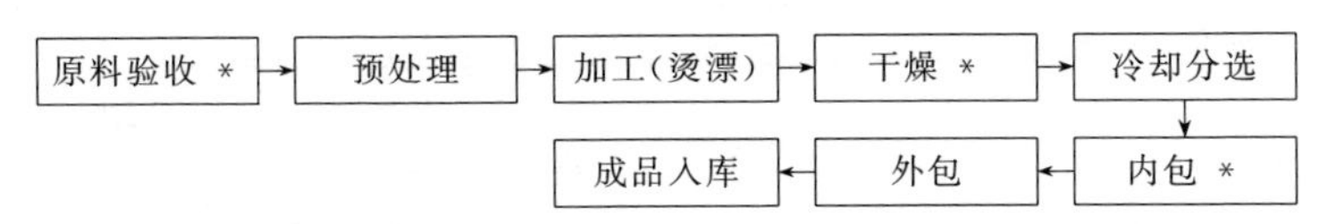

主要原料：新鲜蔬菜

注：带“*”为关键控制点。

1. 原料验收：所采购的原料必须符合相应的国家标准、行业标准及相关规定，所购原料必须向供应商收集相应资质（身份证复印件）；

2. 干燥：干燥时间（20±0.5）h，干燥温度40～50℃；

3. 内包：内包装袋灭菌不少于30min，严格保证称量准确，符合JJF 1070.3—2021的要求。

工艺设备清单

工艺	功能区间	设备
原料验收	原料冷藏库	原料冷藏库
预处理	预处理间	操作台、清洗池、挑选台、刀具、去皮刀、不锈钢盆
加工(烫漂)	烫漂间	电加热夹层锅、操作台、不锈钢盆、小推车
干燥	干燥间	烘干机(烘箱1)、操作台、不锈钢盆、运转架
冷却分选	冷却分选间	冷却架、分选台、不锈钢盆
内包	内包间	操作台、不锈钢盆、电子秤、真空包装机、DZ真空包装机、灭菌柜
外包	外包间	操作台
成品入库	成品库	—

图3-3 某食品企业生产工艺流程图

生产工艺流程图应符合生产企业的实际生产情况，应该包含产品工艺、主要原料、关键控制点、工艺设备清单等内容。产品工艺、关键控制点及其要求应参照相应的审查细则要求并结合企业生

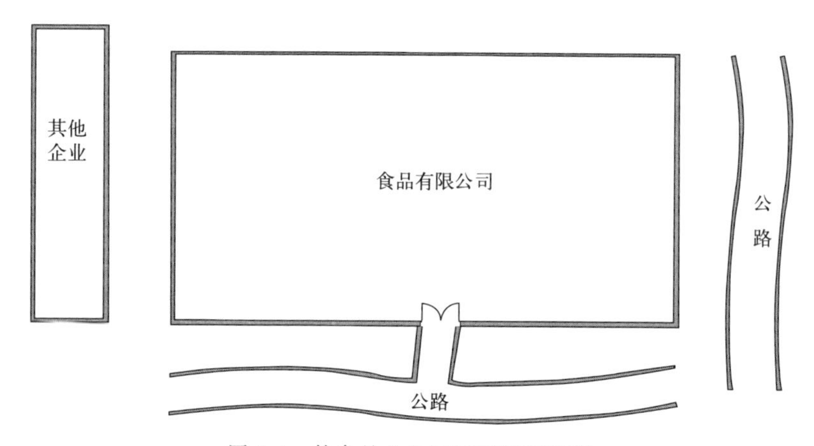

图 3-4 某食品企业厂区周围环境图

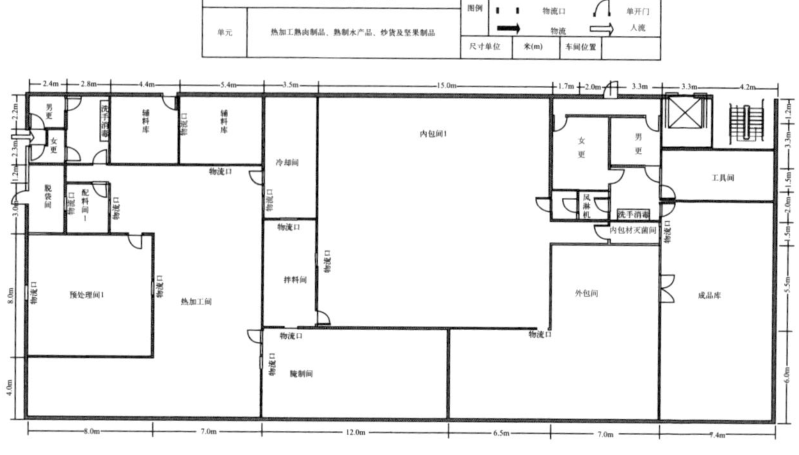

图 3-5 某食品企业生产功能间布局图

产实际制定；主要原料则是根据企业生产过程中添加使用的原辅料含量多少决定；工艺设备清单中涉及的工艺、所在功能区间、所用到的设备设施需要与产品实际工艺流程、功能间一一对应，不得有误。

3.1.4 企业申请受理

食品生产企业初步完成申请资料后，可能会存在格式问题，为了统一格式、方便审阅，可根据当地食品生产许可证办理要求先在网上录入申请资料，待系统生成特定格式后进行下载，加盖企业鲜章，并将加盖企业鲜章的资料再次上传系统，确认信息无误且加盖公章后提交申请。然后将准备好的纸质版申请资料提交至市场监督管理行政服务大厅，行政服务大厅的工作人员会根据申请人提交的线上申请对其资料的完整性、规范性、符合性进行审查，确保提交的资料内容无漏填，薪资、食品安全管理制度设置完整等。

根据《办法》第十九条，申请人提交申请时，可能会出现以下情况，县级以上地方市场监督管理部门对申请人提出的食品生产许可申请，应当根据以下情况分别作出处理：

① 申请事项依法不需要取得食品生产许可的，应当即时告知申请人不受理。

② 申请事项依法不属于市场监督管理部门职权范围的，应当即时作出不予受理的决定，并告知申请人向有关行政机关申请。

③ 申请材料存在可以当场更正的错误的，应当允许申请人当场更正，由申请人在更正处签名或者盖章，注明更正日期。

④ 申请材料不齐全或者不符合法定形式的，应当当场或者在5个工作日内一次告知申请人需要补正的全部内容。当场告知的，应当将申请材料退回申请人；在5个工作日内告知的，应当收取申请材料并出具收到申请材料的凭据。逾期不告知的，自收到申请材料之日起即为受理。

⑤ 申请材料齐全、符合法定形式，或者申请人按照要求提交全部补正材料的，应当受理食品生产许可申请。

县级以上地方市场监督管理部门对申请人提出的申请决定予以受理的，应当出具受理通知书；决定不予受理的，应当出具不予受理通知书，说明不予受理的理由，并告知申请人依法享有申请行政复议或者提起行政诉讼的权利。

需要注意的是，申报全程不收取任何费用，受理期间产品不可销售。

3.1.5 现场审查

县级以上地方市场监督管理部门应当对申请人提交的申请材料进行审查。需要对申请材料的实质内容进行核实的，应当进行现场核查。在进行现场核查前，食品生产企业需提前做好核查准备工作：

① 申报材料中提到的管理人员与专业技术人员等主要人员需到场，企业应提前通知做好准备；

② 针对检验技术人员需提前培训检验内容及相关步骤，熟练掌握企业具体的出厂检验指标、执行标准、检验方法及操作过程；

③ 各生产功能区均需打扫干净（包括过道、消防通道等），应呈现整洁、有序的状态，设备有铁锈的地方均需做除锈处理，车间内放置相应的生产设备、设施，所有设备、设施均应处于预生产状态（通水、通电），抹布、拖布等清洁工具不应该出现在车间内；

④ 现场审查前企业应确保所有生产设备、设施能够完好运行，各项生产活动能够有序开展，相关的检验、计量等设备已经过检定或校准，并在有效期内；

⑤ 核查现场应配备必要的办公设备及工作人员，如电脑、打印机、网络及相关操作人员等，便于相关资料能够及时修改、打印、传输；

⑥ 原辅料（包括内包装、外包装）的营业执照复印件、生产许可证（包括正本、副本及副页）复印件（延续、变更生产许可证的企业需准备）、检测报告等证件齐全；

⑦ 企业人员资质证书、生产人员健康证、检验人员证书等均在有效期内，并且原件应该放置在现场以备核查时查看；

⑧ 现场生产用水为城市管网水，需到供水部门收集水质检测报告复印件并放置于现场；

⑨ 各岗位人员需熟悉自己的职位及具体工作内容。

食品生产许可申请受理后通常会出现两种情况，一是申请材料经审查，符合有关要求不需进行现场核查的，相关审批部门应根据程序作出行政许可决定；二是申请材料经审查需要进行现场核查的，相关审批部门应及时作出现场核查的决定。

市场监督管理局相关审批部门决定实施现场核查的，应当组建核查组，制作并及时向申请人、实施食品安全日常监督管理的市场监督管理部门送达《食品生产许可现场核查通知书》，告知现场核查有关事项。而核查组应当在接受核查任务的5个工作日内到达申请人现场进行现场审查。根据《办法》，核查组人员不得少于2人，以便相互配合、相互协调、相互监督；同时要求核查人员在进行核查工作时应当出示有效证件，填写食品生产许可现场核查表，制作现场核查记录，经申请人核对无误后，由核查人员和申请人在核查表和记录上签名或者盖章。申请人拒绝签名或者盖章的，核查人员应当注明情况。核查组一般由组长、组员、观察员三类人员组成。其中，核查组组长是由实施现场核查的市场监督管理部门指定的人员担任，其主要负责组织现场核查、协调核查进度、汇总核查结论、上报核查材料等工作，核查组长对现场核查结论有决定权，同时对现场结论负责；核查组成员则是对现场核查分工范围内的核查项目的评分负责。观察员支持、配合并全程观察核查组的现场核查工作，协助核查组与申请人进行联系、沟通，维护现场核查工作秩序；但不作为核查组成员，不参与对申请人生产条件的评分及核查结论的判定。

现场核查应当由食品安全监管人员进行，根据审查需要还可以聘请专业技术人员作为核查人员参加现场核查。核查人员的学历、专业以及相关工作经历应当符合国家市场监督管理总局以及核查人员所在地的省级市场监督管理部门对食品生产许可核查人员的有关规定。一般情况下，核查组应由熟悉相关食品生产工艺、食品安全管理和产品检验等方面的人员组成，这样可以全面覆盖现场核查所涉及的生产场所、设备设施、设备布局、工艺流程、产品检验以及人员及管理制度等方面的现场核查需求，有利于全面评价申请人的生产条件是否符合法律法规的要求。

在核查组到达企业现场之前，申请人应空置出办公区域等待审查组的到来，会议桌上应当依次有序地摆放各个部门的记录、产品标准、检验方法标准、主要原辅材料标准、检测报告、法律法规、检定设备报告、合格供方名录、健康证、质量手册、原辅材料资质等需要审查的文件。其中，试制样品的检验报告十分重要，报告所检样品可为申请食品类别的任一代表性产品，报告所检指标必须合格，且在一年有效期内。另外，报告还需符合产品执行的食品安全标准、产品标准、审查细则和国务院卫生行政部门的相关公告。

核查组长到场后，申请人需带领核查组前往事先准备完毕的办公室内召开食品生产许可现场核查首次会议。在此次会议中，由核查组长向申请人介绍核查的目的、依据、内容、工作程序、核查人员及工作安排等内容。召开首次会议可以促进核查组与申请人相互熟悉，有利于核查组了解申请人的基本情况，介绍现场核查工作程序，明确核查内容及要求，并及时确定、调整工作计划安排，从而确保核查工作高效、有序开展。参会人员应包括申请人的法定代表人（负责人）或其代理人、相关食品安全管理人员、专业技术人员、核查组成员及观察员。

现场核查的内容是根据《食品生产许可审查通则》（2022 版）中的附件 2《食品、食品添加剂生产许可现场核查评分记录表》而定，由生产场所、设备设施、设备布局和工艺流程、人员管理、管理制度以及试制食品检验合格报告 6 个部分组成，涉及厂房要求、库房要求、生产设备、清洁消毒设施、废弃物存放设施、个人卫生设施、检验设备设施、工艺流程、设备布局、人员要求、生产过程控制、食品安全自查及试制食品检验合格报告等 34 个检查项目。

① 选址、厂区环境、厂房和车间建设、卫生设备设施等相关项目应符合 GB 14881—2013《食品安全国家标准 食品生产通用卫生规范》的规定。

② 在生产场所方面，核查组在现场核查时会查验提交申请中的图纸，即《食品生产加工场所周围环境平面图》《食品生产加工

场所平面图》《食品生产加工场所各功能区间布局平面图》是否与实际生产场所一致，核查结束后，上述图纸将由核查组上报至委派其开展现场核查工作的市场监督管理部门，并及时送达至生产许可的日常监管部门，作为获证后监管的重要依据。

③ 在设备设施方面，核查组会从生产设备、供排水设施、清洁消毒设施、废弃物存放设施、个人卫生设施、通风设施、照明设施、温控设施、检验设备设施等设备设施入手检查。总结以往的核查结果发现，多数生产企业的供排水设施经常存在水管路无标识或标识有误等情况；废弃物存放设施存在标识不足的情况；通风设施位置不当、不匹配等情况。根据审查要求，生产企业在建设厂房时应分别标明生活用水、生产用水管道；充分考虑残渣、污水等废弃物的处理，配备设计合理、防止渗漏、易于清洁的存放和处理废弃物的专用设施，并标识清晰；通风设施的大小、功率等应与功能间相匹配，应当易于清洁、维修或更换，可以更好地防止虫害侵入，且进气口位置合理，能有效避免空气从清洁程度要求低的作业区域流向清洁程度要求高的作业区域。

④ 针对设备布局和工艺流程设计，审查组一般考察两个方面：一是厂区生产设备是否按照工艺流程有序排列，合理布局，避免人物流交叉；二是食品生产企业是否具有与申请的食品类别、执行标准相符合的生产工艺流程，是否制定所需产品配方、工艺规程等文件，明确生产过程中的关键控制点。

⑤ 在人员管理方面，常常存在培训记录略有不足的问题，这就要求食品生产企业应当按照要求制定和实施员工培训计划，并根据岗位要求开展食品安全知识及卫生培训，做好培训记录，要求食品安全管理人员、检验员等需经过专业培训且考核合格方可上岗。

⑥ 在管理制度方面，审查组会特别关注新增的管理制度，如运输与交付管理制度以及食品安全追溯制度。面对这种情况，食品生产者应当增加相关记录表格如实记录相关情况，运输与交付管理制度的制定需从生产的产品实际出发，如生产的是速冻产品，还需

明确规定冷链运输条件。

⑦ 在试制样品检验报告方面，食品生产者应当提交符合产品执行的食品安全标准、产品标准、审查细则和国务院卫生行政部门相关公告的试制食品检验合格报告，而试制报告必须是由具有相关检测资质的检测机构出具的合格报告。

与2016年的《审查通则》相比，2022年的《审查通则》在审查内容上发生了一定的变化：一是增加食品安全追溯管理体系核查内容；二是增加运输和交付管理制度核查内容；三是增加生产设备维修保养核查内容；四是分别明确采购管理制度及进货查验记录制度、检验管理制度及出厂检验记录制度的核查内容；五是明确对管理制度执行情况的核查，加强对生产加工过程记录、人员培训记录等的核查。针对这些变化，我们在准备申请资料时要更加注意，尤其是在准备现场记录表格与企业体系文件时，需在原有的文件中按照要求编辑相应的表格与制度，一定不要漏掉任何一个新增的内容，以保证现场审查顺利通过。

首次会议结束后，企业负责人需带领审查组进入生产区域。在这期间，申请人需简单介绍食品生产者和产品的一些主要内容，建议尽量由非常熟悉厂区情况的工作人员来带领审查组进入。企业人员需针对生产设备与产品工艺等重要内容进行重点讲解，并认真回答审查组提出的相关问题，使审查组成员了解企业的具体生产情况。必要时，审查组还会对申请人的食品安全管理人员、专业技术人员进行抽查考核。同时，企业相关人员需如实记录审查组在巡查过程中提出的现场问题，方便进行审查后的整改工作。

现场巡检结束后，审查组长会召集审查人员共同研究各自负责的核查项目的评分意见，并汇总核查情况，形成初步核查意见，再与申请人进行沟通。在此之后，审查组会回到召开首次会议的会议室就申请人提供的相关资料进行审核，如现场记录表格等，资料审核完毕就地召开食品生产许可末次会议。在末次会议中，审查组就这次现场核查形成核查报告，对核查过程中发现的亮点对申请人提出表扬，同时提醒申请人核查过程中发现的不足之处。核查的最终结论由审查组长宣布，并组织审查人员及申请人在《食品、食品添加剂生产许可现场核查评分记录表》《食品、食品添加剂生产许可现场核查报告》上签署意见并签名、盖章。申请人拒绝签名、盖章的，审查人员应当在《食品、食品添加剂生产许可现场核查报告》上注明情况。观察员应当在《食品、食品添加剂生产许可现场核查报告》上签字确认。

现场核查结论判定原则：核查项目单项得分无0分且总得分率≥85%的，该类别名称及品种明细判定为通过现场审查。

当出现以下两种情况之一时，该类别名称及品种明细判定为未通过现场核查：

① 有一项及以上核查项目得0分的；

② 核查项目总得分率<85%的。

根据《办法》规定，除可以当场作出行政许可决定的外，县级以上地方市场监督管理部门应当自受理申请之日起10个工作日内作出是否准予行政许可的决定。因特殊原因需要延长期限的，经本行政机关负责人批准，可以延长5个工作日，并应当将延长期限的理由告知申请人。若食品生产许可直接涉及申请人与他人之间重大利益关系的，县级以上地方市场监督管理部门在作出行政许可决定前，应当告知申请人、利害关系人享有要求听证的权利。申请人、利害关系人在被告知听证权利之日起5个工作日内提出听证申请的，市场监督管理部门应当在20个工作日内组织听证。听证期限不计算在行政许可审查期限之内。现场核查结论经申请人核对后，由现场核查人员、观察员（如有）和申请人在相应表格或者记录上签署意见并签名、盖章。现场核查结论为“未通过”的，申请人有权对初步核查意见进行陈述和申辩，有权要求核查组对材料进行复核；现场核查结论为“通过”的，申请人应当自作出现场核查结论之日起1个月内完成现场核查中发现问题（具体问题见核查报告）的整改，并将整改结果根据模板形成书面整改报告交至当地的市场监督管理部门。

除首次申请食品生产许可证需要进行现场核查外，《审查通则》

第十五条明确规定有下列情形之一的，应当组织现场核查：

① 属于申请食品生产许可情形的，包括：非因不可抗力原因，食品生产许可证有效期届满后提出食品生产许可申请的；生产场所迁址，重新申请食品生产许可的；生产条件发生重大变化，需要重新申请食品生产许可的。

② 属于变更食品生产许可情形且可能影响食品安全的，包括：现有设备布局和工艺流程发生变化的；主要生产设备设施发生变化的；生产的食品类别发生变化的；生产场所改建、扩建的；其他生产条件或生产场所周边环境发生变化，可能影响食品安全的；食品生产许可证载明的其他事项发生变化，需要变更的。

③ 属于延续食品生产许可情形的，申请人声明生产条件或周边环境发生变化，可能影响食品安全的。

④ 需要对申请材料内容、食品类别、与相关审查细则及执行标准要求相符情况进行核实的。

⑤ 因食品安全国家标准发生重大变化，国家和省级市场监督管理部门决定组织重新核查的。

⑥ 法律、法规和规章规定需要实施现场核查的其他情形。

3.1.6 审批与公布

现场核查是检验食品生产企业是否具备连续生产质量安全产品的能力的重要手段，也是食品生产企业获取食品生产许可证的关键一步。现场核查后，县级以上地方市场监督管理部门应当根据申请材料审查和现场核查等情况，对符合条件的，作出准予生产许可的决定，并自作出决定之日起 5 个工作日内向申请人颁发食品生产许可证；申请人可于一周内前往行政服务大厅领取食品生产许可证纸质件，食品生产许可证发证日期为许可决定作出的日期，有效期为 5 年。对不符合条件的，应当及时作出不予许可的书面决定并说明理由，同时告知申请人依法享有申请行政复议或者提起行政诉讼的权利。

县级以上地方市场监督管理部门应当建立食品许可管理信息平

台，以重庆市为例，申请人的食品生产许可证信息会公开公布在“重庆市市场监督管理局”官网，公开的主要信息应与纸质食品生产许可证载明的信息保持一致，包括生产者名称、统一社会信用代码、法定代表人（负责人）、住所、生产地址、发证日期、食品类别、许可证编号、发证机关、有效期、品种明细等内容，以方便公民、法人和其他社会组织查询。

3.2　食品生产许可的延续、变更与注销

上述内容主要阐述了新办食品企业申请食品生产许可证的基本流程、申请资料的准备与注意事项，除此之外，还存在着食品生产许可证的延续、变更与注销。

3.2.1　食品生产许可的延续

食品生产许可延续是指食品生产者取得的食品生产许可证有效期将至而需要延续，并依法取得的食品生产许可有效期的情况。申请人应当在该食品生产许可有效期届满 30 个工作日前，向原发证的市场监督管理部门提出相应申请。食品生产者申请延续食品生产许可，应当提交下列材料：

① 食品生产许可延续申请书；

② 与延续食品生产许可事项有关的其他材料。

保健食品、特殊医学用途配方食品、婴幼儿配方食品的生产企业申请延续食品生产许可的，还应当提供生产质量管理体系运行情况的自查报告。

以重庆市为例，生产许可拥有者延续有限期时，除需准备申请资料外，还应提供企业声明以及企业现有的食品生产许可证。其中，企业声明的准备可分为两种情况，一是申请人声明其生产条件未发生变化的，县级以上地方市场监督管理部门可以不再进行现场核查的；二是申请人的生产条件及周边环境发生变化，且可能影响

食品安全的，市场监督管理部门应该就变化情况进行现场核查的。在企业声明中，企业需声明此次延续生产许可有限期的包括了允许生产的哪些产品，并说明哪些产品的生产条件未发生变化，哪些产品的生产条件发生变化须进行现场核查，若该企业存在两种情况，在声明中清楚阐述两种情况即可，当地市场监督管理部门按照《办法》第二十一条的规定实施现场核查。

在准备食品生产许可延续申请书时，需要注意变更事项一栏，若只是延续生产许可有限期不存在其他情况，则直接填写“延续”即可；若存在既延续又变更的情况，则需要在申请书的封面处同时勾选“延续”“变更”，并在变更事项中说明具体事项，同时在申请资料中体现申请人变更的相关内容。

县级以上地方市场监督管理部门应当根据被许可人的延续申请，在该食品生产许可有效期届满前作出是否准予延续的决定。市场监督管理部门决定准予企业延续的，应当向申请人颁发新的食品生产许可证，其许可证编号不变，有效期则自市场监督管理部门作出延续许可决定之日起计算。不符合许可条件的，当地市场监督管理部门应当作出不予延续食品生产许可的书面决定，并说明理由。

3.2.2 食品生产许可的变更

《办法》第三十二条规定，食品生产许可证有效期内，食品生产者名称、现有设备布局和工艺流程、主要生产设备设施、食品类别等事项发生变化，需要变更食品生产许可证载明的许可事项的，食品生产者应当在变化后 10 个工作日内向原发证的市场监督管理部门提出变更申请。

① 食品生产者的生产场所迁址的，应当重新申请食品生产许可。

② 食品生产许可证副本载明的同一食品类别内的事项发生变化的，食品生产者应当在变化后 10 个工作日内向原发证的市场监督管理部门报告。

③ 食品生产者的生产条件发生变化，不再符合食品生产要求，

需要重新办理许可手续的，应当依法办理。

变更食品生产许可证的需要提交以下申请材料：

① 食品生产许可变更申请书；

② 与变更食品生产许可事项有关的其他材料。

市场监督管理部门决定准予变更的，应当向申请人颁发新的食品生产许可证。食品生产许可证编号不变，发证日期为市场监督管理部门作出变更许可决定的日期，有效期与原证书一致。但是，对因迁址等原因而进行全面现场核查的，其换发的食品生产许可证有效期自发证之日起计算。

因食品安全国家标准发生重大变化，国家和省级市场监督管理部门决定组织重新核查而换发的食品生产许可证，其发证日期以重新批准日期为准，有效期自重新发证之日起计算。

3.2.2.1 食品生产者的生产地址发生变化

生产场所的地址发生变化一般为生产者扩大生产规模或者新增生产地址。2022年3月25日，重庆市市场监督管理局发布《重庆市市场监督管理局关于开展食品生产许可“一证多址”改革试点的通知》，即食品生产许可实施“多址一照一证”，在同一区县市场监督管理局的管辖区域内，同一市场主体存在两个及以上的食品生产地址，食品生产主体只需完成经营场所备案手续，在同一营业执照上登记载明新增的生产地址，经该市场主体申请，许可机关现场核查，对符合食品生产许可条件的，准予在其食品生产许可证上载明多个生产地址。但是特殊食品生产许可、食品生产加工小作坊生产许可不适用该通知。在此次试点改革之前，重庆市实施的是“多址多照多证”，即在同一区县范围内，食品生产主体需要扩大生产规模、新增生产地址的，需为新增的生产地址办理分支机构营业执照后再提出食品生产许可证申请。《重庆市市场监督管理局关于开展食品生产许可“一证多址”改革试点的通知》要求：

① 新办食品生产许可证时申请载明多个生产地址的，按照《办法》第十三条的要求提交申请材料。

② 已有食品生产许可证，申请增加生产地址的，按照《办法》第三十三条的要求提交申请材料，与变更食品生产许可事项有关的其他材料参照《办法》第十三条的要求提交。

③ 已有食品生产许可证，申请食品生产许可延续同时增加生产地址的，按照《办法》第三十五条的要求提交申请材料。与延续食品生产许可事项有关的其他材料参照《办法》第十三条的要求提交。

除食品生产者扩大生产规模或者新增生产地址等情况外，还存在着生产场所迁出原市场监督管理部门管辖范围的特殊情况。由于迁出原发证的市场监督管理部门管辖范围后，对于迁入地来说属于新建食品生产企业，所以需要重新申请食品生产许可，并由迁入地的许可机关组织申请材料的审查和现场核查。

变更食品生产许可地址后，针对许可证有效期计算需要注意的是，已有食品生产许可证的，申请增加生产地址的，经审查符合要求，准予在原食品生产许可证上载明增加的生产地址，但食品生产许可证有效期不变。

3.2.2.2 食品生产者的食品类别发生变化

食品类别发生变化的参考依据是国家市场监督管理总局所发布的最新《食品生产许可分类目录》。食品生产许可类别发生变化，例如企业许可证书增项，食品生产者需要提供与新办食品生产许可一致的申请资料，同时要注意在编辑食品生产许可变更申请书时应将企业原有的食品类别一并录入，不能只录入增加的食品类别。申请书中的变更事项如实填写即可。除上述提到的变更申请书外，企业还需提交与延续食品生产许可一致的企业声明（该声明应需要现场核查）以及原食品生产许可证，便于申请资料审查人员核对变更事项。

生产的食品类别发生变化的，且可能影响食品安全的，食品生产者申请变更食品生产许可时，应当进行现场核查，并在现场核查时检查试制食品的检验报告。

3.2.2.3 工商营业执照发生变化

工商营业执照发生变化是指食品生产者名称、法人、经济类型等发生变化。发生此类变化申请变更食品生产许可时，应当同时提交工商营业执照登记机关出具的相应变更证明材料，不能提交变更证明材料的，如只能提供原执照的注销手续和新企业的核名通知书，分局不得受理其变更申请。若存在食品生产企业名称、法人和经济类型等发生变化，而企业又无法提供工商部门的变更证明材料的，分局应报市局注销原企业生产许可证，新核名企业按新发证处理（如果该新核名企业的必备生产条件与此前相比未发生变化，经分局核实并出具证明材料后，可豁免生产许可现场核查和发证检验）。

若法人发生变化，企业的必备生产条件与之前相比未发生变化时，应当按照当前生产企业申请新办食品生产许可的要求准备变更生产许可申请材料，并在申请书中清晰表述，需更改原法定代表人为现法定代表人，并在变更事项中写清“法人由××变更为××”，其余部分按最新《通则》的要求填写即可。其他申请材料，包括法定代表人身份证、无需现场核查的企业申明以及更换法定代表人后的全新营业执照根据要求准备完成后，即可提交变更食品生产许可的申请。

3.2.2.4 工艺流程、设备布局和生产设施设备等发生变化

食品生产企业现有的设备布局、工艺流程、主要生产设备设施等发生变化的，变更食品生产许可时需要提交与食品类别发生变化的相同资料。若某生产企业的设备布局、工艺流程发生变化，则申请材料中设备布局图和工艺流程图需要提供更改后的最新图纸，申请书中的变更事项如实填写即可，例如“一、企业生产设备布局发生变化，二、企业产品的工艺发生变化”。若某企业的主要生产设备设施发生变化，则申请书中的食品生产设备设施一栏应如实填写更改后的设备设施，同时在变更事项处填写“一、企业主要生产设备设施发生变化”。根据《通则》第十条要求，现有设备布局和工艺流

程发生变化的以及主要生产设备设施发生变化的，且可能影响食品安全的，应当组织现场核查，核查时需要检查试制样品的检验报告。

3.2.3 食品生产许可的注销

食品生产许可的注销主要分为主动和被动两种情况，主动注销是指食品生产者自愿停止食品生产的，被动是指食品生产者因某些原因食品生产许可被依法撤回、撤销和吊销的。

根据《办法》第四十条和第四十一条规定，食品生产者终止食品生产，食品生产许可被撤回、撤销，应当在20个工作日内向原发证的市场监督管理部门申请办理注销手续。食品生产者申请注销食品生产许可的，应当向原发证的市场监督管理部门提交食品生产许可注销申请书。食品生产许可被注销的，许可证编号不得再次使用。有下列情形之一，食品生产者未按规定申请办理注销手续的，原发证的市场监督管理部门应当依法办理食品生产许可注销手续，并在网站进行公示：

① 食品生产许可有效期届满未申请延续的；

② 食品生产者主体资格依法终止的；

③ 食品生产许可依法被撤回、撤销或者食品生产许可证依法被吊销的；

④ 因不可抗力导致食品生产许可事项无法实施的；

⑤ 法律法规规定的应当注销食品生产许可的其他情形。

3.3 食品生产许可的其他情况

3.3.1 相关审查细则发生较大变化

相关审查细则发生较大变化一般可分为两种情况，一是食品生产者还未获得食品生产许可证，相关审查细则发生较大变化；二是食品生产者已经获得食品生产许可证，相关审查细则发生较大变化。若食品生产者还未获得许可证，审查细则就发生了较大变化，则生产企业需按照更新之后的食品质量安全市场准入审查细则的要求进行工厂建设和申请资料的准备，并向当地市场监督管理部门提交申请，工厂建设和申报许可的流程与新办食品生产许可一致。当审查细则发生较大变化而某生产企业已经获得食品生产许可时，生产企业需自行根据最新的审查细则作出整改，必要时联系当地市场监督管理部门询问具体情况，如需现场核查，应准备好变更后的相关资料并提交至市场监督管理部门，等待核查组按照最新的相关审查细则要求进行现场核查；如无需进行现场核查，则根据最新的审查细则要求进行整改即可。当生产企业的食品生产许可证过期延续提交申请时，按照新的审查细则接受现场核查。

3.3.2 食品生产许可证的遗失、缺损

食品生产者应当妥善保管食品生产许可证证书，包括证书的正本和副本，如发生证书缺损、遗失等状况，食品生产者应当向原发证的市场监督管理部门申请补办，补发的食品生产许可证的证书编号、发证日期和有效期与原来保持一致。申请补发证书应提交以下材料：

① 食品生产许可证补办申请书；

② 食品生产许可证遗失的，申请人应当提交在县级以上地方食品监督管理部门网站或者其他县级以上主要媒体上刊登遗失公告的材料；食品生产许可证损坏的，应当提交损坏的食品生产许可证原件。

补办的申请材料符合要求的，县级以上地方食品监督管理部门应当在受理后 20 个工作日内完成新的食品生产许可证的补发工作。

3.3.3 食品生产者具有外设仓库

外设仓库是指申请人在生产厂区外设置的贮存食品生产原辅料和成品的场所。而申请人在生产地之外设有外设仓库的，应当在提交食品生产许可申请或者办理变更、延续时如实申报，并提交承诺书及所有外设仓库的影像资料。

第4章 食品生产许可分类及产品工艺流程

4.1 食品生产许可分类

2020年2月23日，国家市场监督管理总局发布关于修订《食品生产许可分类目录》的公告。市场监管总局根据《办法》对《食品生产许可分类目录》进行修订，并予以公布，要求自2020年3月1日起，《食品生产许可证》中“食品生产许可品种明细表”按照新修订的《食品生产许可分类目录》（以下简称《分类目录》）填写。

4.1.1 食品生产许可分类要求

《食品安全法》规定食品生产经营活动应当具有与生产经营的食品品种、数量相适应的食品原料处理和食品加工、包装、贮存等场所，因此食品生产许可工作应当根据食品的品种类别进行。《办法》规定市场监督管理部门按照食品的风险程度，结合食品原料、生产工艺等因素，对食品生产实施分类许可。由于食品生产所需的原料、辅料、生产工艺、生产设备、储存条件及适用人群的不同，为了便于管理，提高审查效率与工作质量，《办法》第十一条将食品分类，申请食品生产许可及开展食品生产行政许可工作应当根据《分类目录》进行。表4-1即为市场监管总局发布的最新《分类目录》，其中32类的食品添加剂与GB 2760—2014《食品安全国家标准　食品添加剂使用标准》不能相互替代，食品生产企业在生产活动中应当按照《食品安全国家标准　食品添加剂使用标准》的要求添加使用。

表4-1　食品生产许可分类目录

食品、食品添加剂类别	类别编号	类别名称	品种明细	备注
1. 粮食加工品	0101	小麦粉	1. 通用：特制一等小麦粉、特制二等小麦粉、标准粉、普通粉、高筋小麦粉、低筋小麦粉、全麦粉、其他 2. 专用：营养强化小麦粉、面包用小麦粉、面条用小麦粉、饺子用小麦粉、馒头用小麦粉、发酵饼干用小麦粉、酥性饼干用小麦粉、蛋糕用小麦粉、糕点用小麦粉、自发小麦粉、专用全麦粉、小麦胚（胚片、胚粉）、其他	
	0102	大米	大米、糙米类产品（糙米、留胚米等）、特殊大米（免淘米、蒸谷米、发芽糙米等）、其他	
	0103	挂面	1. 普通挂面 2. 花色挂面 3. 手工面	
	0104	其他粮食加工品	1. 谷物加工品：高粱米、黍米、稷米、小米、黑米、紫米、红线米、小麦米、大麦米、裸大麦米、莜麦米（燕麦米）、荞麦米、薏仁米、八宝米类、混合杂粮类、其他 2. 谷物碾磨加工品：玉米糁、玉米粉、燕麦片、汤圆粉（糯米粉）、莜麦粉、玉米自发粉、小米粉、高粱粉、荞麦粉、大麦粉、青稞粉、杂面粉、大米粉、绿豆粉、黄豆粉、红豆粉、黑豆粉、豌豆粉、芸豆粉、蚕豆粉、黍米粉（大黄米粉）、稷米粉（糜子面）、混合杂粮粉、其他 3. 谷物粉类制成品：生湿面制品、生干面制品、米粉制品、其他	

续表

食品、食品添加剂类别	类别编号	类别名称	品种明细	备注
2. 食用油、油脂及其制品	0201	食用植物油	菜籽油、大豆油、花生油、葵花籽油、棉籽油、亚麻籽油、油茶籽油、玉米油、米糠油、芝麻油、棕榈油、橄榄油、食用植物调和油、其他	
	0202	食用油脂制品	食用氢化油、人造奶油(人造黄油)、起酥油、代可可脂、植脂奶油、粉末油脂、植脂末、其他	
	0203	食用动物油脂	猪油、牛油、羊油、鸡油、鸭油、鹅油、骨髓油、水生动物油脂、其他	
3. 调味品	0301	酱油	酱油	
	0302	食醋	1. 食醋 2. 甜醋	
	0303	味精	1. 谷氨酸钠(99%味精) 2. 加盐味精 3. 增鲜味精	
	0304	酱类	稀甜面酱、甜面酱、大豆酱(黄酱)、蚕豆酱、豆瓣酱、大酱、其他	
	0305	调味料	1. 液体调味料:鸡汁调味料、牛肉汁调味料、烧烤汁、鲍鱼汁、香辛料调味汁、糟卤、调味料酒、液态复合调味料、其他 2. 半固体(酱)调味料:花生酱、芝麻酱、辣椒酱、番茄酱、风味酱、芥末酱、咖喱卤、油辣椒、火锅蘸料、火锅底料、排骨酱、叉烧酱、香辛料酱(泥)、复合调味酱、其他 3. 固体调味料:鸡精调味料、鸡粉调味料、畜(禽)粉调味料、风味汤料、酱油粉、食醋粉、酱粉、咖喱粉、香辛料粉、复合调味粉、其他 4. 食用调味油:香辛料调味油、复合调味油、其他 5. 水产调味品:蚝油、鱼露、虾酱、鱼子酱、虾油、其他	

续表

食品、食品添加剂类别	类别编号	类别名称	品种明细	备注
3. 调味品	0306	食盐	1. 食用盐：普通食用盐（加碘）、普通食用盐（未加碘）、低钠食用盐（加碘）、低钠食用盐（未加碘）、风味食用盐（加碘）、风味食用盐（未加碘）、特殊工艺食用盐（加碘）、特殊工艺食用盐（未加碘） 2. 食品生产加工用盐	
4. 肉制品	0401	热加工熟肉制品	1. 酱卤肉制品：酱卤肉类、糟肉类、白煮类、其他 2. 熏烧烤肉制品 3. 肉灌制品：灌肠类、西式火腿、其他 4. 油炸肉制品 5. 熟肉干制品：肉松类、肉干类、肉脯、其他 6. 其他熟肉制品	
	0402	发酵肉制品	1. 发酵灌制品 2. 发酵火腿制品	
	0403	预制调理肉制品	1. 冷藏预制调理肉类 2. 冷冻预制调理肉类	
	0404	腌腊肉制品	1. 肉灌制品 2. 腊肉制品 3. 火腿制品 4. 其他肉制品	
5. 乳制品	0501	液体乳	1. 巴氏杀菌乳 2. 高温杀菌乳 3. 调制乳 4. 灭菌乳 5. 发酵乳	《食品安全国家标准 高温杀菌乳》发布前可按经备案的企业标准许可
	0502	乳粉	1. 全脂乳粉 2. 脱脂乳粉 3. 部分脱脂乳粉 4. 调制乳粉 5. 乳清粉	

续表

食品、食品添加剂类别	类别编号	类别名称	品种明细	备注
5. 乳制品	0503	其他乳制品	1. 炼乳 2. 奶油 3. 稀奶油 4. 无水奶油 5. 干酪 6. 再制干酪 7. 特色乳制品 8. 浓缩乳	
6. 饮料	0601	包装饮用水	1. 饮用天然矿泉水 2. 饮用纯净水 3. 饮用天然泉水 4. 饮用天然水 5. 其他饮用水	
	0602	(碳酸饮料)汽水	果汁型碳酸饮料、果味型碳酸饮料、可乐型碳酸饮料、其他型碳酸饮料	
	0603	茶类饮料	1. 原茶汁:茶汤/纯茶饮料 2. 茶浓缩液 3. 茶饮料 4. 果汁茶饮料 5. 奶茶饮料 6. 复合茶饮料 7. 混合茶饮料 8. 其他茶(类)饮料	
	0604	果蔬汁类及其饮料	1. 果蔬汁(浆):果汁、蔬菜汁、果浆、蔬菜浆、复合果蔬汁、复合果蔬浆、其他 2. 浓缩果蔬汁(浆) 3. 果蔬汁(浆)类饮料:果蔬汁饮料、果肉饮料、果浆饮料、复合果蔬汁饮料、果蔬汁饮料浓浆、发酵果蔬汁饮料、水果饮料、其他	
	0605	蛋白饮料	1. 含乳饮料 2. 植物蛋白饮料 3. 复合蛋白饮料	

续表

食品、食品添加剂类别	类别编号	类别名称	品种明细	备注
6. 饮料	0606	固体饮料	1. 风味固体饮料 2. 蛋白固体饮料 3. 果蔬固体饮料 4. 茶固体饮料 5. 咖啡固体饮料 6. 可可粉固体饮料 7. 其他固体饮料：植物固体饮料、谷物固体饮料、食用菌固体饮料、其他	
	0607	其他饮料	1. 咖啡(类)饮料 2. 植物饮料 3. 风味饮料 4. 运动饮料 5. 营养素饮料 6. 能量饮料 7. 电解质饮料 8. 饮料浓浆 9. 其他类饮料	
7. 方便食品	0701	方便面	1. 油炸方便面 2. 热风干燥方便面 3. 其他方便面	
	0702	其他方便食品	1. 主食类：方便米饭、方便粥、方便米粉、方便米线、方便粉丝、方便湿米粉、方便豆花、方便湿面、凉粉、其他 2. 冲调类：麦片、黑芝麻糊、红枣羹、油茶、即食谷物粉、其他	
	0703	调味面制品	调味面制品	
8. 饼干	0801	饼干	酥性饼干、韧性饼干、发酵饼干、压缩饼干、曲奇饼干、夹心(注心)饼干、威化饼干、蛋圆饼干、蛋卷、煎饼、装饰饼干、水泡饼干、其他	
9. 罐头	0901	畜禽水产罐头	火腿类罐头、肉类罐头、牛肉罐头、羊肉罐头、鱼类罐头、禽类罐头、肉酱类罐头、其他	

续表

食品、食品添加剂类别	类别编号	类别名称	品种明细	备注
9. 罐头	0902	果蔬罐头	1. 水果罐头：桃罐头、橘子罐头、菠萝罐头、荔枝罐头、梨罐头、其他 2. 蔬菜罐头：食用菌罐头、竹笋罐头、莲藕罐头、番茄罐头、豆类罐头、其他	
	0903	其他罐头	其他罐头：果仁类罐头、八宝粥罐头、其他	
10. 冷冻饮品	1001	冷冻饮品	1. 冰淇淋 2. 雪糕 3. 雪泥 4. 冰棍 5. 食用冰 6. 甜味冰 7. 其他冷冻饮品	
11. 速冻食品	1101	速冻面米制品	1. 生制品：速冻饺子、速冻包子、速冻汤圆、速冻粽子、速冻面点、速冻其他面米制品、其他 2. 熟制品：速冻饺子、速冻包子、速冻粽子、速冻其他面米制品、其他	
	1102	速冻调制食品	1. 生制品(具体品种明细) 2. 熟制品(具体品种明细)	
	1103	速冻其他食品	速冻其他食品	
12. 薯类和膨化食品	1201	膨化食品	1. 焙烤型 2. 油炸型 3. 直接挤压型 4. 花色型	
	1202	薯类食品	1. 干制薯类 2. 冷冻薯类 3. 薯泥(酱)类 4. 薯粉类 5. 其他薯类	
13. 糖果制品	1301	糖果	1. 硬质糖果 2. 奶糖糖果 3. 夹心糖果	

续表

食品、食品添加剂类别	类别编号	类别名称	品种明细	备注
13. 糖果制品	1301	糖果	4. 酥质糖果 5. 焦香糖果(太妃糖果) 6. 充气糖果 7. 凝胶糖果 8. 胶基糖果 9. 压片糖果 10. 流质糖果 11. 膜片糖果 12. 花式糖果 13. 其他糖果	
	1302	巧克力及巧克力制品	1. 巧克力 2. 巧克力制品	
	1303	代可可脂巧克力及代可可脂巧克力制品	1. 代可可脂巧克力 2. 代可可脂巧克力制品	
	1304	果冻	果汁型果冻、果肉型果冻、果味型果冻、含乳型果冻、其他型果冻	
14. 茶叶及相关制品	1401	茶叶	1. 绿茶:龙井茶、珠茶、黄山毛峰、都匀毛尖、其他 2. 红茶:祁门工夫红茶、小种红茶、红碎茶、其他 3. 乌龙茶:铁观音茶、武夷岩茶、凤凰单枞茶、其他 4. 白茶:白毫银针茶、白牡丹茶、贡眉茶、其他 5. 黄茶:蒙顶黄芽茶、霍山黄芽茶、君山银针茶、其他 6. 黑茶:普洱茶(熟茶)散茶、六堡茶散茶、其他 7. 花茶:茉莉花茶、珠兰花茶、桂花茶、其他 8. 袋泡茶:绿茶袋泡茶、红茶袋泡茶、花茶袋泡茶、其他	

续表

食品、食品添加剂类别	类别编号	类别名称	品种明细	备注
14. 茶叶及相关制品	1401	茶叶	9. 紧压茶:普洱茶(生茶)紧压茶、普洱茶(熟茶)紧压茶、六堡茶紧压茶、白茶紧压茶、花砖茶、黑砖茶、茯砖茶、康砖茶、沱茶、紧茶、金尖茶、米砖茶、青砖茶、其他紧压茶	
	1402	茶制品	1. 茶粉:绿茶粉、红茶粉、其他 2. 固态速溶茶:速溶红茶、速溶绿茶、其他 3. 茶浓缩液:红茶浓缩液、绿茶浓缩液、其他 4. 茶膏:普洱茶膏、黑茶膏、其他 5. 调味茶制品:调味茶粉、调味速溶茶、调味茶浓缩液、调味茶膏、其他 6. 其他茶制品:表没食子儿茶素没食子酸酯、绿茶茶氨酸、其他	
	1403	调味茶	1. 加料调味茶:八宝茶、三泡台、枸杞绿茶、玄米绿茶、其他 2. 加香调味茶:柠檬红茶、草莓绿茶、其他 3. 混合调味茶:柠檬枸杞茶、其他 4. 袋泡调味茶:玫瑰袋泡红茶、其他 5. 紧压调味茶:荷叶茯砖茶、其他	
	1404	代用茶	1. 叶类代用茶:荷叶、桑叶、薄荷叶、苦丁茶、其他 2. 花类代用茶:杭白菊、金银花、重瓣红玫瑰、其他 3. 果实类代用茶:大麦茶、枸杞子、决明子、苦瓜片、罗汉果、柠檬片、其他 4. 根茎类代用茶:甘草、牛蒡根、人参(人工种植)、其他 5. 混合类代用茶:荷叶玫瑰茶、枸杞菊花茶、其他 6. 袋泡代用茶:荷叶袋泡茶、桑叶袋泡茶、其他 7. 紧压代用茶:紧压菊花、其他	

续表

食品、食品添加剂类别	类别编号	类别名称	品种明细	备注
15. 酒类	1501	白酒	1. 白酒 2. 白酒(液态) 3. 白酒(原酒)	
	1502	葡萄酒及果酒	1. 葡萄酒:原酒、加工灌装 2. 冰葡萄酒:原酒、加工灌装 3. 其他特种葡萄酒:原酒、加工灌装 4. 发酵型果酒:原酒、加工灌装	
	1503	啤酒	1. 熟啤酒 2. 生啤酒 3. 鲜啤酒 4. 特种啤酒	
	1504	黄酒	黄酒:原酒、加工灌装	
	1505	其他酒	1. 配制酒:露酒、枸杞酒、枇杷酒、其他 2. 其他蒸馏酒:白兰地、威士忌、俄得克、朗姆酒、水果白兰地、水果蒸馏酒、其他 3. 其他发酵酒:清酒、米酒(醪糟)、奶酒、其他	
	1506	食用酒精	食用酒精	
16. 蔬菜制品	1601	酱腌菜	调味榨菜、腌萝卜、腌豇豆、酱渍菜、虾油渍菜、盐水渍菜、其他	
	1602	蔬菜干制品	1. 自然干制蔬菜 2. 热风干燥蔬菜 3. 冷冻干燥蔬菜 4. 蔬菜脆片 5. 蔬菜粉及制品	
	1603	食用菌制品	1. 干制食用菌 2. 腌渍食用菌	
	1604	其他蔬菜制品	其他蔬菜制品	
17. 水果制品	1701	蜜饯	1. 蜜饯类 2. 凉果类 3. 果脯类 4. 话化类 5. 果丹(饼)类 6. 果糕类	

续表

食品、食品添加剂类别	类别编号	类别名称	品种明细	备注
17. 水果制品	1702	水果制品	1. 水果干制品：葡萄干、水果脆片、荔枝干、桂圆、椰干、大枣干制品、其他 2. 果酱：苹果酱、草莓酱、蓝莓酱、其他	
18. 炒货食品及坚果制品	1801	炒货食品及坚果制品	1. 烘炒类：炒瓜子、炒花生、炒豌豆、其他 2. 油炸类：油炸青豆、油炸琥珀桃仁、其他 3. 其他类：水煮花生、糖炒花生、糖炒瓜子仁、裹衣花生、咸干花生、其他	
19. 蛋制品	1901	蛋制品	1. 再制蛋类：皮蛋、咸蛋、糟蛋、卤蛋、咸蛋黄、其他 2. 干蛋类：巴氏杀菌鸡全蛋粉、鸡蛋黄粉、鸡蛋白片、其他 3. 冰蛋类：巴氏杀菌冻鸡全蛋、冻鸡蛋黄、冰鸡蛋白、其他 4. 其他类：热凝固蛋制品、其他	
20. 可可及焙烤咖啡产品	2001	可可制品	可可粉、可可脂、可可液块、可可饼块、其他	
	2002	焙炒咖啡	焙炒咖啡豆、咖啡粉、其他	
21. 食糖	2101	糖	1. 白砂糖 2. 绵白糖 3. 赤砂糖 4. 冰糖：单晶体冰糖、多晶体冰糖 5. 方糖 6. 冰片糖 7. 红糖 8. 其他糖：具体品种明细	
22. 水产制品	2201	干制水产品	虾米、虾皮、干贝、鱼干、干燥裙带菜、干海带、干紫菜、干海参、其他	
	2202	盐渍水产品	盐渍藻类、盐渍海蜇、盐渍鱼、盐渍海参、其他	
	2203	鱼糜及鱼糜制品	冷冻鱼糜、冷冻鱼糜制品	
	2204	冷冻水产制品	冷冻调理制品、冷冻挂浆制品、冻煮制品、冻油炸制品、冻烧烤制品、其他	

续表

食品、食品添加剂类别	类别编号	类别名称	品种明细	备注
22. 水产制品	2205	熟制水产品	烤鱼片、鱿鱼丝、烤虾、海苔、鱼松、鱼肠、鱼饼、调味鱼(鱿鱼)、即食海参(鲍鱼)、调味海带(裙带菜)、其他	
	2206	生食水产品	腌制生食水产品、非腌制生食水产品	
	2207	其他水产品	其他水产品	
23. 淀粉及淀粉制品	2301	淀粉及淀粉制品	1. 淀粉:谷类淀粉(大米、玉米、高粱、麦、其他)、薯类淀粉(木薯、马铃薯、甘薯、芋头、其他)、豆类淀粉(绿豆、蚕豆、豇豆、豌豆、其他)、其他淀粉(藕、荸荠、百合、蕨根、其他) 2. 淀粉制品:粉丝、粉条、粉皮、虾味片、凉粉、其他	
	2302	淀粉糖	葡萄糖、饴糖、麦芽糖、异构化糖、低聚异麦芽糖、果葡糖浆、麦芽糊精、葡萄糖浆、其他	
24. 糕点	2401	热加工糕点	1. 烘烤类糕点:酥类、松酥类、松脆类、酥层类、酥皮类、松酥皮类、糖浆皮类、硬皮类、水油皮类、发酵类、烤蛋糕类、烘糕类、烫面类、其他类 2. 油炸类糕点:酥皮类、水油皮类、松酥类、酥层类、水调类、发酵类、其他类 3. 蒸煮类糕点:蒸蛋糕类、印模糕类、韧糕类、发糕类、松糕类、粽子类、水油皮类、片糕类、其他类 4. 炒制类糕点 5. 其他类:发酵面制品(馒头、花卷、包子、豆包、饺子、发糕、馅饼、其他)、油炸面制品(油条、油饼、炸糕、其他)、非发酵面米制品(窝头、烙饼、其他)、其他	
	2402	冷加工糕点	1. 熟粉糕点:热调软糕类、冷调韧糕类、冷调松糕类、印模糕类、其他类 2. 西式装饰蛋糕类 3. 上糖浆类 4. 夹心(注心)类 5. 糕团类 6. 其他类	
	2403	食品馅料	月饼馅料、其他	

续表

食品、食品添加剂类别	类别编号	类别名称	品种明细	备注
25. 豆制品	2501	豆制品	1. 发酵豆制品：腐乳（红腐乳、酱腐乳、白腐乳、青腐乳）、豆豉、纳豆、豆汁、其他 2. 非发酵豆制品：豆浆、豆腐、豆腐泡、熏干、豆腐脑、豆腐干、腐竹、豆腐皮、其他 3. 其他豆制品：素肉、大豆组织蛋白、膨化豆制品、其他	
26. 蜂产品	2601	蜂蜜	蜂蜜	
	2602	蜂王浆（含蜂王浆冻干品）	蜂王浆、蜂王浆冻干品	
	2603	蜂花粉	蜂花粉	
	2604	蜂产品制品	蜂产品制品	
27. 保健食品	2701	片剂	具体品种	
	2702	粉剂	具体品种	
	2703	颗粒剂	具体品种	
	2704	茶剂	具体品种	
	2705	硬胶囊剂	具体品种	
	2706	软胶囊剂	具体品种	
	2707	口服液	具体品种	
	2708	丸剂	具体品种	
	2709	膏剂	具体品种	
	2710	饮料	具体品种	
	2711	酒剂	具体品种	
	2712	饼干类	具体品种	
	2713	糖果类	具体品种	
	2714	糕点类	具体品种	
	2715	液体乳类	具体品种	
	2716	原料提取物	具体品种	
	2717	复配营养素	具体品种	
	2718	其他类别	具体品种	

续表

食品、食品添加剂类别	类别编号	类别名称	品种明细	备注
28. 特殊医学用途配方食品	2801	特殊医学用途配方食品	1. 全营养配方食品 2. 特定全营养配方食品：糖尿病全营养配方食品，呼吸系统病全营养配方食品，肾病全营养配方食品，肿瘤全营养配方食品，肝病全营养配方食品，肌肉衰减综合征全营养配方食品，创伤、感染、手术及其他应激状态全营养配方食品，炎性肠病全营养配方食品，食物蛋白过敏全营养配方食品，难治性癫痫全营养配方食品，胃肠道吸收障碍、胰腺炎全营养配方食品，脂肪酸代谢异常全营养配方食品，肥胖、减脂手术全营养配方食品，其他 3. 非全营养配方食品：营养素组件配方食品，电解质配方食品，增稠组件配方食品，流质配方食品，氨基酸代谢障碍配方食品，其他	产品（注册批准文号）
	2802	特殊医学用途婴儿配方食品	特殊医学用途婴儿配方食品：无乳糖配方或低乳糖配方食品、乳蛋白部分水解配方食品、乳蛋白深度水解配方或氨基酸配方食品、早产/低出生体重婴儿配方食品、氨基酸代谢障碍配方食品、婴儿营养补充剂、其他	产品（注册批准文号）
29. 婴幼儿配方食品	2901	婴幼儿配方乳粉	1. 婴儿配方乳粉：湿法工艺、干法工艺、干湿法复合工艺 2. 较大婴儿配方乳粉：湿法工艺、干法工艺、干湿法复合工艺 3. 幼儿配方乳粉：湿法工艺、干法工艺、干湿法复合工艺	产品（配方注册批准文号）
30. 特殊膳食食品	3001	婴幼儿谷类辅助食品	1. 婴幼儿谷物辅助食品：婴幼儿米粉、婴幼儿小米米粉、其他 2. 婴幼儿高蛋白谷物辅助食品：高蛋白婴幼儿米粉、高蛋白婴幼儿小米米粉、其他 3. 婴幼儿生制类谷物辅助食品：婴幼儿面条、婴幼儿颗粒面、其他 4. 婴幼儿饼干或其他婴幼儿谷物辅助食品：婴幼儿饼干、婴幼儿米饼、婴幼儿磨牙棒、其他	

续表

食品、食品添加剂类别	类别编号	类别名称	品种明细	备注
30. 特殊膳食食品	3002	婴幼儿罐装辅助食品	1. 泥(糊)状罐装食品:婴幼儿果蔬泥、婴幼儿肉泥、婴幼儿鱼泥、其他 2. 颗粒状罐装食品:婴幼儿颗粒果蔬泥、婴幼儿颗粒肉泥、婴幼儿颗粒鱼泥、其他 3. 汁类罐装食品:婴幼儿水果汁、婴幼儿蔬菜汁、其他	
	3003	其他特殊膳食食品	其他特殊膳食食品:辅助营养补充品、运动营养补充品、孕妇及乳母营养补充食品、其他	
31. 其他食品	3101	其他食品	其他食品:具体品种明细	
32. 食品添加剂	3201	食品添加剂	食品添加剂产品名称:使用 GB 2760、GB 14880 或卫生健康委(原卫生计生委)公告规定的食品添加剂名称;标准中对不同工艺有明确规定的应当在括号中标明;不包括食品用香精和复配食品添加剂	
	3202	食品用香精	食品用香精:液体、乳化、浆(膏)状、粉末(拌和、胶囊)	
	3203	复配食品添加剂	复配食品添加剂明细(使用 GB 26687 规定的名称)	

注:1. “备注”栏填写其他需要载明的事项,生产保健食品、特殊医学用途配方食品、婴幼儿配方食品的需载明产品注册批准文号或者备案登记号;接受委托生产保健食品的,还应当载明委托企业名称及住所等相关信息。

2. 新修订发布的审查细则与目录表中分类不一致的,以新发布的审查细则规定为准。

3. 按照“其他食品”类别申请生产新食品原料的,其标注名称应与国家卫生健康委员会公布的可以用于普通食品的新食品原料名称一致。

4.1.2 食品生产许可分类确认

食品生产分类许可主要体现在两个方面:一是按食品分类管理,由于食品生产的原辅料、工艺条件、储存条件及使用群体等的不同,将食品生产类别分为 32 类,要求申请食品生产许可根据《分类目录》分类提出。二是按食品分类许可,不同的食品类别其风险状况、审查要求不同,为保证食品生产许可工作具有针对性、有效性,各市场监管部门可根据食品安全风险和类别的不同分别开展许可工作。食品生产企业在申请食品生产许可证前，应当首先根据食品风险程度、原辅料和工艺条件等特征确定所属食品类别，再根据该食品类别的许可条件准备申请许可的前期筹备工作，最后提出许可申请，并根据许可流程获得该食品生产许可证。食品分类确认可从以下几个方面进行判断：

① 根据现有产品信息进行判断。根据GB 7718—2011《食品安全国家标准　预包装食品标签通则》要求，“直接向消费者提供的预包装食品标签标示应包括食品名称、配料表、净含量和规格、生产者和（或）经销者的名称、地址和联系方式、生产日期和保质期、贮存条件、食品生产许可证编号、产品标准代号及其他需要标示的内容。”根据生产许可证编号即可确定该食品类别，编号前3位数字即为食品类别编码，第1位数字是“1”则表示为食品，“2”则表示为食品添加剂。第2、3位数字表示为食品及食品添加剂的类别，根据《分类目录》，“01”代表粮食加工品，“02”代表食用油、油脂及其制品，以此类推；食品添加剂的类别编号为“01”代表一般食品添加剂，“02”代表食品用香精，“03”代表复配食品添加剂。

② 根据现有产品标准进行判断。可根据关键词搜索现有的国家标准、行业标准、地方标准及企业标准，根据标准中的分类、术语、定义等来判断食品分类，例如GB 2730—2015《食品安全国家标准　腌腊肉制品》、GB 7099—2015《食品安全国家标准　糕点、面包》、SB/T 10439—2007《酱腌菜》、DBS 45/049—2018《食品安全地方标准　冻干水果制品》等。标准可在“食品伙伴网”“食安通”等网站查询下载，但要注意标准的时效性；企业标准可在省、自治区、直辖市卫生健康委员会官网查询（各地区查询网站略有不同）。

③ 根据产品的原辅料和工艺进行判断。例如水果即可根据原料使用量、配料以及工艺的不同划分到不同的食品类别中。果汁、水和辅料经调配、制冷、碳酸化、灌装封盖、杀菌、灯检即可归为0602碳酸饮料（汽水）；果汁和茶叶的水提取物经调配（或不调配）、过滤、杀菌、灌装封盖、灯检即可归为0603茶类饮料；果汁（浆）经稀释（或不稀释）、调配（或不调配）、杀菌、无菌灌装（热灌装）、灯检即可归为0604果蔬汁类及其饮料；果汁经调配、脱水干燥、成型包装即可归为0606固体饮料；水果和辅料经预处

理、调配（或分选、或加热及浓缩）、装罐、密封、杀菌、冷却即可归为0902果蔬罐头；水果经化糖、溶胶、过滤、调配、灌装、封口、杀菌、冷却、风干、包装即可归为1304果冻；水果（实、根茎）经拣剔、切片、干燥、包装、杀菌即可归为1404代用茶；水果经破碎（压榨）、发酵、分离、贮存、澄清处理、调配、除菌、灌装即可归为1502葡萄酒及果酒；水果经预处理、糖（盐）制、干燥、修整、包装即可归为1701蜜饯；水果经选料、清洗、整理、软化、打浆、配料、浓缩、灌装、杀菌、冷却、包装即可归为1702水果制品。

④ 根据食用方式进行判断。有时根据产品的原辅料及工艺流程不能准确判断其所属类别，即可考虑通过产品的食用方式来划分产品类别。例如薄荷，若是以浸泡的方式食用即可申请1404代用茶的生产许可类别，若是直接食用或者佐餐可考虑申请0305调味料的生产许可类别。再比如干枣，若是以浸泡的方式食用即可申请1404代用茶的生产许可类别，若是直接食用可考虑申请1702水果制品的生产许可类别。

在判断食品所属类别时容易混淆，所以确定食品分类应综合考虑产品的主要原料、工艺条件、执行标准、食用方法等，并根据使用目的，来确定食品分类系统。如果不能确定食品的分类，建议咨询或听取国家部委、监管机构、行业协会及第三方专家的意见。

4.2 各类别食品工艺流程

工艺流程设计是车间工艺设计的核心，它与车间布局设计是工艺设计的两个主要内容，共同决定了食品工厂的工艺计算、生产设施设备的布局、厂房功能间的布局等。工艺流程设计是工艺设计的基础，其合理性、可行性及先进性直接影响产品质量与生产成本的高低。工艺流程的确定主要包括两方面，一是从原料到成品的整个生产过程及顺序，包括人与物料的流动方向、生产活动所需的设施设备等，二是工艺流程图的绘制。食品生产企业在确定工艺流程时可参考表4-2初步确定工艺流程，再根据企业的实际生产情况进一步细化确认。

表 4-2 基本工艺流程

食品、食品添加剂类别		基本工艺流程	关键控制环节
1. 粮食加工品	0101 小麦粉	小麦→清理(筛选,去石,磁选等)→水分调节(包括润麦,配麦)→研磨(磨粉机,松粉机,清粉机)→筛理(平筛,高方筛)→成品包装	小麦的清理,研磨,增白剂(过氧化苯甲酰)的添加
	0102 大米	稻谷→筛选(溜筛,振动筛,高速除稗筛)→去石→磁选(磁栏,永磁滚筒)→砻谷→谷糙分离→碾米→成品包装	稻谷的清理,碾米,成品整理
	0103 挂面	(1)普通挂面 调粉→熟化→压延→切条→干燥→截断→称量→包装 (2)花色挂面 原辅料预处理→调粉→熟化→压延→切条→干燥→截断→称量→包装 (3)手工面 调粉→熟化→搓条→拉吊→干燥→截断→称量→包装	食品添加剂最大限量的控制;干燥工序过程中的温度、湿度、牵引机速度等参数的控制;晾晒、包装过程中的卫生安全
	0104 其他粮食加工品	(1)谷物加工品 清理→脱壳→碾米(或不碾米)→成品包装 (2)谷物碾磨加工品 清理—┬→碾磨 → 成品包装(粒、粉) 　　　└→灭酶 → 轧片 → 成品包装(片) (3)谷物粉类制成品:面粉类制成品 原辅料混合 → 和面—┬→水洗 → 成品包装(面筋等) 　　　　　　　　　　└→发酵(或不发酵) → 成型 → 成品包装(生切面、调制面团等) (4)米粉类制成品 清理→磨粉(浆)→发酵(或不发酵)→蒸粉(或不蒸粉)→成型→干燥(或不干燥)→成品包装	(1)谷物加工品 清理,碾米(糙米等除外)。 (2)谷物碾磨加工品 碾磨(谷物粒、粉),灭酶(谷物片)。 (3)谷物粉类制成品 和面(面粉类制成品),蒸粉(米粉类制成品中有蒸粉工艺的),包装

续表

食品、食品添加剂类别		基本工艺流程	关键控制环节
2. 食用油、油脂及其制品	0201 食用植物油	(1)制取原油 ①压榨法制油(以花生仁为例) 清理→剥壳→破碎→轧胚→蒸炒→压榨→花生原油 ②浸出法制油(以大豆为例) 清理→破碎→软化→轧胚→浸出→蒸发→汽提→大豆原油 ③水代法制油(以芝麻为例) 芝麻→筛选→漂洗→炒籽→扬烟→吹净→磨酱→对浆搅油→振荡分油→芝麻油 (2)油脂精炼 ①化学精炼 原油→过滤→脱胶(水化)→脱酸(碱炼)→脱色→脱臭→成品油 ②物理精炼 原油→过滤→脱胶(酸化)→脱色→脱酸(水蒸气蒸馏)→脱臭→成品油 (3)油脂的深加工工艺(包括油脂的氢化,酯交换,分提等) 以棕榈(仁)油分提工艺为例 ①干法分提 棕榈(仁)油→加热→冷却结晶→过滤→软脂、硬脂 ②溶剂法分提 棕榈(仁)油→溶剂稀释→冷却结晶→分离→蒸发溶剂→软脂、硬脂 ③表面活性剂法分提 棕榈(仁)油→棕榈(仁)软脂稀释棕榈(仁)油→冷冻→润湿硬脂晶体→离心分离→洗涤→干燥→软脂、硬脂	(1)油脂精炼 脱酸,脱臭。 (2)水代法制芝麻油 炒籽温度、对浆搅油。 (3)棕榈(仁)油 分提工艺

续表

食品、食品添加剂类别		基本工艺流程	关键控制环节
2. 食用油、油脂及其制品	0202 食用油脂制品	(1)食用氢化油 动、植物油→精炼预处理→除氧脱水→氢化(氢气、催化剂)→过滤→后脱色→脱臭 (2)人造奶油 原料油脂、辅料→熔解混合→乳化→巴氏杀菌→急冷(A单元)→捏合(B单元)→包装→熟成 (3)起酥油 ①可塑性起酥油 原料油脂、辅料→预混合→急冷(A单元)(充氮)→捏合(B单元)→包装→熟成 ②液体起酥油 原料油脂、辅料→急冷(或不急冷)→搅拌→包装→熟成 ③粉末起酥油 原料油脂、辅料→熔化、混合→乳化→喷雾干燥(或冷却)→包装 (4)代可可脂 氢化、酯交换或分提后的食用油脂→再精炼→代可可脂	(1)食用氢化油 选取原料,氢化过程,后脱色、脱臭。 (2)人造奶油 乳化程度,巴氏杀菌,物料进出A、B单元时温度的控制,熟成条件的控制。 (3)起酥油 物料进出A、B单元时温度的控制,熟成条件的控制。 (4)代可可脂 物料进出A、B单元时温度的控制(有氢化工艺的),分提工艺(有分提工艺的)
	0203 食用动物油脂	(1)熔炼制取 原料预处理(修整,粗切,洗涤,绞碎)→加料→熔炼→盐析→排油→澄清或压滤、离心去杂→盐析→净油 (2)油脂精炼 净油→加温→脱胶→脱酸→静置→洗涤→干燥→脱色→脱臭→压滤→精油速冷→成品包装	脱酸,脱臭

续表

食品、食品添加剂类别		基本工艺流程	关键控制环节
3. 调味品	0301 酱油	(1)酿造酱油 原料→蒸料→制曲→发酵→淋油→杀菌→灌装 (2)配制酱油 酿造酱油＋酸水解植物蛋白调味液→调配→杀菌→灌装	(1)酿造酱油 制曲，发酵，杀菌。 (2)配制酱油 原料(管理)，酿造酱油的比例控制，杀菌
	0302 食醋	(1)酿造食醋 原料→原料处理→酒精发酵→醋酸发酵→淋醋→杀菌→灌装 (2)配制食醋 酿造食醋＋食用冰醋酸→调配→杀菌→灌装	(1)酿造食醋 原料控制，醋酸发酵，杀菌。 (2)配制食醋 原料控制，酿造食醋的比例控制，杀菌
	0303 味精	原料→淀粉糖化→发酵→谷氨酸提取→味精制造→包装	发酵控制，谷氨酸提取
	0304 酱类	具体产品的工艺流程在确保产品质量安全的原则下根据实际要求确定	
	0305 调味料	(1)固态调味料 原料→前处理(分选、干燥或杀菌)→粉碎(制粉)→调配(筛分)→包装 →成品 (2)半固态(酱)调味料 原料→前处理→加工(盐渍、水解、烘炒、均质或乳化等)→调配→(杀菌)→包装→成品 (3)液体调味料 原料→前处理(除杂、清洗)→煮沸(抽提)→调配→杀菌→包装→成品 (4)食用调味油 原料→前处理(选料、洗料)→烘炒→压榨→淋油→调配→包装→成品	原料控制，调配，杀菌
	0306 食盐	原料→前处理(分选、干燥或杀菌)→粉碎(制粉)→调配(筛分)→包装 →成品	

续表

食品、食品添加剂类别		基本工艺流程	关键控制环节
4. 肉制品	0401 热加工熟肉制品	选料→原料前处理(解冻、修整等)→机械加工(绞碎、斩拌、滚揉、乳化等)→充填或成型→热加工(熏、烧、烤、蒸煮、油炸、烘干等)→冷却→包装	原辅料质量,添加剂,加工过程的温度和湿度控制,发酵温度和时间,产品包装和贮运
	0402 发酵肉制品	选料→原料前处理(解冻、修整等)→机械加工(如发酵灌制品:绞碎、斩拌等)→添加其他原料或发酵剂→充填或成型→发酵/干燥→包装	
	0403 预制调理肉制品	选料→原料前处理(解冻、修整等)→机械加工(绞碎、斩拌、滚揉等)→调制→冷却或冻结(含速冻)→包装	
	0404 腌腊肉制品	选料→原料前处理(解冻、修整等)→机械加工(如腊肠:绞碎、搅拌等)→腌制→烘干(晒干、风干)→包装(注:中国腊肠类、生香肠类需经灌装工序)	
5. 乳制品	0501 液体乳	(1)巴氏杀菌乳、高温杀菌乳 原料乳→过滤→冷却(需要时)→储存→净乳→标准化(或采用脂肪分离工艺)→均质→巴氏杀菌/高温杀菌→冷却→灌装→冷藏 (2)调制乳 原料乳→净乳→冷藏→标准化→预热→配料→均质→高温杀菌或其他杀菌、灭菌方式→冷却→灌装→冷藏(需冷藏的产品) (3)灭菌乳 ①超高温灭菌乳 原料乳→净乳→冷藏→标准化→预热→均质→超高温瞬时杀菌→冷却→无菌灌装→成品储存 ②保持灭菌乳 原料乳→净乳→冷藏→标准化→预热→均质→灌装→保持灭菌→成品储存 (4)发酵乳 ①凝固型 原料乳→净乳→冷藏→标准化→均质→杀菌→冷却→接入发酵菌种→灌装→发酵→冷藏	原料验收,标准化,杀菌或灭菌方式,灌装或无菌灌装,发酵剂的制备,发酵

续表

食品、食品添加剂类别		基本工艺流程	关键控制环节
5. 乳制品	0501 液体乳	②搅拌型 原料乳→净乳→冷藏→标准化→均质→杀菌→冷却→接入发酵菌种→发酵→搅拌→杀菌(需热处理的产品)→冷却→灌装→冷藏	原料验收，标准化，杀菌或灭菌方式，灌装或无菌灌装，发酵剂的制备，发酵
	0502 乳粉	(1)湿法工艺 原料乳→净乳→冷藏→标准化→均质→杀菌→浓缩→喷雾干燥→附聚、造粒或喷涂磷脂、冷却或筛粉、晾粉→包装 (2)干法工艺 拆包(脱外包)→内包装袋的清洁→隧道杀菌→原料粉称量→预混→混料→包装 (3)调制乳粉干湿法 湿法工艺流程(除包装外)与相应的干法工艺流程相衔接	(1)湿法工艺 原料验收，标准化，杀菌，浓缩，喷雾干燥，包装。 (2)干法工艺 原料验收，配料的称量，隧道杀菌，预混，混合，包装
	0503 其他乳制品	具体产品的工艺流程在确保产品质量安全的原则下根据实际要求确定	
6. 饮料	0601 包装饮用水	(1)饮用纯净水及矿物质水 水源水→粗滤→精滤→去离子净化(离子交换、反渗透、蒸馏及其他加工方法)(适用于饮用纯净水)→配料(适用于矿物质水)→杀菌→灌装封盖→灯检→成品 ↑ 瓶(桶)及其盖的清洗消毒（箭头指向“灌装封盖”） (2)饮用天然矿泉水及其他包装饮用水 水源水→粗滤→精滤→杀菌→灌装封盖→灯检→成品 ↑ 瓶(桶)及其盖的清洗消毒（箭头指向“灌装封盖”）	水源、管道及设备等的维护及清洗消毒，瓶(桶)及其盖的清洗消毒，杀菌设施的控制和杀菌效果的监测，纯净水生产去离子净化设备控制和净化程度的监测，灌装车间环境卫生和洁净度的控制，包装瓶(桶)及盖的质量控制，消毒剂选择和使用，饮用矿物质水生产中矿物质的添加量控制

续表

食品、食品添加剂类别		基本工艺流程	关键控制环节
6. 饮料	0602(碳酸饮料)汽水	水处理→水 + 辅料 瓶及盖的清洗消毒 ↓ ↓ 基料→调配→制冷、碳酸化→灌装封盖→(暖罐/瓶)→灯检→成品	原辅材料、包装材料的质量控制,配料和灌装车间的卫生管理控制,水处理工序的管理控制,管道设备的清洗消毒,配料计量,添加剂的使用控制,瓶及盖的清洗消毒,制冷充气工序的控制
	0603 茶类饮料	水处理→水+辅料 ↓ 茶叶的水提取物(或其浓缩液、速溶茶粉)→调配(或不调配)→过滤→杀菌→灌装封盖→灯检→成品	原辅材料、包装材料的质量控制,配料和灌装车间的卫生管理控制,水处理工序的管理控制,生产设备的清洗消毒,配料计量,杀菌工序的控制,瓶及盖的清洗消毒
	0604 果蔬汁类及其饮料	(1)以浓缩果(蔬)汁(浆)为原料 水处理→水 + 辅料 ↓ 浓缩汁(浆)→稀释、调配→杀菌→无菌灌装(热灌装)→灯检→成品 (2)以果(蔬)为原料 果(蔬) 水处理→水 + 辅料 ↓ ↓ 预处理→榨汁→稀释、调配→杀菌→无菌灌装(热灌装)→灯检→成品	原辅材料、包装材料的质量控制,配料和灌装车间的卫生管理控制,水处理工序的管理控制,生产设备的清洗消毒,配料计量,杀菌工序的控制,瓶及盖的清洗消毒

续表

食品、食品添加剂类别		基本工艺流程	关键控制环节
6. 饮料	0605 蛋白饮料	(1)含乳饮料 乳(复原乳)→调配→均质→杀菌灌装(灌装杀菌)→成品 ↓　↑ 杀菌冷却 水处理→水+辅料 ↓　↓ 发酵→均质→调配→均质→杀菌灌装(灌装杀菌)→成品 注:活性乳酸菌饮料无最后一步杀菌过程。 (2)植物蛋白饮料 水处理→水　水处理→水+辅料 ↓　↓ 原料→预处理→制浆→过滤脱气→调配→均质→杀菌灌装(或灌装 杀菌)→成品 (3)复合蛋白饮料 参照含乳饮料和植物蛋白饮料的生产工艺	原辅材料、包装材料的质量控制,配料和灌装车间的卫生管理控制,水处理工序的管理控制,生产设备的清洗消毒,配料计量,杀菌工序的控制,瓶及盖的清洗消毒
	0606 固体饮料	水+辅料 ↓ 原料→调配→脱水干燥→成型包装→成品	原辅材料、包装材料的质量控制,冷却和包装车间的卫生管理控制,设备的清洗消毒,配料计量,脱水和包装工序的控制
	0607 其他饮料	具体产品的工艺流程在确保产品质量安全的原则下根据实际要求确定	

续表

食品、食品添加剂类别		基本工艺流程	关键控制环节
7. 方便食品	0701 方便面	配粉→压延→蒸煮→油炸(或热风干燥)→包装	配粉，设备的清洗，油炸(或热风干燥)
	0702 其他方便食品	(1)主食类 原辅料处理→调粉(或不经调粉)→成型(或不经成型)→熟制→干燥(非脱水干燥产品除外)→冷却→包装 (2)冲调类 原辅料处理→熟制(或部分原料熟制)→成型或粉碎→干燥(或不经干燥)→混合→包装	原辅料的使用，食品添加剂的使用，熟制工序的工艺参数控制，干燥工序的工艺参数控制
	0703 调味面制品	具体产品的工艺流程在确保产品质量安全的原则下根据实际要求确定	
8. 饼干	0801 饼干	配粉和面→成型→烘烤→包装	配粉，烤制，杀菌
9. 罐头	0901 畜禽水产罐头	杀菌→无菌包装 ↑ 原辅材料处理→调配(或分选、或加热及浓缩)→装罐→密封→杀菌及冷却	原材料的验收及处理，封口工序，杀菌工序
	0902 果蔬罐头		
	0903 其他罐头		
10. 冷冻饮品	1001 冷冻饮品	配料→杀菌→均质→冷却→老化→凝冻→包装→成型 注：冰棍、食用冰、甜味冰的生产基本流程无均质、老化、凝冻三个步骤。雪泥的生产基本流程无均质步骤	配料，杀菌，老化(适用于冰淇淋、雪糕、雪泥)

续表

食品、食品添加剂类别		基本工艺流程	关键控制环节
11. 速冻食品	1101 速冻面米制品	馅料、皮料→成型→(熟制)醒发→蒸煮→冷却→速冻→包装→入库 成型→(生制)速冻→包装→入库	原辅料质量,前处理工序,速冻工序,产品包装及冻藏链
	1102 速冻调制食品	具体产品的工艺流程在确保产品质量安全的原则下根据实际要求确定	
	1103 速冻其他食品	原辅料加工→熟制→速冻→包装(或先包装后速冻)→入库冻藏 原辅料加工→生制→速冻→包装(或先包装后速冻)→入库冻藏	
12. 薯类和膨化食品	1201 膨化食品	(1)干制薯类的基本生产流程 ①鲜薯验收→清洗去皮(或不去皮)→切分成型→蒸煮→干制→包装 ②鲜薯验收→清洗去皮(或不去皮)→蒸煮→捣烂→混合→成型→干制→包装 ③鲜薯验收→清洗去皮→切分成型→烫漂→冷却→油炸或焙烤→调味(或不调味)→包装 ④薯类全粉、淀粉等原料验收→拌料→成型→油炸或焙烤→调味(或不调味)→包装 (2)冷冻薯类的基本生产流程 原料验收→清洗去皮(或不去皮)→切分成型→烫漂→冷却→冷冻→包装 (3)薯泥(酱)类的基本生产流程 原料验收→清洗去皮(或不去皮)→蒸煮→磨酱→调配→包装→杀菌 (4)薯粉类的基本生产流程 原料验收→清洗去皮(或不去皮)→蒸煮→冷却→干燥→粉碎→包装 (5)其他薯类食品的工艺流程可在确保产品质量安全原则下根据企业生产实际确定	薯类原料验收控制,热加工时间和温度控制,包装车间环境卫生控制

续表

食品、食品添加剂类别		基本工艺流程	关键控制环节
12. 薯类和膨化食品	1202 薯类食品	(1)焙烤型膨化食品 制粉→蒸炼→成型→一次干燥→熟成→二次干燥→焙烤→调味→包装 (2)油炸型膨化食品 制粉→蒸炼→成型→干燥→油炸→调味→包装 (3)直接挤压型膨化食品 制粉→混料→挤压膨化→整形→烘焙→调味→包装 (4)花色型膨化食品参照其坯子生产工艺流程(可分为焙烤型、油炸型或挤压型三种),最后加一道上色工序	(1)焙烤型 蒸炼、干燥、焙烤。 (2)油炸型 蒸炼,干燥,油炸。 (3)直接挤压型 挤压膨化,烘焙
13. 糖果制品	1301 糖果	(1)硬糖、乳脂糖果等 砂糖、淀粉糖浆→溶糖→过滤→油脂混合(乳脂糖果)→熬煮→充气(充气糖果)→冷却→调和→成型→冷却→挑选→包装 (2)凝胶糖果 砂糖、淀粉糖浆→溶糖→过滤→凝胶剂熬煮→浇模→干燥→(筛分→清粉→拌砂→)包装 (3)胶基糖果 胶基预热→搅拌(加入各种原料和添加剂)→出料→成型→包装 (4)压片糖果 原料混合→压片成型→包装	还原糖控制,焦香糖果焦香化处理控制,充气糖果充气程度的控制,凝胶糖果凝胶剂的使用技术,成品包装控制
	1302 巧克力及巧克力制品	①糖、乳制品、可可脂(代可可脂)、可可液块或可可粉→混合→精磨→精炼(可可脂巧克力)→保温贮存→调温(可可脂巧克力)→浇模→包装→成品 ②夹心→涂层→包装→巧克力制品	精磨过程中控制物料颗粒度,精炼时间、温度的控制,调温温度的控制,成品包装控制,巧克力制品中巧克力的含量
	1303 代可可脂巧克力及代可可脂巧克力制品		

续表

食品、食品添加剂类别		基本工艺流程	关键控制环节
13. 糖果制品	1304 果冻	包括化糖、溶胶、过滤、调配、灌装、封口、杀菌、冷却、风干、包装等过程	原辅材料及包装材料的控制，生产场所卫生管理，管道设备清洗控制，灌装、封口控制，杀菌工序控制
14. 茶叶及相关制品	1401 茶叶	(1)从鲜叶加工 ①鲜叶→杀青→揉捻→干燥→绿茶 ②鲜叶→萎凋→揉捻(或揉切)→发酵→干燥→红茶 ③鲜叶→萎凋→做青→杀青→揉捻→干燥→乌龙茶 ④鲜叶→杀青→揉捻→闷黄→干燥→黄茶 ⑤鲜叶→萎凋→干燥→白茶 ⑥鲜叶→杀青→揉捻→渥堆→干燥→黑茶 ⑦茶叶原料→筛切拼堆→(渥堆)→蒸压成型→干燥→边销茶(紧压茶) (2)从茶叶生产加工 ①茶叶→制坯→窨花→复火→提花→花茶 ②茶叶→拼切匀堆→包装→袋泡茶 (3)精制加工 毛茶→筛分→风选→拣梗→干燥 (4)分装加工 原料→拼配匀堆→包装	原料的验收和处理，生产工艺，产品仓储
	1402 茶制品	(1)固态速溶茶(含奶茶、果味茶等) 原料→浸提→过滤→浓缩→(加入添加物)→喷雾干燥→包装 (2)液态速溶茶(含调味、调香浓缩茶汁) 原料→浸提→过滤→浓缩→(加入添加物)→包装 (3)(抹)茶粉 原料→磨碎→包装	原料验收，浸提或拼配，产品仓储

续表

食品、食品添加剂类别		基本工艺流程	关键控制环节
14. 茶叶及相关制品	1403 调味茶	茶叶→拼配(加入配料)→包装	原料验收,浸提或拼配,产品仓储
	1404 代用茶	(1)叶类 鲜叶→杀青→揉捻→干燥 (2)花类 鲜花→拣剔→杀青(或不杀青)→干燥 (3)果(实)类 鲜果(实、根茎)→拣剔→(切片)→干燥 (4)混合类 原料→拣剔→拼配→(打碎)→包装 (5)分装加工 原料→拣剔→包装	原料验收,干燥,产品仓储
15. 酒类	1501 白酒	原料处理→配料→蒸煮→糖化发酵→蒸馏→贮存→勾调→灌装→成品	配料,发酵,贮存,勾调
	1502 葡萄酒及果酒	原料→破碎(压榨)→发酵→分离→贮存→澄清处理→调配→除菌→灌装→成品	原材料的质量,发酵与贮存过程的控制,稳定性处理,调配
	1503 啤酒	糖化→发酵→滤酒→包装	原辅料的控制,添加剂的控制,清洗剂、杀菌剂的控制,工艺(卫生)要求的控制,啤酒瓶的质量控制

续表

食品、食品添加剂类别		基本工艺流程	关键控制环节
15. 酒类	1504 黄酒	原料米→浸米→蒸饭→落缸(罐)→糖化发酵→压榨→调色→煎酒(酒坛清洗杀菌)→陈化贮存→勾兑→过滤→酒杀菌→灌装封口(容器清洗消毒)→成品黄酒；曲、酒药、酒母、水→原料米	发酵过程的时间和温度控制，酒的勾兑配方控制，容器清洗控制，成品酒杀菌温度和杀菌时间的控制
	1505 其他酒	(1)配制酒 基酒；原料→预处理→提取→分离汁→调配→贮存→澄清处理→封装→成品 (2)蒸馏酒 原料→预处理→发酵→蒸馏→贮存→调配→过滤→封装→成品 (3)发酵酒 原料→预处理→发酵→分离→贮存→调配→除菌(杀菌)→封装→成品	原材料的质量，发酵或提取过程的控制，贮存过程的控制，稳定性处理，调配
	1506 食用酒精	食用酒精的工艺流程在确保产品质量安全的原则下根据实际要求确定	
16. 蔬菜制品	1601 酱腌菜	原辅料预处理→腌制(盐渍、糖渍、酱渍等)→整理(淘洗、晾晒、压榨、调味、发酵、后熟)→灌装→杀菌(或不杀菌)→包装	原辅料预处理，后熟，杀菌，灌装
	1602 蔬菜干制品	(1)自然干制蔬菜 原料选剔分级→清洗→修整→(烫漂)→晾晒→包装→成品 (2)热风干燥蔬菜 原料选剔分级→清洗→修整→(烫漂)→热风干燥→回软→(压块)→包装→成品	原料选择，原料清洗，干燥，包装

续表

食品、食品添加剂类别		基本工艺流程	关键控制环节
16. 蔬菜制品	1602 蔬菜干制品	(3)冷冻干燥蔬菜 原料选剔分级→清洗→修整→(烫漂)→沥干→速冻→升华干燥→包装→成品 (4)蔬菜脆片 原料选剔分级→清洗→修整→(烫漂)→速冻→(真空)油炸→脱油→冷却→包装→成品 (5)蔬菜粉及制品 ①蔬菜粉制品 原料选剔分级→清洗→粉碎→过滤→沉淀→干燥→(成型)→冷却→包装→成品 ②蔬菜粉 原料选剔分级→清洗→修整→(烫漂)→干燥→粉碎→包装→成品	原料选择，原料清洗，干燥，包装
	1603 食用菌制品	(1)食用菌干制品 原料选剔预处理→干燥→包装→成品 (2)腌渍食用菌 原料选剔预处理→(烫漂)→(冷却)→腌渍→包装→成品	原料预处理，干燥，食用菌干制品的包装过程，腌渍
	1604 其他蔬菜制品	具体产品的工艺流程在确保产品质量安全的原则下根据实际要求确定	
17. 水果制品	1701 蜜饯	原料处理→糖（盐）制→干燥→修整→包装	原料处理，食品添加剂使用，糖(盐)制，包装
	1702 水果制品	(1)水果干制品 选料→清洗→整理→护色(或不护色)→干燥(脱水)→后处理(或不经后处理)→包装 (2)果酱 选料→清洗→整理→软化→打浆→配料→浓缩→灌装→杀菌→冷却→包装	(1)水果干制品 原料的验收和处理，食品添加剂的使用，干燥(脱水)，包装。 (2)果酱 原料的验收和处理，浓缩，杀菌

续表

食品、食品添加剂类别		基本工艺流程	关键控制环节
18. 炒货食品及坚果制品	1801 炒货食品及坚果制品	(1)烘炒类 ①原料→清理→烘炒(烘干)→冷却→筛选→包装→成品 ②原料→清理→蒸煮(或浸料裹衣、或炒制浸料)→烘炒(烘干)→冷却→筛选→包装→成品 (2)油炸类 原料→浸泡(水煮或其他处理)→翻炒或不翻炒(裹衣或不裹衣)→油炸(根据需要拌料)→冷却→包装→成品 (3)其他类 具体产品的工艺流程在确保产品质量安全的原则下根据实际要求确定	原料接收及清理控制，蒸煮或浸料时的配方控制，原料、半成品、成品的仓库储存条件控制，烘炒、油炸、熟制(包括高温杀菌)时间、温度控制，煎炸油脂更换控制，包装过程中的卫生控制
19. 蛋制品	1901 蛋制品	(1)再制蛋类 ①选蛋→腌制(糟腌)→成熟→包装 ②选蛋→蒸煮→调味煮制→冷却→包装→高温杀菌→冷却 (2)干蛋类 选蛋→打蛋去壳→搅拌过滤→低温杀菌→干燥→包装 (3)冰蛋类 选蛋→打蛋去壳→搅拌过滤→低温杀菌→冷冻→包装 (4)其他类 具体产品的工艺流程在确保产品质量安全的原则下根据实际要求确定	(1)再制蛋类 选蛋，腌制(或糟腌或卤制)，烘烤，蒸煮杀菌(适用熟咸蛋、卤蛋类)。 (2)干蛋类 选蛋，低温杀菌，干燥。 (3)冰蛋类 选蛋，低温杀菌，冷冻，充填包装

续表

食品、食品添加剂类别		基本工艺流程	关键控制环节
20. 可可及焙烤咖啡	2001 可可制品	(1)可可粉 可可仁→清理→焙炒→破碎→壳仁分离→(→碱化→)研磨→压榨→破碎细粉→包装 (2)可可脂 可可仁→清理→焙炒→破碎→壳仁分离→研磨→压榨→过滤→冷却→包装 (3)其他可可制品 具体产品的工艺流程在确保产品质量安全的原则下根据实际要求确定	原料、半成品、成品的仓库储存条件控制，可可豆在焙炒、研磨过程中工艺参数的控制，包装材料的选择和包装过程控制
	2002 焙炒咖啡	(1)焙炒咖啡豆 清理→调配→焙炒→冷却→包装 (2)咖啡粉 清理→调配→焙炒→冷却→磨粉→包装	咖啡豆在焙炒过程中时间和温度控制，包装材料的选择和包装过程控制
21. 食糖	2101 糖	原料→糖汁提取→糖汁清净(原料糖溶解)→糖汁加热与蒸发→蔗糖浓缩结晶成糖→(加入还原糖)→干燥→包装	糖汁清净、蔗糖浓缩结晶成糖
22. 水产制品	2201 干制水产品	(1)干海参、虾米、虾皮、干贝、鱿鱼干、干裙带菜叶、干海带、紫菜 原料预处理→干燥→包装 (2)烤鱼片、调味鱼干、鱿鱼丝、烤虾 原料预处理→漂洗→调味→干燥→烘烤→成型→包装 (3)虾片 原料清洗→制虾汁→合料→制卷→切片→烘干→筛选→包装	原料预处理，干燥，调味，烘烤

续表

食品、食品添加剂类别		基本工艺流程	关键控制环节
22. 水产制品	2202 盐渍水产品	(1)盐渍海蜇皮和盐渍海蜇头 原料处理→初矾→二矾→三矾→沥卤(提干)→包装 (2)盐渍裙带菜和海带 原料接收→前处理→烫煮→冷却→控水→拌盐→腌渍、卤水洗涤→脱水→冷藏→成形切割→包装→冷藏	(1)盐渍海蜇皮和盐渍海蜇头三矾,沥卤(提干)。 (2)盐渍裙带菜和海带烫煮,腌渍,脱水,贮存
	2203 鱼糜及鱼糜制品	(1)熟制鱼糜灌肠 冻鱼糜→切削→斩拌→充填结扎→高温杀菌→冷却→包装 (2)冻鱼糜制品 冻鱼糜→解冻→斩拌→成形→凝胶化→加热→冷却→包装	斩拌,凝胶化,加热(杀菌)
	2204 冷冻水产品	具体产品的工艺流程在确保产品质量安全的原则下根据实际要求确定	
	2205 熟制水产品	原料→清洗→熟制→冷却→杀菌→包装	原辅料处理、杀菌
	2206 生食水产品	(1)腌制品 原料处理→盐渍(或浸渍)→清洗沥干→调味腌制→包装 (2)非腌制品 原料处理→切割→包装	原料验收及处理,调味腌制,贮藏
	2207 其他水产品	具体产品的工艺流程在确保产品质量安全的原则下根据实际要求确定	

续表

食品、食品添加剂类别		基本工艺流程	关键控制环节
23. 淀粉及淀粉制品	2301 淀粉及淀粉制品	(1)淀粉 清洗→浸泡(鲜薯类除外)→磨碎→分离→脱水→干燥→包装 (2)淀粉制品 清洗→浸泡(鲜薯类除外)→磨碎→分离→脱水→和浆→成形→冷却→干燥→包装	(1)淀粉 分离，干燥。 (2)淀粉制品 和浆，干燥
	2302 淀粉糖	(1)葡萄糖 淀粉→调浆→糖→脱色→分离→浓缩→结晶→干燥→葡萄糖→喷雾干燥→全糖粉→结晶葡萄糖→包装 (2)饴糖 淀粉→调浆→液化→糖化→过滤和漂白→浓缩→饴糖→包装 (3)麦芽糖 淀粉→调浆→加酶→酶液化→高温灭酶→脱色→过滤→浓缩→喷雾干燥→包装 (4)异构化糖(高果糖浆) 淀粉→调浆→糖化→纯化→浓缩→异构化→纯化浓缩→异构化糖	调浆，糖化，分离
24. 糕点	2401 热加工糕点	原辅料处理→调粉→发酵(如发酵类)→成型→熟制(烘烤、油炸、蒸制或水煮)→冷却→包装	原辅料、食品添加剂的使用
	2402 冷加工糕点		
	2403 食品馅料		

续表

食品、食品添加剂类别		基本工艺流程	关键控制环节
25. 豆制品	2501 豆制品	(1)发酵型 ①以豆豉(纳豆)为例 原料→预处理(清洗、浸泡)→蒸煮→发酵→包装 ②以腐乳、臭豆腐为例 原料→预处理→制浆→凝固→成型→压榨→切块→发酵→包装 (2)非发酵型 ①以豆腐为例 原料→预处理(清洗、浸泡)→制浆→凝固→压制→包装 ②以内酯豆腐为例 原料→预处理(清洗、浸泡)→制浆→灌装→成型→包装	选料和清洗,菌种的选择、发酵的温度和时间,煮浆温度和时间,凝固成型,生产加工中环境卫生的控制,成品的贮藏和运输
26. 蜂产品	2601 蜂蜜	原料蜂蜜→融蜜→粗滤→精滤→真空脱水(根据需要)→过滤→灌装→装箱	原材料的质量控制,过滤过程控制,蜂王浆贮存和运输过程温度控制,灌装(包装)过程的卫生控制,蜂王浆冻干品加工过程温度、湿度控制
	2602 蜂王浆(含蜂王浆冻干品)	(1)蜂王浆 原料蜂王浆→解冻→过滤→包装→冷藏 (2)蜂王浆冻干品 原料蜂王浆→解冻→过滤→真空冷冻干燥→粉碎→成型→包装	
	2603 蜂花粉	原料蜂花粉→干燥→去杂→消毒杀菌→破壁(根据需要)→包装	原材料的质量控制,灌装(包装)过程的卫生控制,蜂花粉去杂、杀菌过程控制,蜂产品制品混合过程质量控制,蜂产品制品中食品添加剂及营养强化剂的使用控制
	2604 蜂产品制品	具体产品的工艺流程在确保产品质量安全的原则下根据实际要求确定	

续表

食品、食品添加剂类别		基本工艺流程	关键控制环节
27. 保健食品		具体产品的工艺流程在确保产品质量安全的原则下根据实际要求确定	
28. 特殊医学用途配方食品		具体产品的工艺流程在确保产品质量安全的原则下根据实际要求确定	
29. 婴幼儿配方食品	2901 婴幼儿配方乳粉	(1)湿法 全脂、脱脂乳粉↓（加入标准化配料） 生乳→净乳→杀菌→冷藏→标准化配料→均质→杀菌→浓缩→喷雾干燥→流化床二次干燥→包装 (2)干法 原辅料→备料→进料→配料(预混)→投料→混合→包装	(1)湿法 生乳的运输和贮存，配料，杀菌，浓缩，喷雾干燥和冷却降温，包装。 (2)干法 备料，进料，配料(预混)，投料，混合，包装
30. 特殊膳食食品		具体产品的工艺流程在确保产品质量安全的原则下根据实际要求确定	
31. 其他食品		具体产品的工艺流程在确保产品质量安全的原则下根据实际要求确定	
32. 食品添加剂		具体产品的工艺流程在确保产品质量安全的原则下根据实际要求确定	

注：1. 表中各类别食品的基本工艺流程仅作参考，具体产品可根据细则要求、企业实际生产情况确定工艺流程。

2. 新修订发布的审查细则与表中基本工艺流程不一致的，以新发布的审查细则规定为准。

第5章
食品标准与检验

5.1 食品标准适用

5.1.1 食品标准的基本概述

5.1.1.1 食品标准的发展历程

民以食为天，食以安为先。自新中国成立以来，食品特别是食品行业经历了天翻地覆的变化，食品工业发展推动了对食品标准的需求，引发了多次食品标准的进步。我国完成了食品标准体系的清理整合，制定发布了1300余项食品安全国家标准，涉及近2万项食品安全指标，初步构建起覆盖从农田到餐桌、与国际食品法典标准和主要发达国家基本一致的食品安全国家标准体系。食品标准从无到有，从经验总结到以科学风险评估为基础，从单一到成体系的过程，就是党领导下的食品安全事业不断前进，为人民谋健康的历史。

1949年11月到1961年10月，中央人民政府对轻工业、食品工业、农业和粮食等行业的管理进行了多次拆分和合并重组，旨在促进和发展轻工业及我国国民经济。1950年到1952年是生产关系社会主义改造和轻工业计划管理体制探索、初建时期。3年内，轻工业、手工业生产得到迅速恢复和发展。1953年到1957年生产关系大规模社会主义改造和轻工业计划管理体制初步成型。轻工业部门开始有计划、有重点地进行了基本建设。以制糖、制盐工业为重点、以国家预算投资为主，建设了74个有关国计民生的大中型项目，出色地完成了第一个五年计划的各项任务。20 世纪 50 年代，当时的卫生部发布了第一个酱油中砷的限量标准，标志着我国食品标准开始起步。20 世纪 60 年代初刚刚萌芽的“标准化”管理理念推动国务院制定了“一九六三年至一九七二年标准化发展规划”，食品工业标准化也就此拉开序幕。

食品标准的数量随着食品工业的快速发展不断增多，但多头多段管理的方式也导致了标准之间的不协调，甚至强制性标准之间也会存在矛盾，使标准执行受阻。2008 年我国的食品行业受到了巨大冲击。2009 年我国颁布《中华人民共和国食品安全法》。针对食品领域标准交叉矛盾的乱象，2009 版《食品安全法》规定，国务院卫生行政部门应当对现行的食用农产品质量安全标准、食品卫生标准、食品质量标准和有关食品的行业标准中强制执行的标准予以整合，统一公布为食品安全国家标准。在这部法律中首次使用了“食品安全标准”这一概念。食品安全标准是对食品中各种影响消费者健康的危害因素进行控制的技术法规，在中国是唯一强制执行的食品标准。自 2008 年起，对于各类食品标准的清理和整合工作开始按重点、分阶段有序开展。

5.1.1.2 标准及标准化

国家标准 GB/T 20000.1—2014《标准化工作指南 第 1 部分：标准化和相关活动的通用术语》中对“标准”一词的定义为：通过标准化活动，按照规定的程序经协商一致制定，为各种活动或其结果提供规则、指南或特性，供共同使用和重复使用的文件。标准，宜以科学、技术和经验的综合成果为基础；规定的程序，是指制定标准的机构颁布的标准制定程序。自 2018 年 1 月 1 日起施行的《中华人民共和国标准化法》中对“标准”的定义为：标准（含标准样品），是指农业、工业、服务业以及社会事业等领域需要统一的技术要求。制定标准应当在科学技术研究成果和社会实践经验的基础上，深入调查论证，广泛征求意见，保证标准的科学性、规范性、时效性，提高标准质量。

标准，是通过标准化活动制定的文件或技术要求，那么，什么是标准化呢？在国家标准 GB/T 20000.1—2014 中，“标准化”的定义如下：为了在既定范围内获得最佳秩序，促进共同效益，对现实问题或潜在问题确立共同使用和重复使用的条款以及编制、发布和应用文件的活动。标准化活动确立的条款，可形成标准化文件，包括标准和其他标准化文件；标准化的主要效益在于为了产品、过程或服务的预期目的改进它们的适用性，促进贸易、交流以及技术合作。标准化，可以有一个或多个特定目的，以使产品、过程或服务适合其用途，这些目的可能相互重叠，包括但不限于品种控制、可用性、兼容性、健康、安全、互换性、环境保护、产品防护、经济绩效和贸易等。标准化工作的任务是制定标准、组织实施标准以及对标准的制定、实施进行监督。

5.1.1.3 食品标准

食品标准，是以食品科学技术和生产实践经验的综合成果为基础，经有关方面协商一致所作的统一规定，由主管机构批准、以特定形式发布，是标准相关使用及监督部门共同遵守的准则和依据，具有科学性、权威性、适用性、可修订性等特点。国家标准 GB/T 15091—1994《食品工业基本术语》中对“食品标准”的定义为：食品标准，是食品工业领域各类标准的总和，包括食品产品标准、食品卫生标准、食品分析方法标准、食品管理标准、食品添加剂标准、食品术语标准等。

食品标准的制定、批准和贯彻的全过程就是食品标准化，它是组织现代化食品生产的重要手段，是实现食品科学化管理的重要组成部分。随着食品工业的快速发展、食品贸易的全球化，联合国粮食及农业组织（FAO）和世界卫生组织（WHO）于 1963 年建立了政府间协调食品标准的国际组织——国际食品法典委员会（CAC）。CAC 在全球范围内现有 165 个成员国。委员会组建后的前 28 年中所制定的国际标准，各国自愿采用；但自从 1995 年世界贸易组织（WTO）成立后，以风险分析为基础的国际食品法典委员会标准不仅是检验各国符合《实施卫生与植物检疫措施协定》(SPS)与技术性贸易壁垒协定(TBT)的标志，而且已作为促进国际贸易和解决贸易争端的依据，受到各国政府的高度重视。食品标准是食品生产者、经营者的行为准则，是消费者保护自身合法权益的武器，是国际贸易的共同准则。我国加入世界贸易组织(WTO)后，完善我国现有的食品标准，与国际标准接轨，其是保证人民身体健康及发展国际贸易的需要。而且随着科技的不断发展，食品在原料组成、营养价值、加工方法等方面都发生了很大的变化，随之引发的食品安全事件也时有发生，如何规范和保障食品的安全性与营养性愈发显得尤为重要。

我国的食品标准由全国食品工业标准化技术委员会和全国食品添加剂标准化技术委员会，以及国家卫生健康委员会、国家市场监督管理总局等组织制定和审查，由国家市场监督管理总局批准、发布，或由国家卫生健康委员会、国家市场监督管理总局联合批准、发布或农业农村部、国家卫生健康委员会、国家市场监督管理总局等多部门联合批准、发布。

5.1.2 食品标准的分类

食品安全问题，是重大的民生问题，它不仅关系到人民的生命健康与财产安全，也关乎国家的政治和经济管理及发展，如果食品安全得不到强有力的保障，人民的生命健康与财产安全也将随时受到威胁。因此，世界各国都对食品安全问题高度重视，并对此制定了包括食品安全、卫生、质量、产品分类、原辅料验收、操作规范、检验方法等全方位的相关标准，这些标准可根据标准的约束力、制定主体、基本属性、内容及信息载体进行分类。

5.1.2.1 按标准实施的约束力分类

根据标准的效力可将食品标准分为强制性标准和推荐性标准两大类。保障人体健康、涉及人身与财产安全、防止欺骗、维护消费者利益和国家需要控制的重要产品的标准，为强制性国家标准，代号为“GB”，例如GB 2760—2014《食品安全国家标准　食品添加剂使用标准》即为强制性标准。强制性标准以外的国家标准是推荐性国家标准，代号为“GB/T”，例如GB/T 31121—2014《果蔬汁类及其饮料（含第1号修改单）》即为推荐性标准。强制性国家标准企业和有关方面必须执行；不符合强制性国家标准的食品产品，禁止生产、销售和进口。国家鼓励企业自愿采用推荐性国家标准。

5.1.2.2　按标准制定的主体分类

按标准制定的主体分类可将食品标准分为国际标准、国家标准、行业标准、地方标准、团体标准和企业标准。国际标准是指国际标准化组织（ISO）、国际电工委员会（IEC）和国际电信联盟（ITU）制定的标准，以及国际标准化组织确认并公布的其他国际组织制定的标准，国际标准在世界范围内统一使用。中国在采用国际标准时应遵循以下原则：

① 要密切结合中国国情，有利于促进生产力发展；

② 有利于完善中国标准体系，促进中国标准水平的不断提高，努力达到和超过世界先进水平；

③ 要合理安排采用的顺序，注意国际上的通行需要，还要考虑综合标准化的要求；

④ 采用国外先进标准要根据标准的内容区别对待。

国家标准，即中华人民共和国国家标准，是指由国家标准化主管机构批准发布，对我国经济技术发展有重大意义，必须在全国范围内统一的标准。国家标准是在全国范围内统一的技术要求，由国务院标准化行政主管部门编制计划，协调项目分工，组织制定（含修订），统一审批、编号、发布，可分为强制性标准、推荐性标准两种。

行业标准，是指没有推荐性国家标准、需要在全国某个行业范围内统一的技术要求，是对国家标准的补充，是在全国范围的某一行业内统一的标准，行业标准在相应国家标准实施后，应自行废止。目前，国务院标准化行政主管部门已批准发布了67个行业的标准代号，如轻工行业建设标准，以QB开头，QB/T 4222—2023《复合蛋白饮料》等。

地方标准，是指由地方（省、自治区、直辖市）标准化主管机构或专业主管部门批准、发布，在某一地区范围内统一的标准，为满足地方自然条件、风俗习惯等特殊技术要求，可以制定地方标准，地方标准的代号为“DB”，如DB 31/2020—2013《食品安全地方标准 食用干制肉皮》、DBS 51/001—2016《食品安全地方标准 火锅底料》等。

团体标准，是指由团体按照团体确立的标准制定程序自主制定发布，由社会自愿采用的标准。社会团体可在没有国家标准、行业标准和地方标准的情况下，制定团体标准，快速响应创新和市场对标准的需求，补充现有标准空白。国家鼓励社会团体制定严于国家标准和行业标准的团体标准，引领产业和企业的发展，提升产品和服务的市场竞争力。例如T/SFABA 2—2016《食品安全团体标准 食品配料 焙烤食品预拌粉》、T/HNSTRYYS 0001—2022《食品安全团体标准 天然饮用水良好生产规范》等。

企业标准，是指对企业范围内需要协调、统一的技术要求、管理要求和工作要求所制定的标准，是企业组织生产、经营活动的依据，国家鼓励企业自行制定严于国家标准或者行业标准的企业标准。企业标准由企业制定，由企业法定代表人或法定代表人授权的主管领导批准、发布，在企业内部执行，企业标准一般以“Q”开头。

5.1.2.3 按标准化对象的基本属性分类

根据标准化对象的基本属性可将食品标准分为技术标准、管理标准和工作标准。技术标准，对标准化领域中需要协调统一的技术事项所制定的标准，包括基础标准、产品标准、工艺标准、检测试验方法标准，及安全、卫生、环保标准等。管理标准，对标准化领域中需要协调统一的管理事项所制定的标准。工作标准，对工作的责任、权利、范围、质量要求、程序、效果、检查方法、考核办法所制定的标准。

5.1.2.4 按标准内容分类

食品标准根据内容可划分为食品工业基础及相关标准、食品卫生标准、食品通用检验方法标准、食品产品标准、食品包装材料及容器标准、食品添加剂标准等。食品工业基础及相关标准是一类通用标准，是指在食品领域具有广泛的使用范围，涵盖整个食品或某个食品专业领域内的通用条款和技术事项，主要包括通用的食品技术术语、符号、代号、通则和规范等标准，如 GB/T 12728—2006《食用菌术语》、GB 7718—2011《食品安全国家标准　预包装食品标签通则》等。食品卫生标准是指国家对各种食品，食品添加剂，食品容器、包装材料、食品用工具、设备，用于清洗食品和食品用工具、设备的洗涤剂规定必须达到的卫生质量和卫生条件的客观指标和要求，例如 GB/T 5009.49—2008《发酵酒及其配制酒卫生标准的分析方法》等卫生标准。食品通用检验方法标准是指对食品的质量要素进行测定、试验、计量所作的统一规定，包括感官、物理、化学、微生物学、生物化学分析，如 GB 4789.15—2016《食品安全国家标准　食品微生物学检验　霉菌和酵母计数》、GB 5009.227—2023《食品安全国家标准　食品中过氧化值的测定》等。食品产品标准是指为保证食品的食用价值，对食品必须达到的某些或全部要求所作的规定，包括产品分类、技术要求、试验方法、检验规则以及标签与标志、包装、储存、运输等方面的要求，如 GB 7099—2015《食品安全国家标准　糕点、面包》、GB 19300—2014《食品安全国家标准　坚果与籽类食品》等。食品包装材料及容器标准是指针对食品内外包装、容器作出要求的标准，如 GB/T 33320—2016《食品包装材料和容器用胶粘剂》、GB/T 19787—2005《包装材料　聚烯烃热收缩薄膜》等。食品添加剂标准是针对添加剂使用、限量等制定并实施的一类标准，要求企业生产、使用食品添加剂时必须执行相关添加剂标准，如 GB 2760—2014《食品安全国家标准　食品添加剂使用标准》、GB 1886.235—2016《食品安全国家标准　食品添加剂　柠檬酸》等。

5.1.2.5　按标准的信息载体分类

按照标准的表达形式还可将食品标准分为文件标准和实物标准。文件标准是以文字（包括表格、图形等）的形式对食品质量所做的统一规范，大多数食品标准都是文件标准。实物标准是指对某些难以用文字准确表达的质量要求（如色泽、气味和手感等），由标准化主管机构或指定部门用实物做成与文件标准规范的质量要求完全或部分相同的标准样品，作为文件标准的补充，同样是产品出厂、检验等有关方面共同遵守的技术依据。例如粮食、茶叶等农副产品，都有分等级的实物标准。

5.1.3　食品适用标准的选择

随着国民人均收入水平的提高，食品消费结构日益改善，在市场需求的拉动和政府优惠政策的推动下，食品工业快速发展，经济效益不断提高，这吸引了更多的产业转型，开始从事食品及相关产品的生产。对生产企业来讲，在投入产品生产前需要确定产品的执行标准，才能确保所生产的产品质量安全且具备消费市场，一般可以从产品的性质、标准的适用范围、产品的类别等方面来判断产品应该执行的产品标准、检验标准等。

（1）根据食品类别确认执行标准　首先根据国家市场监督管理总局公布的最新《分类目录》确定食品的类别，再根据所属类别确定执行的产品标准、检验标准等相关标准。例如，确定产品属于0703调味面制品，可在“食品伙伴网”“食安通”等网站检索调味面制品，发现暂无相关国家标准，但有一项行业标准QB/T 5729—2022《调味面制品》，即可根据该标准确定产品的感官要求、理化指标、污染物限量、真菌毒素限量、微生物限量、食品添加剂使用规范、生产加工过程中的卫生要求以及相关指标的检验方法标准。

（2）根据现有产品信息确认执行标准　可根据市场上已经销售流通的产品来确认执行的标准。例如某企业根据年轻消费群体的喜好研发了一款新口味的面包，根据面包现行标准，找到 GB 7099—2015《食品安全国家标准　糕点、面包》和 GB/T 20981—2021《面包质量通则》两项标准，即可根据标准中的术语和定义确定产品的执行标准。GB 7099—2015《食品安全国家标准　糕点、面包》将面包定义为："以小麦粉、酵母、水等为主要原料，添加或不添加其他原料，经搅拌、发酵、整形、醒发、熟制等工艺制成的食品，以及熟制前或熟制后在产品表面或内部添加奶油、蛋白、可可、果酱等的食品。" GB/T 20981—2021《面包质量通则》将面包定义为："以小麦粉、酵母、水等为主要原料，添加或不添加其他配料，经搅拌、发酵、成型、醒发、熟制、冷却等工艺制成的食品，以及熟制前或熟制后在产品表面或内部添加其他配料等的食品。"该企业可通过对比新款面包的原辅料、工艺流程与两项标准对面包定义的符合程度来选择执行标准。

（3）根据产品的执行标准确认其检验方法标准　产品的执行标准可以分为产品标准和检验方法标准两类，产品标准主要规定产品的性能、安全指标限量等，检验方法标准主要规范了该产品安全性指标的检测方法。一般检验方法标准的确认分两种情况，一种是产品标准中包含了检验方法标准，一种是通过产品标准规定的指标限量标准来确定指标的检验方法标准。当产品标准中规定了指标的检测方法时，直接根据规定的检测方法执行即可，但必须采用最新的检验方法标准。若某一检验方法标准中存在几种检验方法，可根据产品的性质及类别确定该产品适用的检验方法。例如水分检测，GB 5009.3—2016《食品安全国家标准　食品中水分的测定》中有四种水分的检测方法，每一种检测方法都规定了适用范围，即可根据判断产品的性质与类别是否在该范围内来确定该方法是否适用。对于产品标准中没有明确规定检验方法标准的，需要通过限量标准确定检验方法标准。例如，某一企业的鲜猪肉需要检测"六六六"农药残留，其执行标准为 GB 2707—2016《食品安全国家标准　鲜

(冻)畜、禽产品》,标准中3.5.1要求农药残留量应符合GB 2763的规定,最新农药限量标准GB 2763—2021《食品安全国家标准 食品中农药最大残留限量》规定动物源性食品按照GB/T 5009.19、GB/T 5009.162方法标准进行检测。

5.2 企业标准备案

企业生产的食品没有食品安全国家标准或者地方标准的,应当制定企业标准,作为组织生产的依据。在《中华人民共和国食品安全法》第三十条中规定,国家鼓励食品生产企业制定严于食品安全国家标准或者地方标准的企业标准,在本企业适用,并报省、自治区、直辖市人民政府卫生行政部门备案。因此,对于制定企业标准,在国家层面是鼓励的,支持企业通过制定并执行企业标准来规范自己企业的生产及核定产品质量。制定食品企业标准的作用是“保证安全,规范生产,提高质量”,食品安全是核心,标准化生产是基础,提高质量是最终目的。制定食品企业标准的实质,就是制定一个由生产方、监管方、消费者都认可的规范性文件,也就是常说的“经权威部门认可”,企业标准必须要在标准化主管部门备案。在我国的标准化管理体系中,各级标准化行政主管部门就是受理企业标准备案的主体,备案的过程就是对企业标准的合理性与合法性进行符合性审查,不得与国家法律法规相抵触、不得与国家强制性标准的规定有所偏差,应符合食品生产工艺的要求,应满足消费者食用安全要求。

5.2.1 企业标准制定的背景

食品标准体系是保障我国食品卫生安全、规范食品企业生产、维护生产者和消费者权益的法律依据体系,通过实施食品标准体系,实现对食品安全的有效监控,提升食品安全和质量的整体水平。《食品安全法》公布施行前,我国已有食品、食品添加剂、食品相关产品国家标准2000余项，行业标准2900余项，地方标准1200余项，形成了相对完善的食品标准体系。然而企业标准发展严重滞后，与食品行业发展需求严重脱节，食品监管部门与企业对企业标准的认知和应用不足同《食品安全法》对食品企业标准的高要求相互矛盾。企业标准制（修）订体系的建立及其科学性、适用性等已成为阻碍企业发展的障碍，对企业标准的再思考和新定位成为我国食品标准体系不得不面对的挑战。

我国是一个多民族国家，各地存在着大量的地方特色食品，在食品工业化生产进程中，国家食品标准体系已无法覆盖所有食品产品，为保证食品质量安全和食品生产的有效实施，各企业相继制定了满足企业生产经营需要及符合国家标准要求的企业标准。在编制企业标准时主要依据《企业标准化管理办法》及GB/T 1.1—2020《标准化工作导则　第1部分：标准化文件的结构和起草规则》。因各企业人员结构层次、专业技术水平及企业规模大小存在较大差异，并在企业标准制定过程中不按标准格式、不结合自身实际进行编写，甚至部分企业直接委托第三方机构（或个人）代写，加之标准审核备案时审核不细致，审核专家组人员知识面局限等因素导致大量不规范、不符合食品安全要求及企业生产经营需求的食品企业标准被企业采用，这些标准不但不能指导企业的生产和改进，反而给企业的生产、销售及售后服务带来诸多麻烦。以广东省为例，2015年广东省现行企业标准共7536份次，需要企业修改的企业标准2802份次，以特殊膳食用食品类标准返修比例最高，占57.32%，茶叶类标准修改比例最低，占27.55%。随着2018版《中华人民共和国标准化法》的实施，企业标准的备案方式也由审查备案变为公示备案，备案方式的改变虽简化了备案过程，为企业标准备案提供了便利，但忽视了标准审核所产生的积极作用，加上企业在编制过程中存在的疏漏，导致不规范、不符合食品安全要求及企业生产经营需求的食品企业标准出现，其主要体现在格式不规范和内容不规范两方面。

5.2.2 企业标准制定的依据

针对企业标准制定存在的乱象，在制定企业标准时要考虑企业生产的产品是否有现行有效的国家标准、行业标准、地方标准等可执行标准，如果有则可以采用已有的标准作为企业所生产食品的执行标准，反之企业必须制定企业标准。同时考虑企业对自己生产的产品是否有更高、更严的要求，所要求的产品质量高于现行有效的国家标准、行业标准、地方标准等标准要求，则可以根据《食品安全法》中鼓励的法律政策，制定企业标准。例如某市某企业生产花色挂面产品（即添加禽蛋、蔬菜、水果或其他粮食等原料制作的挂面，不单只是小麦粉、水、食用盐、碳酸钠为原辅料制作的普通挂面），查询相关的国家标准、行业标准、地方标准后发现，1992年商业部发布的可涵盖此产品类别的SB/T 10069—1992《花色挂面》标准已作废，而现行有效的挂面类产品标准GB/T 40636—2021《挂面》不涵盖花色挂面的生产配料，即不满足标准的范围定义，该企业所在市也暂未制定此产品的地方标准，所以该产品无合适的国家标准、行业标准、地方标准执行。在此情况下企业生产花色挂面，需要考虑根据该企业的实际情况制定企业标准。再例如重庆市某生产火锅底料的企业想体现出自己的火锅底料是严于食品安全国家标准或地方标准的，那么该企业就不适合采用DBS 50/022—2021《食品安全地方标准　火锅底料》，而应根据想要达到的标准制定企业标准。

（1）法律法规及其他相关规定要求　《食品安全法》中第三十条规定，国家鼓励食品生产企业制定严于食品安全国家标准或者地方标准的企业标准，在本企业适用，并报省、自治区、直辖市人民政府卫生行政部门备案；第三十一条规定，省级以上人民政府卫生行政部门应当在其网站上公布制定和备案的食品安全国家标准、地方标准和企业标准，供公众免费查阅、下载。对食品安全标准执行过程中的问题，县级以上人民政府卫生行政部门应当会同有关部门及时给予指导、解答。根据《国务院关于印发深化标准化工作改革方案的通知》要求，建立企业产品和服务标准自我声明公开和监督制度，逐步取消政府对企业产品标准的备案管理，落实企业标准化主体责任。鼓励标准化专业机构对企业公开的标准开展比对和评价，强化社会监督。2017年11月4日新修订的《中华人民共和国标准化法》第二十七条明确了对企业标准自我声明公开的规定：国家实行团体标准、企业标准自我声明公开和监督制度。企业执行自行制定的企业标准的，还应当公开产品、服务的功能指标和产品的性能指标。国家鼓励团体标准、企业标准通过标准信息公共服务平台向社会公开。除此之外，各省、自治区、直辖市的食品企业标准备案/制度，对食品企业标准备案流程及相关注意事项作出了相关规定。

（2）产品的原辅料、工艺及食品生产许可分类要求　在制定企业标准前，企业一定要清楚地知道企业标准所要规范的产品的原辅料、工艺等，这是制定企业标准的第一步，明确之后便是查找制定企业标准的依据，主要的依据是我们国家发布的基础标准，如GB 2761—2017《食品安全国家标准　食品中真菌毒素限量》、GB 2762—2022《食品安全国家标准　食品中污染物限量》、GB 29921—2021《食品安全国家标准　预包装食品中致病菌限量》等，还要考虑关于此类产品在食品生产许可中的分类及审查的相关要求。通过基础标准和食品生产许可分类要求确定产品的类别，确定对应类别产品的指标要求，并根据《食品安全法》中企业标准应严于食品安全国家标准或者地方标准的要求，制定相应的指标、参考值等。以某即食类固态复合调味料为例，与该产品相关的基础标准GB 2761—2017《食品安全国家标准　食品中真菌毒素限量》中对此类产品没有限量要求，GB 2762—2022《食品安全国家标准　食品中污染物限量》中要求此类产品的铅（以Pb计）限量值不高于1.0mg/kg，砷（以As计）限量值不高于0.5mg/kg，GB 29921—2021《食品安全国家标准　预包装食品中致病菌限量》对此类产品的沙门菌和金黄色葡萄球菌限量作出了相应规定和要求（沙门菌，$m=0$，$n=5$，$c=0$；金黄色葡萄球菌，$m=100$CFU/g，$M=$

1000CFU/g，$n=5$，$c=1$）。根据该产品生产时所执行的《调味料产品生产许可证审查细则（2006版）》，固态调味料质量检验项目如表5-1所示，即食类固态调味料常规检测项目包括水分、食盐、氨基酸态氮、铅、砷、菌落总数、大肠菌群、致病菌（沙门菌、金黄色葡萄球菌、志贺菌）。因企业标准要严于食品安全国家标准或者地方标准，故可结合现行标准、企业标准制定要求和企业实际生产情况确定企业标准的指标与限量要求。

表5-1 固态调味料质量检验项目表

序号	检验项目	发证	监督	出厂	备注
1	感官	√	√	√	
2	净含量	√	√	√	
3	水分(干燥失重)	√	√	√	汤料、调味料
4	食盐	√	√	√	汤料、调味料
5	氨基酸态氮	√	√	√	汤料、调味料
6	总氮	√	√	*	汤料、调味料
7	总灰分	√	√	√	香辛料
8	酸不溶性灰分	√	√	√	香辛料
9	总砷(以As计)	√	√	*	
10	铅(以Pb计)	√	√	*	
11	食品添加剂	√	√	*	按需要
12	菌落总数	√	√	√	即食类
13	大肠菌群	√	√	√	即食类
14	致病菌(沙门菌、金黄色葡萄球菌、志贺菌)	√	√	*	即食类
15	标签	√	√		

注：“√”表示使用植物油的发证/监督/出厂检验，应该进行检验项目的检验；“*”表示企业出厂检验时，该检验项目应当每年检验2次。

5.2.3 企业标准备案的程序

2009年以前，食品企业标准备案及监督实施工作由质量技术监督部门承担，经过多年的探索和积累，质监系统已形成了比较成熟的工作流程，培养了一批食品标准化专业人员，食品企业标准化管理工作经历了从无到有、从小到大、从自由式到规范化的发展历程，对发展食品工业起到了积极的推动作用。2009年6月1日

《食品安全法》正式实施后，食品企业标准转由省级卫生部门备案，质监部门退出食品标准备案工作。企业标准的备案流程如图 5-1 所示。

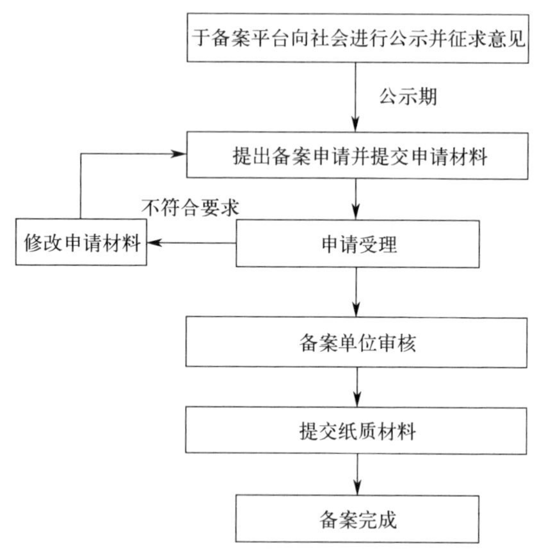

图 5-1　企业标准备案流程

5.2.3.1　起草标准文本与编制说明

起草企业标准前应编制计划，成立标准编制小组，调查研究产品发展现状以及标准化情况。调查研究、收集有关信息是制定企业标准的关键环节，通过调查研究获得充足的产品信息以便为制定企业标准提供依据，信息收集的充分程度会直接影响企业标准制定的工作效率和标准质量。例如某代用茶生产企业研发出一款新口味代用茶或者在原有的基础上提高了该代用茶的品质，为了提高该代用茶的竞争力而制定企业标准，在起草标准前，企业应该就市场现行的产品标准对比研究，对现有代用茶的消费市场和竞争力进行分析，并由标准起草小组对收集的信息进行汇总、比对、分析以及优化，必要时应进行试验验证，然后编写标准征求意见稿和编制说明。编制说明的结构和内容可由企业根据实际情况和使用习惯自行规定，以能够给相关方说明标准制修订的原则、主要技术内容和变化及相应的理由为基本原则。

根据《企业标准化管理办法》要求，企业标准的起草应参照GB/T 1.1—2020《标准化工作导则　第1部分：标准化文件的结构和起草规则》，并遵循以下几项基本原则：

① 贯彻国家和地方有关的方针、政策、法律、法规，严格执行强制性国家标准、行业标准和地方标准；

② 保证安全、卫生，充分考虑使用要求，保护消费者利益，保护环境；

③ 有利于企业技术进步，保证和提高产品质量，改善经营管理和增加社会经济效益；

④ 积极采用国际标准和国外先进标准；

⑤ 有利于合理利用国家资源、能源，推广科学技术成果，有利于产品的通用互换，符合使用要求，技术先进，经济合理；

⑥ 有利于对外经济技术合作和对外贸易；

⑦ 本企业内的企业标准之间应协调一致。

5.2.3.2　公示与征求意见

企业标准文本和编制说明完成后，上传至备案平台向社会进行公示并征求意见，必要时可发至企业外有关科研、设计单位以及大专院校、使用单位征求意见。对反馈的意见要逐一分析研究、决定取舍，进一步修改标准草案，形成标准送审稿、编制说明和征求意见汇总处理表。

5.2.3.3　提出备案申请与受理

根据《企业标准化管理办法》要求，企业标准在发布后三十日内应办理备案手续。企业可在当地的省、自治区、直辖市食品标准管理系统在线办理企业标准备案申请，并对提交材料的真实性、合法性负责，同时向卫生健康委行政部门在线提交申请材料（包括企业营业执照、法定代表人身份证明、企业标准文本、标准编制说明等）。审核单位应于5～10个工作日内（各省、自治区、直辖市要求不同）提出审核意见，材料不符合要求的，申请人修改或补正备案申请材料，并于接到补正信息之日起在要求时间内（各省、自治区、直辖市要求不同）完成补正；材料符合要求的，卫生健康委5个工作日内备案。补正时间不计入备案时限。申请备案时，需要提交以下材料（各省、自治区、直辖市申请材料的编写要求不同）。

① 企业标准文本（一式三份），自行填写发布日期和实施日期（系统已生成），单面打印，加盖申请企业公章于封面企业名称处。

② 企业标准编制说明一份，加盖申请企业公章于标题处，若编制说明有两页及以上，需加盖骑缝章。

③ 企业标准备案登记表（一式两份，不同地域要求数量略有不同），下载已签章后的PDF版本，加盖申请企业公章。新办和修订备案登记表于封面企业名称处、备案单位保证书处、备案单位处加盖公章；延续和修改备案登记表于备案单位处加盖公章。

④ 备案前的公示情况说明一份（新制定的企业标准需要提供），加盖申请企业公章于落款处。

⑤ 由有资质的食品检验机构出具的近一年内全项目检验报告原件和加盖申请企业公章的复印件一份（原件审核后将返还）。

⑥ 营业执照、法人（负责人）身份证原件及加盖申请企业公章的复印件各一份。

⑦ 委托办理的，应提交授权委托书、代理人身份证原件及加盖申请企业公章的复印件一份。

⑧ 原企业标准文本或复印件一份（延续、修订及修改企业标准时提供）。

⑨ 若涉及保健食品的企业标准备案，需提供国家市场监督管理总局批文原件及复印件一份（原件审核后返还）。

⑩ 其他法律、法规、规章等要求提供的资料。

5.2.3.4 审核与材料归档

备案申请材料受理通过后进行审核。根据标准的复杂程度、涉及面大小，可分别采取会审或函审。审查企业标准应吸收本企业有经验的工程技术人员、管理人员等参加，必要时也可邀请外单位的专家和用户参加。可采取会议或函件形式审查标准送审稿，审查内容至少包括：

① 符合有关法律法规、强制性标准要求；

② 符合或达到预定的目标和要求；

③ 可操作、可验证；

④ 与本企业相关标准的协调情况；

⑤ 符合本企业规定的标准编写格式。

在标准审查过程中，起草小组要认真听取各方面的意见，特别是用户的意见。对反对的意见也应慎重考虑，即使个别意见，只要有一定的证据，也不要轻易否决。对各种分歧意见要充分讨论和协商，使标准能充分反映各方面的利益，只有得到大多数同意，最好是没有继续反对的意见，审查才算通过。

审核通过后需要提交材料的纸质件进行归档即完成备案，并发放备案凭证和备案文本。

5.2.4 企业标准的后期维护

任何一项食品标准公布实施后，都不是“一劳永逸”的，要根据食品行业的发展现状进行后期的维护。

（1）企业标准有效期的维护　按照各地食品企业标准管理制度文件的要求，企业标准的有效期基本为3年，每个省/市对企业标准的有效期规定是不同的，各地遵照当地的管理要求提出延续申请即可。以山东省为例，企业标准有效期届满需要延续备案的，企业应当对备案的企业标准进行复审，并于3年有效期届满前2个月向有关部门提出延续备案申请，并填写企业标准延续备案表，提交申请材料至山东省卫生厅卫生监督所办理延续备案相关手续。

(2) 企业标准文本内容的维护　企业标准文本范围中若涉及产品品类的增减或食品生产工艺或原料（包括主料、配料和使用的食品添加剂）、配方发生改变时，则需要修改企业标准文本中产品范围及前言部分的内容。比如，某生产半固态调味料的企业需新增鲜辣椒调味酱产品（新增一个产品类别），标准文本中的适用范围则应由原文本内容“本文件适用于以食用动物油脂和（或）食用植物油、香辛料（大蒜、姜、葱等）、酱及酱制品（番茄酱、香菇酱等）、食用菌（香菇、茶树菇、牛肝菌等）、酱腌菜等中的一种或多种为主要原料”修改为与现有实际情况相符的“本文件适用于以食用动物油脂和（或）食用植物油、香辛料（大蒜、姜、葱等）、酱及酱制品（番茄酱、香菇酱等）、食用菌（香菇、茶树菇、牛肝菌等）、新鲜蔬菜（辣椒等）、酱腌菜等中的一种或多种为主要原料”文本内容。标准文本修改后应按照企业标准备案流程进行备案。

(3) 企业标准安全性指标的维护　企业标准中的检测参数涉及新发布的基础标准变更的，需修改相应文本内容。例如，GB 2762 最新标准 GB 2762—2022《食品安全国家标准　食品中污染物限量》于 2023 年 6 月 30 日实施，该标准修改了部分食品中铅、镉、砷等污染物的限量，若企业标准中涉及这些污染物限量的变化，就需要按照新的基础标准 GB 2762—2022 对企业标准的文本内容进行修订。企业标准修订完成后，再按照备案流程开展备案工作。

(4) 企业标准公信力的维护　相关食品安全监督管理部门或公众质疑企业标准时，应当针对质疑内容给出合理解释；若管理部门或公众提出需要修改标准内容时，企业应当组织对企业标准进行复审，若经复审认为确有需要修订的内容，应当修订企业标准并备案修订后的标准。

5.3　产品质量检验

开展产品质量检验，是保障食品安全的重要手段。食品生产企业可以自行对所生产的食品进行检验，也可以委托取得相关资质的食品检验机构进行检验。

5.3.1 检验工作的依据

依据《食品安全法》，检验人员依照有关法律、法规的规定，并按照食品安全标准和检验规范对食品进行检验，尊重科学，恪守职业道德，保证出具的检验数据和结论客观、公正。食品标准和国家相关法律法规、公告性文件等，是判断食品质量的重要依据之一，是食品安全、生产、贮存的依据。关于食品标准，我国现行法律法规及标准并没有作出明确的定义。按《中华人民共和国标准化法》第二条规定，标准是指农业、工业、服务业以及社会事业等领域需要统一的技术要求。20世纪60年代以来，我国经过60多年的发展，初步建立起一个以国家标准为主体，行业标准、地方标准、团体标准、企业标准相互补充的较为完整的食品标准体系。就使用范围来看，除国内标准外，目前使用较多的还有国际标准。

（1）国际标准　国际标准，是指ISO、IEC和ITU制定的标准，以及国际标准化组织确认并公布的其他国际组织制定的标准。国际标准在世界范围内统一使用。国际标准化组织，下设27个国际组织，与食品有关的是世界卫生组织（WHO）、联合国粮食及农业组织（FAO）、国际食品法典委员会（CAC）、国际食品法典农药残留委员会（CCPR）等。国际食品法典委员会（CAC）编写的《食品法典》内容包含食品产品标准、卫生或技术规范、农药残留限量、污染物推测、农药检测、兽药检测、食品添加剂检测等。《食品法典》是全球食品生产者、管理机构及国际食品贸易最重要的参照标准。

（2）国家标准　国家标准，由国家标准化管理委员会发布。国家标准，分为强制标准和推荐标准。国家标准的代号由大写汉语拼音字母构成。强制性国家标准的代号为“GB”，推荐性国家标准的代号为“GB/T”，国家标准样品的代号为“GSB”，指导性技术文件的代号为“GB/Z”。就使用范围来看，食品国家标准主要分为通用标准、产品标准、检验方法标准。通用标准，如GB 2760—2014

《食品安全国家标准　食品添加剂使用标准》、GB 2761—2017《食品安全国家标准　食品中真菌毒素限量》、GB 2762—2022《食品安全国家标准　食品中污染物限量》、GB 29921—2021《食品安全国家标准　预包装食品中致病菌限量》、GB 2763—2021《食品安全国家标准　食品中农药最大残留限量》等规定了食品中添加剂、真菌毒素、污染物、致病菌、农药残留等检测项目的最大残留量值。依据 GB/T 20001.10—2014《标准编写规则　第 10 部分：产品标准》的规定，产品标准，即规定产品需要满足的要求以保证其适用性的标准。以腌腊肉制品为例，在其执行的国家标准 GB 2730—2015《食品安全国家标准　腌腊肉制品》中，规定了原料要求、感官要求、理化指标、污染物限量及食品添加剂等五类项目的质量检验要求；理化指标中，明确规定了火腿、腊肉、咸肉、香（腊）肠及腌腊禽制品的过氧化值（以脂肪计）的限量值及检验方法 GB 5009.227，火腿产品中三甲胺氮指标的限量值及检验方法 GB 5009.179。

（3）行业标准　行业标准，主要是针对国家标准中没有做出规定、又要在全国某个行业范围内做出统一的技术要求的情况，由国内各部门颁布。例如，商务部发布的标准 SB/T 10379—2012《速冻调制食品》，农业部（现农业农村部）发布的标准 NY/T 1070—2006《辣椒酱》，海关总署颁发的标准 SN/T 5140—2019《出口动物源食品中磺胺类药物残留量的测定》等。

（4）地方标准　对于没有国家标准和行业标准的产品/检测方法，需要在省/市范围内统一要求的，可由省/市市场监督管理局、省/市卫生健康委员会制定、审批，报国务院标准化行政主管部门（国家标准化管理委员会、国家卫生健康委员会秘书处等）备案而成为地方标准；当相应的国家标准与行业标准实施后，此项地方标准因此自行废止。地方标准分为食品安全地方标准和推荐性食品安全地方标准。食品安全地方标准包括食品及原料、生产经营过程的卫生要求，与食品安全有关的质量要求，检验方法与规程等食品安全技术要求。食品添加剂、食品相关产品、新资源食品、保健食品不得制定食品安全地方标准。例如，上海市地方标准 DB 31/2016—2021《食品安全地方标准 调理肉制品》为食品安全地方标准，河北省地方标准 DB 13/T 5143—2019《畜禽组织及体液中多种抗生素残留快速检测 微生物抑制法》为推荐性食品安全地方标准。

（5）企业标准 当企业生产一种新产品，无国家标准、行业标准、地方标准时可以依据企业标准作为组织生产、检验的依据；若食品企业产品质量要求高，即便有相应的国家标准、行业标准、地方标准，也可再制定严于国家标准、行业标准、地方标准的企业标准。

依据《中华人民共和国食品安全法》，食品安全标准是强制执行的标准。除食品安全标准外，不得制定其他食品强制性标准。食品安全标准，包括食品安全国家标准和食品安全地方标准，按照《食品安全法》管理。根据《食品安全法》的规定，食品安全标准的内容包括 8 个部分、4 个类别。其中，食品安全标准 8 个部分内容为：①食品、食品相关产品中的致病性微生物、农药残留、兽药残留、重金属、污染物质以及其他危害人体健康物质的限量规定；②食品添加剂的品种、使用范围、用量；③专供婴幼儿和其他特定人群的主辅食品的营养成分要求；④对与食品安全、营养有关的标签、标识、说明书的要求；⑤食品生产经营过程的卫生要求；⑥与食品安全有关的质量要求；⑦食品检验方法与规程；⑧其他需要制定为食品安全标准的内容。食品安全标准的 4 个类别为：①通用（限量）标准。限量标准是食品安全标准中最基本、最核心的标准，它规定了食品中各种有害因素的最高限量。②产品标准。它包括食品产品、食品添加剂和食品相关产品的标准，这些标准规定了产品原辅料、工艺、技术等要求。另外，某些具有特殊性、可能存在其他危害物质的产品，则应在标准中制定相应的指标、限量（或措施）和其他必要的技术要求。③生产经营规范标准。该标准是食品安全标准中最具控制意义的标准，对食品生产加工条件、方法以及卫生管理措施等相关的行为作出了规定。④检验方法标准。这一标准规定了与食品安全要求有关的理化检验、微生物检验和毒理学检验规程的内容。据国家卫生健康委食品安全标准与监测评估司统计，截至2022年8月，我国现行有效食品安全标准共有1455项。其中，包含通用标准13项，食品产品标准70项，特殊膳食食品标准10项，食品添加剂质量规格及相关标准651项，食品营养强化剂质量规格标准62项，食品相关产品标准16项，生产经营规范标准34项，理化检验方法标准237项，微生物检验方法标准32项，毒理学检验方法与规程标准29项，农药残留检测方法标准120项，兽药残留检测方法标准74项，被替代（拟替代）和已废止（待废止）标准107项。

（6）其他类别　除了食品标准外，国家相关公告文件、食品相关细则也是检验工作的依据。在日常检验工作中，常规引用的相关公告文件，包括农业农村部等发布的相关微量成分残留限量要求。比如，原卫生部发布了《食品中可能违法添加的非食用物质和易滥用的食品添加剂品种名单（第一批）》，发布了食品中可能违法添加的非食用物质名单及检测方法（表5-2），明确规定表内列出的相关物质在食品中不得检出；在中华人民共和国农业农村部公告第250号中，公布了食品动物中禁止使用的药品及其他化合物清单，该清单中的兽药残留成分禁止检出。2022年10月，国家市场监管总局修订发布了《食品生产许可审查通则（2022版）》（以下称《通则（2022版）》）。《通则（2022版）》是地方市场监督管理部门组织对食品生产许可申请人申请食品生产许可以及变更许可、延续许可等审查工作的重要技术规范。原国家质量监督检验检疫总局、原国家食品药品监督管理总局及国家市场监督管理总局发布了28项食品生产许可审查细则，涵盖了现行33类食品，对食品的发证检验、监督检验、出厂检验相应检验项目进行了规定。比如，《食用植物油生产许可证审查细则（2006版）》对食用植物油的质量检测项目和检验类别、频次等方面进行了规定（见表5-3）。

表 5-2 食品中可能违法添加的非食用物质名单（第一批）

序号	名称	主要成分	可能添加的主要食品类别	可能的主要作用	检测方法
1	吊白块	甲醛次硫酸氢钠	腐竹、粉丝、面粉、竹笋	增白、保鲜、增加口感、防腐	GB/T 21126—2007 小麦粉与大米粉及其制品中甲醛次硫酸氢钠含量的测定；卫生部（现国家卫健委）《关于印发面粉、油脂中过氧化苯甲酰测定等检验方法的通知》（卫监发〔2001〕159号）附件2 食品中甲醛次硫酸氢钠的测定方法
2	苏丹红	苏丹红Ⅰ	辣椒粉	着色	GB/T 19681—2005 食品中苏丹红染料的检测方法 高效液相色谱法
3	王金黄、块黄	碱性橙Ⅱ	腐皮	着色	
4	蛋白精、三聚氰胺		乳及乳制品	虚高蛋白含量	GB/T 22388—2008 原料乳与乳制品中三聚氰胺检测方法 GB/T 22400—2008 原料乳中三聚氰胺快速检测 液相色谱法
5	硼酸与硼砂		腐竹、肉丸、凉粉、凉皮、面条、饺子皮	增筋	
6	硫氰酸钠		乳及乳制品	保鲜	
7	玫瑰红B	罗丹明B	调味品	着色	
8	美术绿	铅铬绿	茶叶	着色	
9	碱性嫩黄		豆制品	着色	
10	酸性橙		卤制熟食	着色	
11	工业用甲醛		海参、鱿鱼等干水产品	改善外观和质地	SC/T 3025—2006 水产品中甲醛的测定
12	工业用火碱		海参、鱿鱼等干水产品	改善外观和质地	

续表

序号	名称	主要成分	可能添加的主要食品类别	可能的主要作用	检测方法
13	一氧化碳		水产品	改善色泽	
14	硫化钠		味精		
15	工业硫黄		白砂糖、辣椒、蜜饯、银耳	漂白、防腐	
16	工业染料		小米、玉米粉、熟肉制品等	着色	
17	罂粟壳		火锅		

表 5-3　食用植物油质量检验项目表

序号	检验项目	发证	监督	出厂	备注
1	色泽	√	√	√	
2	气味、滋味	√	√	√	
3	透明度	√	√	√	
4	水分及挥发物	√	√		
5	不溶性杂质(杂质)	√	√		
6	酸值(酸价)	√	√	√	橄榄油测定酸度
7	过氧化值	√	√	√	
8	加热试验(280℃)	√	√	√	
9	含皂量	√	√		
10	烟点	√	√		
11	冷冻试验	√	√		
12	溶剂残留量	√	√	√	此出厂检验项目可委托检验
13	铅	√	√	*	
14	总砷	√	√	*	
15	黄曲霉毒素 B_1	√	√	*	
16	棉籽油中游离棉酚含量	√	√	*	棉籽油

续表

序号	检验项目	发证	监督	出厂	备注
17	熔点	√	√	√	棕榈(仁)油
18	抗氧化剂(BHA、BHT)	√	√	*	
19	标签	√	√		

注:1. 表中的检验项目应根据相应的产品标准而定,产品标准中有该项目要求的进行该项检验。

2. 标签除符合GB 7718的规定及要求外还应符合相应产品标准中的标签要求。

3."√"表示使用植物油的发证/监督/出厂检验,应该进行检验项目的检验;"*"表示企业出厂检验时,该检验项目应当每年检验2次。

5.3.2 检验工作的实施

5.3.2.1 食品检验的分类

食品检验，依据物理、化学及生物等学科的一些基本理论和各种技术，按照已制定的技术标准，如国际、国家食品卫生/安全标准，对食品原料、辅助材料、半成品及成品等的质量进行检验。它是保障食品安全的重要措施，在食品企业的日常经营管理中发挥着突出的作用。食品检验的内容包括对食品的感官检验，食品中添加剂成分、营养成分、有毒有害物质的检验等。在食品生产经营企业中，常规的食品检验分类如下。

（1）按生产过程分类　来料验收检验，即对购进的食品及食品相关原辅料进行入库验收，包含原料（食品、食品相关产品）及半成品等原辅料的检验。该类型检验工作的目的在于控制食品生产过程中的原辅料产品质量，避免不合格品的入库、使用，防止因使用不合格原料而影响终成品的品质、影响企业的形象或扰乱企业正常的生产秩序。这对于企业来说，是把好质量关、减少不必要的经济损失、维护企业良好形象的一个重要环节。

过程检验，是指对产品加工过程中各加工工序之间进行的检验。过程检验，主要目的在于防止各工序的不合格半成品进入下一道工序，避免对不合格半成品的继续加工和不合格成品的出现，保证正常的生产秩序。过程检验，按照企业的生产工艺和操作规程进行检验，也起到保证工艺贯彻执行的作用。过程检验通常有3种方式，首件检验、巡回检验及完工检验。

成品检验，即最终检验，目的在于保证出厂的产品为合格产品。它发生于生产结束后、产品入库前，检验项目通常为产品标准或企业内控标准要求检测的内容。成品检验合格后，由检验人员签发检验合格证明后，车间方能办理入库、出厂手续。一旦检验出不合格的成品，企业按照相关要求采用报废、降级处理等方式对不合格成品进行处置。

（2）按检验目的分类　出厂检验，食品出厂前，按照所依据的产品执行标准对该批次产品进行检测。出厂检验是企业对其产品质量最后一道考核，是判断产品能否进行销售的重要手段，也是企业出具产品合格证明文件的必备条件。《食品安全法》第五十二条规定，食品、食品添加剂、食品相关产品的生产者，应当按照食品安全标准对所生产的食品、食品添加剂、食品相关产品进行检验，检验合格后方可出厂或者销售。当检验结果全部符合执行的产品标准时，则判定该批次产品合格，允许出厂该批次产品。

型式检验项目应包括相应产品标准中要求的全部项目。正常生产时，型式检验每半年或一年进行一次，抽样人员为企业人员、政府部门人员或检测机构人员。有下列情况之一时，也应按所执行的产品标准要求进行型式检验：

① 新产品投产前；

② 停产时间达半年以上，恢复生产时；

③ 正式生产中，原料、加工工艺或生产条件发生较大变化，可能影响产品质量时；

④ 更改关键工艺或生产设备，可能影响产品质量时；

⑤ 出厂检验结果与上次形式检验有大差异时。

委托检验，一般由企业委托有资质的检验机构对指定样品的指定检测项目开展检验。委托检验报告，是产品质量的判定参考依据。常规的委托检验频次一般为半年或一年一次。

监督检验，每年由市场监督管理局等监督管理部门组织，相关政府单位抽检或委托有资质的专业第三方检测机构进行，检测项目为监管部门指定项目。监督检验报告，是产品质量判定、行政处罚的依据。

食品生产企业将试制样品送往有资质的第三方检测机构进行检测，作为生产许可的依据。检测项目为产品标准技术要求的全部检测项目和生产许可证审查细则要求的检测项目。发证检验报告，作为食品生产企业提交生产许可证申请的材料之一，食品企业一并提交至当地市场监管局。

（3）按检验方法分类　感官检验，依据食品执行的产品标准进行检验，主要检验项目为滋味、气味及形态、状态等，是食品检验最直观、最简单的检验类别，无严格的实验设备、设施要求。感官检验不合格的产品，直接判定为不合格，无需进行下一步的理化或微生物检测。感官检验的主要检验依据和判定依据为该类产品所执行的产品标准，如一个肉干产品，其执行标准为 GB 2726—2016《食品安全国家标准　熟肉制品》，按该标准检验方法要求进行感官的检验：取适量试样置于洁净的白色盘（瓷盘或同类容器）中，在自然光下观察色泽和状态；闻其气味，用温开水漱口，品其滋味。

理化检验，是指借助物理性、化学性的方法，使用某种或多种检测工具、仪器设备，如密度瓶、显微镜、气相色谱仪、高效液相色谱仪等，按产品执行标准规定的理化方法进行的检验。与感官检验相比，理化检验的结果可以用数据定量表示，较为准确客观，但要求有一定的设备和检验条件，同时对检验人员的知识和操作技术也有一定的要求。理化检验一般按照相关检验方法标准或者产品执行标准中罗列的检验标准进行检验。比如，油脂中酸价的检验，按照国家标准 GB 5009.229—2016《食品安全国家标准　食品中酸价的测定》进行检测；若对执行国家标准 GB/T 20977—2007《糕点通则》的糕点中总糖项目开展检测，查阅该产品标准 GB/T 20977—2007，其中附录 A 列出了总糖项目的检测方法，因此按此执行标准附录 A 列出的方法进行检测工作。理化检验的检测项目应符合相应产品标准、食品安全国家基础标准 GB 2760、GB 2761、GB 2762 等要求。

微生物检验，是指利用微生物检验检测技术，对相关原辅料、成品等进行微生物污染状况的定性或定量检验。该检验手段对检验人员、检验环境均有严格的实验要求。常见的微生物检验指标包括菌落总数、大肠菌群、霉菌、酵母及致病菌（沙门菌、金黄色葡萄球菌、志贺菌、单核细胞增生李斯特菌等）。食品中微生物检验一般按 GB 4789 系列的食品安全国家标准进行检验。

5.3.2.2 出厂检验的工作流程

食品检验的工作流程，包含抽样与样品采集、检验、检测结果整理及分析、检测报告出具及结果处理等过程。食品企业的检验人员对产品逐批逐次进行检验，严把质量关，禁止不合格产品或产品不经检验出厂。对正式生产的产品在出厂时必须进行的最终检验，用以评定已通过型式检验的产品在出厂时是否具有型式检验中确认的质量，以及是否达到良好的质量特性的要求。产品经出厂检验合格，才能作为合格品交付，可选择几项指标进行检测；有订货方参加的出厂检验，称为交货检验。《食品安全法》第五十二条规定：食品、食品添加剂、食品相关产品的生产者，应当按照食品安全标准对所生产的食品、食品添加剂、食品相关产品进行检验，产品经检验合格后方可出厂或者销售。《食品安全法实施条例》中第十八条规定，食品生产经营者应当建立食品安全追溯体系，依照食品安全法的规定如实记录并保存好进货查验、出厂检验、食品销售等信息，保证食品可追溯。GB 14881—2013《食品安全国家标准 食品生产通用卫生规范》标准中规定，企业应通过自行检验或委托具备相应资质的食品检验机构对原料和产品进行检验，建立食品出厂检验记录制度。《食品生产许可审查通则》及其问答中也明确规定，企业自行对出厂产品进行检验的，应具备《审查通则》规定的检验设备设施，性能和精度需满足检验需要。除了国家层面的规定，各地发布的食品安全监督检查相关法规中均要求食品生产相关企业建立并执行出厂检验记录制度（图 5-2）。

抽样的原则是所抽取的样本分布具有能代表总体分布的特性，

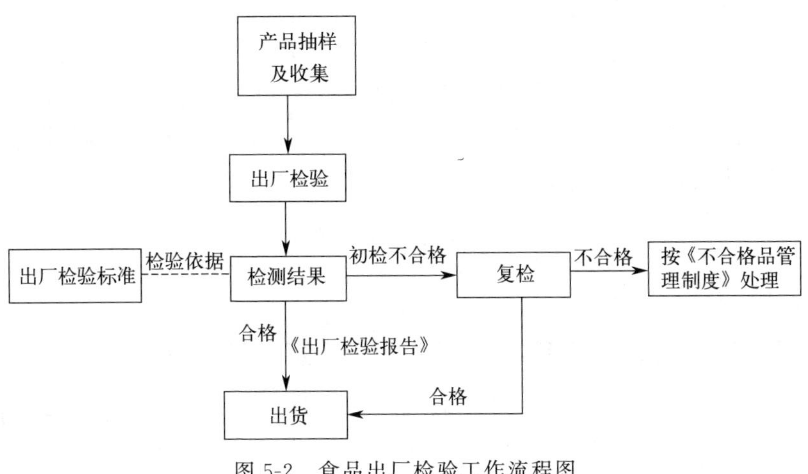

图 5-2　食品出厂检验工作流程图

为此目的，一般按标准 GB/T 10111—2008《随机数的产生及其在产品质量抽样检验中的应用程序》使用随机抽样程序。抽取目标样本后，按检验工作程序及出厂检验标准、检验方法标准等要求开展检验工作。检测活动开展前，检验人员应做好如下准备工作：①确认检验工作所涉及的仪器设备是否可以正常启动、是否经过检定或校准且结果满足使用要求；②确认器具器皿等是否经过计量且合格、符合检验标准要求；③确认检验用试剂耗材是否在保质期内且符合检验标准要求；④确认实验室环境及布局是否满足检验工作要求。

出厂检验时，同一班次、同一品种、同一次投料的产品规定为一个生产批，对每批产品严格按照企业内部的出厂检验要求进行检验，经出厂检验合格后出具合格检验报告（出厂检验参考报告模板见图 5-3）方可出厂。出厂检验指标如有一项不符合规定要求，则不准出厂，应重新自同批产品中抽取两倍数量样品进行复验，以复验结果为准，若仍存在不合格，则判定该批次产品为不合格产品。开展出厂检验工作时，应检查包装物是否完好无损，不得有脏污和破损现象，如有上述情况按不合格拒绝出厂。《食品质量安全市场准入审查通则（2022版）》中规定，食品生产企业应当建立并执行产品出厂检验记录制度。规定产品出厂时，查验出厂产品的安全状况和检验合格证明，记录产品的名称、规格、数量、生产日期或者生产批号、保质期、检验合格证明编号、销售日期以及购货者名称、地址、联系方式等信息，并保存相关记录和凭证。

××××食品企业

出厂检验报告

编号：

产品名称		规格	
抽样日期		生产日期	
抽样人		生产数量/抽样数量	
抽样地点		执行标准	
检测项目	判定标准	检测结果	判定
感官			
净含量			
过氧化值(以脂肪计)/(g/100g)			
检验结论： 经检验,该产品　　　出厂检验要求。 年　月　日			

审核：　　　　检验：　　　　时间：

图 5-3　某腊肉生产企业出厂检验报告模板

食品企业对于每批次自行检验或委托有资质的第三方检测机构进行检测的检测结果按规定要求（图 5-4）逐个登记，以对每批次的检测结果进行观测，并为产品质量把控提供检验依据。

5.3.3　现场检验

现场检验，即在产品生产车间、食品或原料存放的库房现场进行的检验工作。现场检验，具有直接性、及时性、简易性、可操作性、快速等特点。对食品实施现场检验，包括但不限于以下内容：

① 检查运输工具、存放场所是否符合安全卫生要求；

××××食品厂出厂检验、委托检验结果登记表

序号	日期	检验型式	产品名称/型号	抽样时间	委托检验机构	检验结果

图5-4 某食品厂检验结果汇总表模板

② 检查内外包装上的标识内容是否符合要求；

③ 检测内外包装是否符合食品安全国家标准，是否存在污染、破损、浸湿、渗透；

④ 检测食品的感官性状是否符合该食品应有性状；

⑤ 检测冷冻/冷藏食品的新鲜程度、中心温度是否符合要求，食品是否有变质等异常情况，冷冻冷藏环境温度是否符合相关标准要求、冷链控温设备设施运作是否正常、温度记录是否符合要求，必要时可以进行蒸煮试验；

⑥ 检测植物性原料如水果、蔬菜的农药残留情况，动物性原料如鸡肉、猪肉的兽药残留情况（主要通过快速检测试纸/快速检测设备进行）；

⑦ 监测食品生产车间环境洁净度、空气质量，如车间中的沉降菌检测、空气中甲醛含量的快速检测。

5.3.4 产品质量异常情况的处理

产品质量异常的原因，包括原料、工艺、设备、人员操作及其他方面因素等。当发现产品质量出现异常时，应及时、迅速响应产品质量异常情况，分析异常情况发生的原因，解决生产、储存、运输等过程中影响产品品质的各种问题，以保证产品品质及产品生产的正常运行。产品质量异常处理作业流程如下。

① 当出现异常时，检验部检验人员应立即通知现场质量管理主管；对于不合格产品，按企业内部的《不合格品管理制度》处理。

② 现场主管立即对异常情况按照“人、机、物料、法、环”（即人员、设备、原料、操作规范、环境）五个方面进行调查分析，查找异常原因。

③ 责任部门尽快赶到事发现场，判断出问题的严重程度和其可能的影响程度，如事态严重立即汇报主管领导。

④ 立即采取措施，消除异常发生的原因，防止事态继续扩大。

⑤ 产品经检测质量恢复正常后，质量管理部门验证采取措施的结果，并积极寻找预防与控制方法。对属人为因素所造成的产品品质异常时，需对相关责任人进行处罚。

第6章 食品生产许可筹建与准备

6.1 产品、执行标准及工艺流程的确定

6.1.1 产品的确定

食品生产企业根据产品的特点及发展优势来确定；不同产品的存储条件及运输方式来确定；不同产品的生产规模及投入资金来确定；不同产品的生产原料及来源来确定；不同产品的成本与销售人群来确定。

6.1.2 执行标准的确定

食品执行标准是以食品科学技术和生产实践经验的综合成果为基础，经国家卫生健康委员会协商一致所作的统一规定，由主管机构批准，以特定形式发布，作为共同遵守的准则和依据，根据《食品安全法》的规定，食品安全标准包括下列内容：食品、食品相关产品中的致病性微生物、农药残留、兽药残留、重金属、污染物质以及其他危害人体健康物质的限量规定；食品添加剂的品种、使用范围、用量；专供婴幼儿的主辅食品的营养成分要求；对与食品安全、营养有关的标签、标识、说明书的要求；食品生产经营过程的卫生要求；与食品安全有关的质量要求；食品检验方法与规程；其他需要制定为食品安全标准的内容。执行标准的确定：①需要注意产品的原料，如豆腐干的原料为大豆，所以豆腐干的类别为豆制品；

②根据产品加工方式来确定，如豆腐为非发酵性加工方式及霉豆腐为发酵性加工方式；③根据产品的生产单元，如菜肴制品原料有肉有菜，按照《食品生产许可审查通则》该菜肴制品应为其他食品生产单元，该菜肴制品就应以其他食品为生产单元、以菜肴制品为执行标准来确定；④根据不同地方对不同产品的生产单元的要求，如重庆市对胀发类食品，不是以产品的主要原料来确定执行标准，生产企业必须制定自己的企业标准；⑤一些产品没有相应的国家标准，食品生产企业就应该通过备案企业标准来执行；⑥产品的包装形式及标准适用范围，如豆腐有预包装和散装，GB 2712—2014《食品安全国家标准　豆制品》仅适用于预包装食品，GB/T 22106—2008《非发酵豆制品》预包装和散装都可以执行；⑦根据产品的生产工艺，如有速冻工艺的产品都执行速冻食品单元相应的执行标准。

6.1.3　工艺流程的确定

食品生产工艺流程是原料到成品的整个生产的过程，是根据原料的性质、成品的要求把所采用的生产过程及设备组合起来，并通过工艺流程图的形式，形象地反映食品生产由原料到产品输出的过程。工艺流程的确定：①所生产的产品的原辅料，如红烧肉原辅料为猪肉、食用盐、黄豆、调味料等，猪肉为冻肉时就需要解冻，解冻完后根据猪肉的特性可能还需要烧毛等以此类推；②根据产品特殊的性质，如该类产品保存方式为冷冻且在生产过程中也需要快速冷冻，则工艺这方面必须要有速冻工艺；③根据产品生产设备，如小面的生产设备除包装外前端为一体机，则工艺就可以写成和面成型不需要写和面、压面、分切的工艺。

6.2　食品工厂建设

6.2.1　选址与厂区环境

6.2.1.1　选址要求

① 厂区不应选择对食品有显著污染的区域。如某地对食品安

全和食品宜食用性存在明显的不利影响，且无法通过采取措施加以改善，应避免在该地建厂。

② 厂区不应选择有害废弃物以及粉尘、有害气体、放射性物质和其他扩散性污染源不能有效清除的地址。

③ 厂区不宜设在易发生洪涝灾害的地区，难以避开时应设计必要的防范措施。

④ 厂区周围不宜有虫害大量滋生的潜在场所，难以避开时应设计必要的防范措施。

⑤ 食品工厂选址必须遵守国家法律、法规，符合国家和地方的长远规划和行政布局、城镇发展规划等。同时从全局出发，正确处理工业与农业、城市与乡村、远期与近期以及协作配套等各种关系，并因地制宜、节约用地、不占或少占耕地及林地。

⑥ 注意资源合理开发和综合利用；节约能源，节约劳动力；注意环境保护和生态平衡，保护风景和名胜古迹；另外还要做到有利生产、方便生活、便于施工，并提供多个可供选择的方案进行比较和评价。

⑦ 食品工厂一般倾向于设在原料产地附近的大中城市的郊区：食品企业多数是以农产品为主要原料的加工企业，由于依赖性强，在加工中需要大量的农产品为原料，同时食品生产是一个大宗的原料生产过程，因此选择原料产地附近的地域可以保证获得足够数量和质量的新鲜原材料；一般情况下农产品经采摘后容易腐坏变质，若采取远距离运输等拉长时间的作业，一方面增加了防止农产品变质的成本，另一方面增加了农产品自身的消耗损失，从而增加了食品厂的生产成本，这也要求食品厂选址应尽量在主要原料产区附近；同时食品生产过程中还需要工业性的辅助材料和包装材料，这又要求厂址选择要具有一定的工业性原料供应方便的优势。

⑧ 地理环境要能保证食品工厂的长久安全性，而环境条件主要保证食品生产的安全卫生性。a. 所选厂址，必须要有可靠的地理条件，特别是应避免将工厂设在流沙、淤泥、土崩断裂层上。尽量避免特殊地质如溶洞、湿陷性黄土、孔性土等。在山坡上建厂则要注

意避免滑坡、塌方等。同时也要避免将工厂设在矿场、文物区域上。同时厂址要具有一定的地耐力，一般要求不低于 $2\times10^5 N/m^2$。b. 厂址所在地区的地形要尽量平坦，以减少土地平整所需工程量和费用；也方便厂区内各车间之间的运输。厂区的标高应高于当地历史最高洪水位 0.5～1m，特别是主厂房和仓库的标高更应高于历史洪水位。厂自然排水坡度最好在 0.4%～0.8%之间（坡度=高程差/水平距离×100%）。

⑨ 在供电距离和容量上应寻求供电部门的批准。同时所选厂址，必须要有充分的水源，而且水质也应较好。食品工厂生产使用的水质必须符合卫生部门颁发的饮用水质标准，其中工艺用水的要求较高，需在工厂内对水源提供的水作进一步处理，以保证用合格的水来生产食品。

⑩ 所选厂址附近应有便捷的交通，如需要新建公路，应该选择最短距离为好，以减少运输成本和投资成本。

6.2.1.2 厂区环境要求

① 应考虑环境给食品生产带来的潜在污染风险，并采取适当的措施将其降至最低水平。

② 厂区应合理布局，各功能区域划分明晰，并有适当的分离或分隔措施，防止交叉污染。

③ 厂区内的道路应铺设混凝土、沥青或者其他硬质材料；空地应采取必要措施，如铺设水泥、地砖或铺设草坪等方式，保持环境清洁，防止正常天气下扬尘和积水等现象的发生。

④ 厂区绿化应与生产车间保持适当距离，植被应定期维护，以防止虫害的滋生。

⑤ 厂房之间，厂房与外缘公路或道路应保持一定距离，中间设绿化带。

⑥ 厂区内垃圾密闭存放，便于清洗、消毒，远离生产区，排污沟渠也应为密闭式，远离生产车间，且不得位于生产车间上风向。

⑦ 宿舍、食堂、职工娱乐设施等生活区应与生产区保持适当距离或分隔。

6.2.2 厂房与车间

6.2.2.1 厂房设计和布局

① 厂房和车间的内部设计和布局应满足食品卫生操作要求，避免食品生产中发生交叉污染。②厂房和车间的设计应根据生产工艺合理布局，预防和降低产品受污染的风险。③厂房和车间应根据产品特点、生产工艺、生产特性以及生产过程对清洁程度的要求合理划分作业区，并采取有效分离或分隔。如：通常可划分为清洁作业区、准清洁作业区和一般作业区；或清洁作业区和一般作业区等。一般作业区应与其他作业区域分隔。④厂房内设置的检验室应与生产区域分隔。⑤厂房的面积和空间应与生产能力相适应，便于设备安置、清洁消毒、物料存储及人员操作。⑥生产车间人均占地面积（不包括设备占位）不能少于1.50米，高度不低于3米。⑦生产车间地面应使用不渗水、不吸水、无毒、防滑材料（如耐酸砖、水磨石、混凝土等）铺砌，应有适当坡度，在地面最低点设置地漏，以保证不积水；地面应平整、无裂隙、略高于道路路面，便于清扫和消毒。⑧生产车间墙壁要用浅色、不吸水、不渗水、无毒材料覆涂，并用白瓷砖或其他防腐蚀材料装修高度不低于150米的墙裙；墙壁表面应平整光滑，其四壁和地面交界面要呈漫弯形。⑨窗台要设于地面1米以上，内侧要下斜45°；非全年使用空调的车间、门、窗应有防蚊蝇、防尘设施，纱门应便于拆下洗刷。⑩ 厂区总平面设计是对一个食品工厂的各个部分，包括各建（构）筑物、堆场、运输路线、工程管网等进行经济合理的安排，使人员、设备与物料的移动能够密切有效地配合，从而保证各区域功能明确、管理方便、生产协调、互不干扰。因此总平面设计是否合理，不仅与建厂投资、生产管理、安全生产、降低成本直接相关，而且也会对工厂实行科学管理和高效生产带来重大影响。总平面布置图是将厂区范围内各项建筑物（包括架空、地面、地下）总体布

置在水平面上的投影图。⑪食品工厂中主要的建筑物，食品工厂中有较多的建筑物，根据它们的使用功能可分为：a. 生产车间，如原料处理车间、榨油车间、功能性食品车间、速溶粉车间、饮料车间、综合利用车间等；b. 辅助车间（部门），中心实验室、化验室、机修车间等；c. 动力部门，变电所、锅炉房等。⑫食品工厂中各建筑物在总平面布置图中的相互关系，食品工厂总平面设计一般围绕生产车间进行排布，也就是说生产车间是食品工厂的主体建筑物，一般把生产车间布置在中心位置，其他车间、部门及公共设施都围绕主体车间进行排布。不过，以上仅仅是一个比较理想的典型，实际上地形地貌、周围环境、车间组成以及数量上的不同，都会影响总平面布置图中的建筑物的布置。

生产车间的布置，生产车间的布置应按工艺生产过程的顺序进行配置，生产线路尽可能做到径直和短捷，但并不是要求所有生产车间都安排在一条直线上。如果这样安排，当生产车间较多时，势必形成一长条，从而给仓库、辅助车间的配置及车间管理等方面带来困难和不便。为使生产车间的配置达到线性的目的，同时又不形成长条，可将建筑物设计成 T 形、L 形或 U 形。

车间生产线路一般分为水平和垂直两种，此外也有多线生产的。加工物料在同一平面由一车间送到另一车间的叫作水平生产线路；而由上层（或下层）车间送到下层（或上层）车间的叫作垂直生产线路。多线生产线路是一开始为一条主线，而后分成两条以上的支线，或是一开始即是两条或多条支线，而后汇合成一条主线。但不论选择何种布置形式，希望车间之间的距离是最小的，并符合卫生要求。

辅助车间及动力设施的布置，锅炉房应尽可能布置在使用蒸汽较多的地方，这样可以使管路缩短，减少压力和热能损耗。在其附近应有燃料堆场，煤、灰场应布置在锅炉房的下风向。煤场的周围应有消防通道及消防设施。

污水处理站应布置在厂区和生活区的下风向，并保持一定的卫生防护距离；同时应利用标高较低的地段，使污水尽量自流到污水处理站。污水排放口应在取水的下游。污水处理站的污泥干化场地应设在下风向，并要考虑汽车运输条件。

压缩空气主要用于仪表动力、鼓风、搅拌、清扫等。因此空压站应尽量布置在空气较清洁的地段，并尽量靠近用气部门。空压站冷却水量和用电量都较大，故应尽可能靠近循环冷水设施和变电所。由于空压机工作时振动大，故应考虑振动、噪声对邻近建筑物的影响。

食品工厂生产中冷却水用量较大，为节省开支，冷却水尽可能达到循环使用。循环水冷却构筑物主要有冷却喷水池、自然通风冷却塔及机械通风冷却塔几种。在布置时，这些设施应布置在通风良好的开阔地带，并尽量靠近使用车间；同时，其长轴应垂直于夏季主导风向。为避免冬季结冰，这些设施应位于主建（构）筑物的冬季主导风向的下侧。水池类构筑物应注意有漏水的可能，应与其他建筑物之间保持一定的防护距离。

维修设施一般布置在厂区的边缘和侧风向，并应与其他生产区保持一定的距离。为保护维修设备及精密机床，应避免火车、重型汽车等振动对它们的影响。

仓库的位置应尽量靠近相应的生产车间和辅助车间，并应靠近运输干线（铁路、河道、公路）。应根据贮存原料的不同，选定符合防火安全所要求的间距与结构。

行政管理部门包括工厂各部门的管理机构、公共会议室、食堂、保健站、托儿所、单身宿舍、中心试验室、车库、传达室等，一般布置在生产区的边缘或厂外，最好位于工厂的上风向位置，通称厂前区。

竖向布置：竖向布置和平面布置是工厂布置不可分割的两个部分。平面布置的任务是确定全厂建（构）筑物，露天仓库、铁路、道路、码头和工程管线的坐标。竖向布置的任务则是反映它们的标高，目的是确定建设场地上的高程（标高）关系，利用和改造自然地形使土方工程量为最小，并合理地组织场地排水。竖向布置方式一般采用连续式和平坡式两种。连续式又可分为平坡式布置和阶梯式布置。连续式布置的场地是由连续的不同坡度的坡面组成，其特点是将整个厂区进行全部平整。因此在平原地区（一般自然地形坡度<3%）采用连续式布置是合理的。对建筑密度较大、地下管线复杂、道路较密的工厂，一般采用连续式布置方案。重点式布置的场地是由不连续的不同地面标高的台地组成，其特点是仅对布置建（构）筑物的场地、道路、铁路占地进行局部平整。为此，在丘陵地区，在满足厂内交通和管线布置的条件下，为了减少土石方工程量，可采用这种布置。对建筑密度不大、建筑系数小于15%、运输线及地下管线简单的工厂，一般采用重点式布置。在食品工厂设计中，采用哪种竖向布置方式，必须视厂区的自然地形条件，根据工厂的规模、组成等具体情况确定。

管线布置：食品工厂的工程管线较多，除各种公用工程管线外，还有许多物料输送管线。了解各种管线的特点和要求，选择适当的敷设方式，与总平面设计有密切关系。处理好各种管线的布置，不但可节约用地，减少费用，而且可给施工、检修及安全生产带来很大的方便。因此，在总平面设计中，对全厂管线的布置必须予以足够重视。管线布置时一般应注意下列原则和要求。

①满足生产使用，力求短捷，方便操作和施工维修。②宜直线敷设，并与道路、建筑物的轴线以及相邻管线平行。干管应布置在靠近主要用户及支管较多的一侧。③尽量减少管线交叉。管线交叉时，其避让原则是：小管让大管；压力管让重力管；软管让硬管；临时管让永久管。④应避开露天堆场及建筑物的扩建用地。⑤除雨水管、下水管外，其他管线一般不宜布置在道路以下。地下管线应尽量集中共架布置，敷设时应满足一定的埋深要求，一般不宜重叠敷设。⑥大管径压力较高的给水管宜避免靠近建筑物布置。⑦管架或地下管线应适当留有余地，以备工厂发展需要。管线在敷设方式上常采用地下直埋、地下管沟、沿地（管墩或低支架）、架空等敷设方式，应根据不同要求进行选择。

道路布置：根据总平面设计的要求，厂区道路必须进行统一的规划。从道路的功能来分，一般可分为人行道和车行道两类。人行道、车行道的宽度，车行道路的转弯半径以及回车场、停车场的大小都应按有关规定执行。在厂内道路布置设计中，在各主要建（构）筑物与主干道、次干道之间应有连接通道，这种通道的路面宽度应能使消防车顺利通过。在厂区道路布置时，还应考虑道路与建（构）筑物之间的距离。

6.2.2.2 建筑内部结构与材料

建筑内部结构应易于维护、清洁或消毒。应采用适当的耐用材料建造。①顶棚：顶棚应使用无毒、无味、与生产需求相适应、易于观察清洁状况的材料建造；若直接在屋顶内层喷涂涂料作为顶棚，应使用无毒、无味、防霉、不易脱落、易于清洁的涂料；顶棚应易于清洁、消毒，在结构上不利于冷凝水垂直滴下，防止虫害和霉菌滋生；蒸汽、水、电等配件管路应避免设置于暴露食品的上方；如确需设置，应有能防止灰尘散落及水滴掉落的装置或措施。②墙壁：墙面、隔断应使用无毒、无味的防渗透材料建造，在操作高度范围内的墙面应光滑、不易积累污垢且易于清洁；若使用涂料，应无毒、无味、防霉、不易脱落、易于清洁；墙壁、隔断和地面交界处应结构合理、易于清洁，能有效避免污垢积存。例如设置漫弯形交界面等。③门窗：门窗应闭合严密。门的表面应平滑、防吸附、不渗透，并易于清洁、消毒。应使用不透水、坚固、不变形的材料制成；清洁作业区和准清洁作业区与其他区域之间的门应能及时关闭；窗户玻璃应使用不易碎材料。若使用普通玻璃，应采取必要的措施防止玻璃破碎后对原料、包装材料及食品造成污染；窗户如设置窗台，其结构应能避免灰尘积存且易于清洁。可开启的窗户应装有易于清洁的防虫害窗纱。④地面：地面应使用无毒、无味、不渗透、耐腐蚀的材料建造。地面的结构应有利于排污和清洗的需要；地面应平坦防滑、无裂缝，并易于清洁、消毒，并有适当的措施防止积水。

车间结构与布局：车间的空间要与生产相适应，一般情况下，生产车间内加工人员的人均拥有面积，除设备外，应不少于 1.5 平方米。过于拥挤的车间，不仅妨碍生产操作，而且人员之间的相互碰撞、人员工作服与生产设备的接触，很容易造成产品污染。车间的顶面高度不应低于3米，蒸煮间不应低于5米。加工区与加工人员的卫生设施，如更衣室、淋浴间和卫生间等，应该在建筑上为联体结构。水产品、肉类制品和速冻食品的冷库与加工区也应该是联体式结构。车间布局：食品加工过程基本上都是从原料-半成品-成品的过程，即从非清洁到清洁的过程，因此，加工车间生产原则上应该按照产品的加工进程顺序进行布局，使产品加工从不清洁的环节向清洁环节过渡，不允许在加工流程中出现交叉和倒流。清洁区与非清洁区之间要采取相应的隔离措施，以便控制彼此间的人流和物流，从而避免产生交叉污染，加工品传递通过传递窗进行。要在车间内适当的地方，设置工器具清洗、消毒间，配置供工器具清洗、消毒用的清洗槽、消毒槽和漂洗槽，必要时，有冷热水供应，热水的温度应不低于82℃。

车间的地面要用防滑、坚固、不渗水、易清洁、耐腐蚀的材料铺制，车间地面表面要平坦、不积水。车间整个地面的水平高度在设计和建造时应该比厂区的地面水平略高，有的地面应有斜坡度。车间的墙面应该铺有2米以上的墙裙，墙面用耐腐蚀、易清洗消毒、坚固、不渗水的材料铺制及用浅色、无毒、防水、防霉、不易脱落、可清洗的材料覆涂。车间的墙角、地角和顶角曲率半径不小于3厘米呈弧形。车间的顶面用的材料要便于清洁，有水蒸气产生的作业区域，顶面所用的材料还要不易凝结水球，在建造时要形成适当的弧度，以防冷凝水滴落到产品上。车间门窗有防虫、防尘及防鼠设施，所用材料应耐腐蚀易清洗。窗台离地面距离不少于1米，并有45°斜面。

6.2.3 设施与设备

6.2.3.1 设施

①供水设施：应能保证水质、水压、水量及其他要求符合生产需要；食品加工用水的水质应符合GB 5749的规定，对加工用水

水质有特殊要求的食品应符合相应规定。间接冷却水、锅炉用水等食品生产用水的水质应符合生产需要；食品加工用水与其他不与食品接触的用水（如间接冷却水、污水或废水等）应以完全分离的管路输送，避免交叉污染。各管路系统应明确标识以便区分；自备水源及供水设施应符合有关规定。供水设施中使用的涉及饮用水卫生安全产品还应符合国家相关规定。②排水设施：排水系统的设计和建造应保证排水畅通、便于清洁维护；应适应食品生产的需要，保证食品及生产、清洁用水不受污染；排水系统入口应安装带水封的地漏等装置，以防止固体废弃物进入及浊气逸出；排水系统出口应有适当措施以降低虫害风险；室内排水的流向应由清洁程度要求高的区域流向清洁程度要求低的区域，且应有防止逆流的设计；污水在排放前应经适当方式处理，以符合国家污水排放的相关规定。综上所述：车间内生产用水的供水管应采用不易生锈的管材，供水方向应逆加工进程方向，即由清洁区向非清洁区。车间内的供水管路应尽量统一走向，冷水管要避免从操作台上方通过，以免冷凝水凝集滴落到产品上。为了防止水管外不洁的水被虹吸和倒流入管路内，须在水管适当的位置安装真空消除器。车间的排水沟应该用表面光滑、不渗水的材料铺砌，施工时不得出现凹凸不平和裂缝，并形成3%的倾斜度，以保证车间排水的通畅，排水的方向也是从清洁区向非清洁区方向排放。排水沟上应加不生锈材料制成的活动的篦子。车间排水的地漏要有防固形物进入的措施，畜禽加工厂的浸烫打毛间应采用明沟，以便于清除羽毛和污水。排水沟的出口要有防鼠网罩，车间的地漏或排水沟的出口应使用U形或P形、S形等有存水弯的水封，以便防虫防臭。③清洁消毒设施：应配备足够的食品、工器具和设备的专用清洁设施，必要时应配备适宜的消毒设施。应采取措施避免清洁、消毒工器具带来的交叉污染。④废弃物存放设施：应配备设计合理、防止渗漏、易于清洁的存放废弃物的专用设施；车间内存放废弃物的设施和容器应标识清晰。必要时应在适当地点设置废弃物临时存放设施，并依废弃物特性分类存放。必须为脚踏带盖的存放设施。⑤个人卫生设施：生产场所或生产车间入口处应设置更衣室；必要时特定的作业区入口处可按需要设置更衣室。更衣室应保证工作服与个人服装及其他物品分开放置；生产车间入口及车间内必要处，应按需设置换鞋（穿戴鞋套）设施或工作鞋靴消毒设施。如设置工作鞋靴消毒设施，其规格尺寸应能满足消毒需要；应根据需要设置卫生间，卫生间的结构、设施与内部材质应易于保持清洁；卫生间内的适当位置应设置洗手设施。卫生间不得与食品生产、包装或贮存等区域直接连通；应在清洁作业区入口设置洗手、干手和消毒设施；如有需要，应在作业区内适当位置加设洗手和（或）消毒设施；与消毒设施配套的水龙头其开关应为非手动式；洗手设施的水龙头数量应与同班次食品加工人员数量相匹配，必要时应设置冷热水混合器。洗手池应采用光滑、不透水、易清洁的材质制成，其设计及构造应易于清洁消毒。应在邻近洗手设施的显著位置标示简明易懂的洗手方法；根据对食品加工人员清洁程度的要求，必要时应可设置风淋室、淋浴室等设施。⑥通风设施：应具有适宜的自然通风或人工通风措施；必要时应通过自然通风或机械设施有效控制生产环境的温度和湿度。通风设施应避免空气从清洁度要求低的作业区域流向清洁度要求高的作业区域；应合理设置进气口位置，进气口与排气口和户外垃圾存放装置等污染源保持适宜的距离和角度。进、排气口应装有防止虫害侵入的网罩等设施。通风排气设施应易于清洁、维修或更换；若生产过程需要对空气进行过滤净化处理，应加装空气过滤装置并定期清洁；根据生产需要，必要时应安装除尘设施；车间应该拥有良好的通风条件，如果是采用自然通风、通风的面积与车间地面面积之比应不小于1∶16。若采用机械通风，则换气量应不小于3次/小时。采用机械通风，车间的气流方向应该是从清洁区向非清洁区流动。自然采光的车间，车间的窗户面积与车间面积之比应不小于1∶4。车间内加工操作台的照度应不低于220lux，车间其他区域不低于110lux，检验工作场所工作台面的照度应不低于540lux，瓶装液体产品的灯检工作点照度应达到1000lux，并且光线不应改变被加工物的本色，车间灯具须装有防护罩。⑦照明设施：厂房内应有充足的自然采光或人工照明，光泽和亮度应能满足生产和操作需要；光源应使食品呈现真实的颜色；如需在暴露食品和原料的正上方安装照明设施，应使用安全型照明设施或采取防护措施。⑧仓储设施：应具有与所生产产品的数量、贮存要求相适应的仓储设施；仓库应以无毒、坚固的材料建成；仓库地面应平整，便于通风换气。仓库的设计应能易于维护和清洁，防止虫害藏匿，并应有防止虫害侵入的装置；原料、半成品、成品、包装材料等应依据性质的不同分设贮存场所或分区域码放，并有明确标识，防止交叉污染。必要时仓库应设有温、湿度控制设施；贮存物品应与墙壁、地面保持适当距离，以利于空气流通及物品搬运；清洁剂、消毒剂、杀虫剂、润滑剂、燃料等物质应分别安全包装，明确标识，并应与原料、半成品、成品、包装材料等分隔放置。⑨温控设施：应根据食品生产的特点，配备适宜的加热、冷却、冷冻等设施，以及用于监测温度的设施；根据生产需要，可设置控制室温的设施。

6.2.3.2 设备

应配备与生产能力相适应的生产设备，并按工艺流程有序排列，避免引起交叉污染。①材质：与原料、半成品、成品接触的设备与用具，应使用无毒、无味、抗腐蚀、不易脱落的材料制作，并应易于清洁和保养；设备、工器具等与食品接触的表面应使用光滑、无吸收性、易于清洁保养和消毒的材料制成，在正常生产条件下不会与食品、清洁剂和消毒剂发生反应，并应保持完好无损。②设计：所有生产设备应从设计和结构上避免零件、金属碎屑、润滑油或其他污染因素混入食品，并应易于清洁消毒、检查和维护；设备应不留空隙地固定在墙壁或地板上，或在安装时与地面和墙壁间保留足够空间，以便清洁和维护。③监控设备：用于监测、控制、记录的设备，如压力表、温度计、记录仪等，应定期校准、维护。④设备的保养和维修：应建立设备保养和维修制度，加强设备的日常维护和保养，定期检修，及时记录。

6.2.4 卫生管理

6.2.4.1 卫生管理制度

应制定食品加工人员和食品生产卫生管理制度以及相应的考核标准，明确岗位职责，实行岗位责任制；应根据食品的特点以及生产、贮存过程的卫生要求，建立对保证食品安全具有显著意义的关键控制环节的监控制度，良好实施并定期检查，发现问题及时纠正；应制定针对生产环境、食品加工人员、设备及设施等的卫生监控制度，确立内部监控的范围、对象和频率。记录并存档监控结果，定期对执行情况和效果进行检查，发现问题及时整改；应建立清洁消毒制度和清洁消毒用具管理制度。清洁消毒前后的设备和工器具应分开放置妥善保管，避免交叉污染。

6.2.4.2 厂房及设施卫生管理

厂房内各项设施应保持清洁，出现问题及时维修或更新；厂房地面、屋顶、天花板及墙壁有破损时，应及时修补；生产、包装、贮存等设备及工器具、生产用管道、裸露食品接触表面等应定期清洁消毒。

6.2.4.3 食品加工人员健康管理与卫生要求

①食品加工人员健康管理：应建立并执行食品加工人员健康管理制度；食品加工人员每年应进行健康检查，取得健康证明；上岗前应接受卫生培训；食品加工人员如患有痢疾、伤寒、甲型病毒性肝炎、戊型病毒性肝炎等传染病，以及患有活动性肺结核、化脓性或者渗出性皮肤病等有碍食品安全的疾病，或有明显皮肤损伤未愈合的，应当调整到其他不影响食品安全的工作岗位。②食品加工人员卫生要求：进入食品生产场所前应整理个人卫生，防止污染食品；进入作业区域应规范穿着洁净的工作服，并按要求洗手、消毒；头发应藏于工作帽内或使用发网约束；进入作业区域不应佩戴饰物、手表，不应化妆、染指甲、喷洒香水；不得携带或存放与食品生产无关的个人用品；使用卫生间、接触可能污染食品的物品，或从事与食品生产无关的其他活动后，再次从事接触食品、食品工

器具、食品设备等与食品生产相关的活动前应洗手消毒；来访者非食品加工人员不得进入食品生产场所，特殊情况下进入时应遵守和食品加工人员同样的卫生要求。③虫害控制：应保持建筑物完好、环境整洁，防止虫害侵入及滋生；应制定和执行虫害控制措施，并定期检查。生产车间及仓库应采取有效措施（如纱帘、纱网、防鼠板、防蝇灯、风幕等），防止鼠类昆虫等侵入。若发现有虫鼠害痕迹时，应追查来源，消除隐患；应准确绘制虫害控制平面图，标明捕鼠器、防鼠板、防蝇灯、室外诱饵投放点、生化信息素捕杀装置等放置的位置；厂区应定期进行除虫灭害工作；采用物理、化学或生物制剂进行处理时，不应影响食品安全和食品应有的品质、不应污染食品接触表面、设备、工器具及包装材料。除虫灭害工作应有相应的记录；使用各类杀虫剂或其他药剂前，应做好预防措施避免对人身、食品、设备工具造成污染；不慎污染时，应及时将被污染的设备、工具彻底清洁，消除污染。④废弃物处理：应制定废弃物存放和清除制度，有特殊要求的废弃物其处理方式应符合有关规定。废弃物应定期清除；易腐败的废弃物应尽快清除；必要时应及时清除废弃物；车间外废弃物放置场所应与食品加工场所隔离防止污染；应防止不良气味或有害有毒气体溢出；应防止虫害滋生。⑤工作服管理：进入作业区域应穿着工作服；应根据食品的特点及生产工艺的要求配备专用工作服，如衣、裤、鞋靴、帽和发网等，必要时还可配备口罩、围裙、套袖、手套等；应制定工作服的清洗保洁制度，必要时应及时更换；生产中应注意保持工作服干净完好；工作服的设计、选材和制作应适应不同作业区的要求，降低交叉污染食品的风险；应合理选择工作服口袋的位置、使用的连接扣件等，降低内容物或扣件掉落污染食品的风险。

6.3 管理制度和人员

6.3.1 管理制度

①应配备食品安全专业技术人员、管理人员，并建立保障食品

安全的管理制度。②食品安全管理制度应与生产规模、工艺技术水平和食品的种类特性相适应，应根据生产实际和实施经验不断完善食品安全管理制度。③管理人员应了解食品安全的基本原则和操作规范，能够判断潜在的危险，采取适当的预防和纠正措施，确保有效管理。④食品生产经营企业应当建立基于食品安全风险防控的动态管理机制，结合企业实际，落实自查要求，制定食品安全风险管控清单，建立健全日管控、周排查、月调度工作制度和机制。⑤人员健康管理制度：应当建立并执行从业人员健康管理制度，明确患有国务院卫生行政部门规定的有碍食品安全疾病的或有明显皮肤损伤未愈合的人员，不得从事接触直接入口食品的工作。从事接触直接入口食品工作的食品生产人员应当每年进行健康检查，取得健康证明后方可上岗工作。⑥采购管理：应当建立并执行采购管理制度，规定食品原料、食品添加剂、食品相关产品验收标准。采购时，应当查验供货者的许可证和产品合格证明；对无法提供合格证明的食品原料，应当按照食品安全标准及产品执行标准进行检验。⑦进货查验记录：应当建立并执行进货查验记录制度，记录采购的食品原料、食品添加剂及食品相关产品名称、规格、数量、生产日期或者生产批号、保质期、进货日期以及供货者名称、地址、联系方式等信息，保存相关记录和凭证。⑧生产过程控制：应当建立并执行生产过程控制制度，制定所需的操作规程或作业指导书，明确原料（如领料、投料、余料管理等）、生产关键环节（如生产工序、设备、贮存、包装等）控制的相关要求，防止交叉污染，并记录产品的加工过程（包括工艺参数、环境监测等）。⑨检验管理及出厂检验记录：应当建立并执行检验管理制度，规定原料检验、过程检验、产品出厂检验以及产品留样的方式及要求，综合考虑产品特性、工艺特点、原料控制等因素明确制定出厂检验项目，保存相关检验和留样记录。生产复配食品添加剂的，还应当明确规定各种食品添加剂的含量和检验方法。委托检验的，应当委托有资质的机构进行检验。应当建立并执行产品出厂检验记录制度，规定产品出厂时，查验出厂产品的安全状况和检验合格证明，记录产品的名称、规格、数量、生产日期或者生产批号、保质期、检验合格证明编号、销售日期以及购货者名称、地址、联系方式等信息，保存相关记录和凭证。⑩运输和交付管理：应当建立并执行运输和交付管理制度，规定根据产品特点、贮存要求、运输条件选择适宜的运输方式，并做好交付记录。委托运输的，应当对受托方的食品安全保障能力进行审核。⑪食品安全追溯管理：应当建立并执行食品安全追溯管理体系，记录并保存法律、法规及标准等规定的信息，保证产品可追溯。⑫食品安全自查：应当建立并执行食品安全自查制度，规定对食品安全状况定期进行检查评价，并根据评价结果采取相应的处理措施。有发生食品安全事故潜在风险的，应当立即停止食品生产活动，并向所在地县级市场监督管理部门报告。⑬不合格品管理及不安全食品召回：应当建立并执行不合格品管理制度，规定原料、半成品、成品及食品相关产品中不合格品的管理要求和处置措施。应当建立并执行不安全食品召回制度，规定停止生产、通知相关生产经营者和消费者、召回和处置不安全食品的相关要求，记录召回和通知情况。⑭食品安全事故处置：应当建立食品安全事故处置方案，规定食品安全事故处置措施及向事故发生地县级市场监督管理部门和卫生行政部门报告的要求。

最新制度管理要求。

1. 运输与交付管理制度

① 为了防止公司产品在搬运、包装和交付过程中受到损害，特制定本办法。

② 本办法由公司各部、各车间按各自的职责对照执行。

③ 搬运的控制

a. 选择身体健康的搬运工人，上岗前进行培训；

b. 选择合适的搬运工具，工具应符合食品卫生制度；

c. 搬运前应核实产品交接单的名称、型号规格、生产日期和数量；

d. 搬运时应正确使用搬运工具，轻拿轻放，密闭运输，避免产品被损坏；

e. 禁止与有毒或有污染的产品混装、混运。

④ 包装的控制

a. 选择符合食品卫生标准的容器及包装物;

b. 产品应按规定进行包装;

c. 产品包装应美观,并能保护产品。

⑤ 交付的控制

a. 所有的检验都已进行并合格;

b. 产品的型号、规格及有关要求与订货合同一致;

c. 应选择合适的交通工具进行运输,并办理相关保险手续,明确交付过程的相关责任;

d. 供销部应采取适当的防护措施,并延续到交货的目的地;

e. 对于需要冷链运输的相关产品,装载运输车辆厢体必须保持－18℃或更低的温度,且厢体在装载前必须预冷到－10℃或更低的温度,并装有能在运输中记录产品温度的仪表。

2. 食品安全日管控制度

(1) 日管控人员　根据公司落实主体责任定人定岗履职情况,由食品安全员负责日管控具体工作的落实。

(2) 日管控频率　正常生产期间每日根据公司《落实食品安全主体责任风险管控清单》进行检查。

(3) 日管控内容　日管控检查应覆盖以下内容:生产环境条件(厂区、车间、设施、设备等)(★)、进货查验(★)、生产过程控制(★)、产品检验(★)、贮存及交付控制(★)、不合格食品管理和食品召回(★)、食品标签标识(★)、前次检查发现问题整改情况(★),具体参照《落实食品安全主体责任风险管控清单》,其中"(★)"标记项目为重点检查内容。

(4) 日管控工作流程

① 正常生产期间,食品安全员每日根据公司《落实食品安全主体责任风险管控清单》进行检查,排查生产加工各个环节可能存在的食品安全风险隐患,并将检查结果汇总记录在《每日食品安全检查记录》表上,可采用电子表格的形式予以记录。未发现问题

的，也应当予以记录。

② 对于日管控检查中发现的食品安全风险隐患问题，明确责任部门及责任人，及时反馈相关责任人立即采取防范措施。对于现场能立即整改的应立即整改；对于不能现场立即整改的，应明确整改期限，在后续日管控检查中跟踪验证整改落实情况。

③ 对于《每日食品安全检查记录》，每天工作结束前或次日上班后及时交付食品安全总监审核，填写的电子表格也可以通过电子邮件发送或采取其他有效方式告知，如日管控检查中发现存在食品安全风险隐患，可能对食品安全造成不良影响（管控清单中的★项目），除要求相关责任部门及责任人立即采取防范措施外，应立即上报食品安全总监或者企业主要负责人，分析研判食品安全风险情况，采取相适应的管理措施，以降低食品安全风险，确保企业的食品安全。

3. 食品安全周排查制度

（1）周排查人员　根据公司落实主体责任定人定岗履职情况，由食品安全总监负责周排查具体工作落实。

（2）周排查频率　正常生产期间食品安全总监或者食品安全员每周至少根据公司《落实食品安全主体责任风险管控清单》组织 1 次风险隐患排查。

（3）周排查内容　检查应覆盖以下内容：生产资质、生产环境条件（厂区、车间、设施、设备等）、进货查验、生产过程控制、委托生产情况、产品检验、贮存及交付控制、不合格食品管理和食品召回、标签和说明书、食品安全自查、从业人员管理、信息记录和追溯、食品安全事故处置、前次检查发现问题整改情况，具体参照《落实食品安全主体责任风险管控清单》，全面排查生产加工各环节可能存在的食品安全风险隐患。

（4）周排查工作流程

① 正常生产期间，排查可以结合日管控情况、现场自查情况、其他各渠道收集的食品安全信息等，分析研判公司的食品安全管理情况，检讨日管控中存在的问题，对于频繁发生或者存在较高食品

安全风险的问题，应制定相应的纠正预防措施，督促相关责任部门落实整改并进行跟踪验证整改结果。周排查应形成《每周食品安全排查治理报告》。

② 对于周排查形成的《每周食品安全排查治理报告》，应及时上报至公司主要负责人，抄送相关责任部门负责人，使其知晓存在的食品安全风险，督促相关责任部门采取相应的管控措施，确保食品安全风险可控。

4. 食品安全月调度制度

(1) 月调度人员　根据公司落实主体责任定人定岗履职情况，由企业主要负责人组织召开月调度会议，听取食品安全总监（子公司可以由质量负责人代替）关于企业食品安全管理工作的情况汇报，主要参与人员包括企业主要负责人、相关部门负责人、食品安全总监。

(2) 月调度会议频率　正常生产期间每月至少召开1次月调度会议，会议原则上安排在次月的第一个星期一。

(3) 月调度主要汇报内容　由食品安全总监汇总最近一个月度内企业的食品安全管理工作情况，主要包括日管控、周排查中发现的重大食品安全风险问题及整改情况，日常食品安全管理情况的汇总分析，内容包括但不限于以下方面：原辅料验收情况、成品出厂检验情况、生产过程微生物监控、质量投诉情况、委托代工质量控制情况、供应商管理、质量培训、产品第三方检测、体系标准化工作情况、食品安全日常检查问题落实情况、较大风险隐患排查情况、下个月重点工作计划等。

(4) 月调度工作流程

① 由食品安全总监对近一个月内企业的食品安全管理工作情况进行汇报，对当月食品安全日常管理、风险隐患排查治理等情况进行工作总结。

② 对于日常食品安全管理中发现的不足，由相关责任部门负责人进行检讨，采取有效的应对措施进行处置。

③ 由企业主要负责人对企业食品安全管理工作作出指示。

④ 食品安全总监根据当月食品安全管理工作情况、会议讨论决议及企业主要负责人指示，制定下个月食品安全管理重点工作计划，并形成《每月食品安全调度会议纪要》。

5. 食品安全追溯管理制度

（1）目的　通过对原材料、半成品、成品的标识，使其避免发生混淆，必要时可以准确地追溯产品。

（2）范围　本程序适用于对原材料、半成品和成品的标识和追溯活动。

（3）职责

① 原材料仓库管理人员负责对入仓的原辅材料、包装材料进行标识和记录。

② 各生产班组负责生产记录，成品、半成品入库前的标识。

③ 成品仓对包装入库的成品进行标识和记录。

④ 质检员对检验状态、监视状态进行标识和记录。

（4）运作程序

① 所有入库的原材料、成品外包装上都应有明确的标识，标识应符合GB 7718—2011《食品安全国家标准　预包装食品标签通则》的要求。

② 材料仓库管理人员对入仓的原辅材料进行造册登记，将其名称、型号、规格、数量、入仓日期、追溯标识、供应商名称等填入明细账，在每种物料上贴上标识牌，注明该物料的型号、规格、数量和状态。

③ 生产部在作业前应做好领料核对记录，作业时做好生产记录，生产记录应包括原料名称、投料量、生产日期、班别、批次、设备机台号、操作人员、复核人、工艺参数、产品品名、代码等可追溯的内容，生产记录由车间主管、品控部审核。品控部文控员存档。

④ 生产过程中半成品的转序不能直接判断产品规格，应对其型号规格、技术参数作出文字或其它清晰的标识。

⑤ 生产班组领料时，应填写《进出库单》，仓管员将其所领材

料的名称、数量和出仓日期填入明细账。由生产部存档。

⑥ 半成品、成品入库时应填写《入库单》，注明生产日期、规格、数量等。

⑦ 成品库内的存货必须进行明确的标识。标识内容应包括数量、名称、代码、入库日期、生产日期、班别、状态、标识人等。

⑧ 检验状态标识：

a. 待检标识，外购原材料及辅助材料、半成品、成品未经检验，先挂上“待检”标牌，不允许直接采用。

b. 合格品标识，A. 原材料经复验合格，有检验报告的合格品方可入库。B. 各工序半成品经自检合格，质检员定时巡检。保证只有合格的半成品才能转序。C. 产品最终检验合格后，由检验员做好产品检验记录。

c. 不合格品标识，A. 经检验不合格原材料、辅助材料由库管员移至不合格品区，并挂上“不合格”标识牌。B. 经检验不合格的半成品、成品由质检员在检验记录上注明，移至不合格品区或挂上“不合格”标识牌。C. 顾客同意接收的有缺陷产品，由成品质检员在成品包装上作出“让步接收”标识，并作让步接收记录。

d. 经检验和试验最终结论未定的产品，暂存于不合格品区挂“待处理”标牌。

e. 在搬运、贮存过程中相关人员对各类标识要妥善保护，如有损坏、丢失应找有关质检员解决。

f. 标识不清或无标识时，一律按漏检处理，追溯原始记录，重新进行检验和试验，同时重补标识。

⑨ 产品可追溯性：

a. 能通过编号识别产品批次及其相关原料或成品的加工记录，以实施包括满足产品召回在内的对不合格品的处置措施。

b. 当发生不合格，偏离关键限值，或交付后发现不合格时，应依据产品的销售记录、批次代码、生产记录等进行追溯。

c. 为了追溯的需要应在考虑顾客和相关法规对该产品要求的

基础上确定记录保存期。

6.3.2 人员管理

管理要求：①食品生产经营企业应当建立健全食品安全管理制度，落实食品安全责任制，依法配备与企业规模、食品类别、风险等级、管理水平、安全状况等相适应的食品安全总监、食品安全员等食品安全管理人员，明确企业主要负责人、食品安全总监、食品安全员等的岗位职责。②企业主要负责人对本企业食品安全工作全面负责，建立并落实食品安全主体责任的长效机制。食品安全总监、食品安全员应当按照岗位职责协助企业主要负责人做好食品安全管理工作。③食品生产经营企业主要负责人应当支持和保障食品安全总监、食品安全员依法开展食品安全管理工作，在作出涉及食品安全的重大决策前，应当充分听取食品安全总监和食品安全员的意见和建议。④食品安全总监、食品安全员发现有食品安全事故潜在风险的，应当提出停止相关食品生产经营活动等否决建议，企业应当立即分析研判，采取处置措施，消除风险隐患。⑤应当制定和实施职工培训计划，根据岗位需求开展食品安全知识及卫生培训，做好培训记录。食品安全管理人员上岗前应当经过培训，并考核合格。

食品安全总监及食品安全管理员应当具备下列食品安全管理能力：①掌握相应的食品安全法律法规、食品安全标准；②具备识别和防控相应食品安全风险的专业知识；③熟悉本企业食品安全相关设施设备、工艺流程、操作规程等生产经营过程控制要求；④参加企业组织的食品安全管理人员培训并通过考核；⑤其他应当具备的食品安全管理能力。

1. 食品安全员职责

食品安全员按照职责要求对食品安全总监或者企业主要负责人负责，从事食品安全管理具体工作，承担下列职责：

① 督促落实食品生产经营过程控制要求；

② 检查食品安全管理制度执行情况，管理维护食品安全生产

经营过程记录材料，按照要求保存相关资料；

③ 对不符合食品安全标准的食品或者有证据证明可能危害人体健康的食品以及发现的食品安全风险隐患，及时采取有效措施整改并报告；

④ 记录和管理从业人员健康状况、卫生状况；

⑤ 配合有关部门调查处理食品安全事故；

⑥ 其他食品安全管理责任。

2. 质量负责人考核要求与职责

考核要求：

① 学历：具有高中及以上学历，具有丰富的企业管理工作经验。

② 经历：从事相关行业企业管理工作三年以上。

③ 法律法规要求：熟悉国家有关法律法规和行业要求，依法行事。

④ 职业道德要求：遵纪守法，依法经营，知人善任，坚持原则，一丝不苟，科学管理，努力学习，不断创新，精打细算，精益求精。

⑤ 其他要求：身体健康，精力充沛，具有较强的组织能力和语言表达能力，具有很强的顾客意识、质量意识、市场竞争意识、成本意识、持续改进意识、优质服务意识等，勇于开拓，锐意进取。

⑥ 认真学习、结合实际贯彻执行国家有关质量的方针、政策，有关的法律法规。

⑦ 确保建立、实施和保持质量管理体系，对质量管理体系及产品质量负全责。

⑧ 制定企业的质量方针、质量目标，批准和发布质量管理手册。

⑨ 创造并保持良好的工作氛围、人际关系，倡导积极奋发的企业精神，充分调动员工的积极性，确保企业内部职责明确，并得到沟通。

⑩ 任命食品安全管理员，确定组织机构对主要职能部门负责人进行任免。

⑪ 确保质量管理体系得到持续改进。

⑫ 组织召开重大质量会议，作出重大决策。

职责：

① 向本公司员工传达满足顾客和法律法规要求的重要性；

② 以增强顾客满意为目标，确保顾客的要求得到确定和满足；

③ 组织制定和发布质量方针、质量目标；

④ 根据《食品安全法》《食品质量安全市场准入审查通则》等国家法律、法规的要求完善质量管理体系；

⑤ 批准各部门和各级人员的质量职能分配，任命食品安全管理员、生产管理者、质量管理人员、技术人员；

⑥ 为质量管理体系有效运行合理地调配资源；

⑦ 通过适当的方式，在公司内对质量管理体系的有效性进行沟通。

3. 食品安全管理员考核管理要求

① 认真学习、结合实际贯彻执行国家有关质量的方针、政策，有关的法律法规和产品标准。

② 确保建立、实施和保持质量管理体系。

③ 在法人的领导下，具体负责本企业质量管理的日常领导工作。负责本企业质量管理体系各部分各过程的建立、实施、保持和完善。

④ 具体领导各部门工作。

⑤ 向法人报告本企业实施质量管理体系所取得的业绩，以及质量管理体系需做的改进。

⑥ 组织内部检查和考核，确保形成自我完善机制，保证体系的有效运行。并进行组织质量职能的协调实施并监督检查。

⑦ 组织质量管理文件、制度的制定和审核。

⑧ 负责与质量管理有关事宜的外部沟通与联络。

⑨ 组织评审重要的不合格（包括不合格工作及不合格品）。

4. 办公室考核管理要求

① 负责落实本部门的质量职责，在分管范围内贯彻落实本厂质量方针和质量目标，实施相应质量体系文件。

② 负责上级行政文件的收发、审理、批转及厂领导的通知。

③ 负责组织和拟定全公司性行政工作文件，组织审定领发各项管理制度。

④ 负责草拟全公司行政工作方面的计划、总结、记载、整理企业大事记及文件和资料的编目归档。

⑤ 组织配合各部门进行职工业务、技术培训学习。

⑥ 负责建立健全各项财务管理的规章制度，并根据业务的发展变化制定相应的管理制度，负责协调公司与会计师事务所及税务机关关系。

⑦ 负责拟定相应的资金需求量计划和各种财务预算计划，审核各部门财务预算，并积极筹措资金合理地分配资金。

⑧ 参与新产品成本测算、协助提供价格制定和调整的基础资料，进行新产品定价。

⑨ 妥善保管会计档案资料，控制会计信息使用。

⑩ 负责组织本厂盘点工作。

5. 生产部考核管理制度

① 负责组织生产人员按厂部下达的生产计划，保质保量完成任务。

② 严格按生产工艺流程和产品质量控制过程组织生产。

③ 加强设备的维护保养，发现问题及时向有关部门报告，采取措施，确保生产正常运行。

④ 加强关键过程控制，配料工序必须坚持专人按规定的程序进行操作，严把产品输入关。

⑤ 加强员工“顾客至上、质量第一”、产品质量是企业的生命的意识教育，使员工自觉遵守操作规程，确保中控、半成品、成品符合或达到技术指标要求。

⑥ 抓好生产人员个人卫生和生产场地及四周的清洁卫生工作，创造一个干净、整洁，符合食品生产要求的环境。

⑦ 抓好生产安全工作。人身安全和产品质量安全是生产全过程的总要求。加强安全检查，及时发现和纠正安全隐患。

⑧ 加强生产全过程的记录工作。重点抓好原辅料、包装进出记录、生产投料记录、成品入库登记记录和员工个人卫生检查记录。

6. 供销部考核管理制度

① 学习和掌握国家关于食品生产方面法律、法规和规章，并运用于企业的供应管理之中。

② 负责全本厂原辅材料、包装物品和各类设备采购计划的制定和购进，在签订合同之前，要会同有关部门开展对合格供方的评审。

③ 立足于本企业利益之上，本着互惠互利原则，对外签订各种购进合同。

④ 选择新供货商时，应本着三比原则（比质量、比价格、比服务），提供相关资质证明并报公司批准。

⑤ 按领导批准的合同实施采购，要协助质检部加强进货检验，并及时填写记录交给销售部门人员验收入库。

⑥ 随时收集有关购进品的市场信息，并反馈给相关部门参考，随时了解企业生产状况，了解购进品的使用和库存情况，保障生产、销售工作的正常进行。

⑦ 负责本厂产品的销售和售后服务工作，签订销售合同，参加合同评审。

⑧ 负责本厂产品的市场调研和市场预测工作，及时反馈顾客对产品及售后服务的要求、建议和意见。

⑨ 负责建立顾客销售网络，加强与顾客沟通往来，及时宣传产品信息，接受咨询，随时掌握网络顾客的动向、变化，调整网络布局。

⑩ 加强销售人员教育、培训、管理和考核，根据市场变化及时调整人员及运输工具。保证按订货合同，准确及时履行供货任务，最大限度地满足顾客需要。

⑪ 负责开展顾客对本厂产品质量、服务质量等满意度的调查，以及满意度情况的统计分析，每季必须开展一次。

⑫ 负责制定营销策划方案（含阶段性方案），组织有关人员对方案进行评审，报领导批准实施。

⑬ 负责按月作出销售实绩的汇总统计，分析整理营销成果及存在的问题，提出改进的合理性建议和意见。

⑭ 负责建立各类销售合同（含内部分销合同）及部门文件的对口管理工作，保证随时调阅，检查合同执行情况。

⑮ 认真执行本公司的各项管理制度，加强部门考核管理，搞好部门文件和各种资料统计管理工作。

⑯ 认真完成领导交办的其他任务。

7. 质检部考核管理制度

① 负责日常质量管理、质量检验和计量工作，检测设备必须定期送检。

② 负责生产过程和产品在生产中和生产后的监视和检验。

③ 负责组织对不合格品的评审和处置。

④ 负责纠正和预防措施的监督和检验。

⑤ 指导各部门进行数据分析。

⑥ 认真执行本厂的各项管理制度，加强部门考核管理，搞好部门文件和各种资料统计管理工作。

⑦ 认真完成领导交办的其他任务。

⑧ 对其他部门具有依照本企业制度独立行使检验和检查的权利。

⑨ 对原材料、生产过程及产品的出厂具有独立的合格和不合格的判定权利。

⑩ 对不合格品的处置结果有检查的权利。

⑪ 有依照国家质量和卫生有关的法律、法规及标准独立行使检查及建议的权利。

8. 生产负责人管理要求与职责

管理要求：

① 学历：具有高中及以上学历，具有丰富的企业管理工作经验。

② 经历：从事食品生产工作三年以上，并有相关管理经验。

③ 法律法规要求：熟悉国家有关法律法规和行业要求，依法行事。

④ 职业道德要求：遵纪守法，依法经营，知人善任，坚持原则，一丝不苟，科学管理，努力学习，不断创新，精打细算，精益求精。

⑤ 其他要求：身体健康，精力充沛，具有较强的组织能力和语言表达能力，具有很强的顾客意识、质量意识、市场竞争意识、成本意识、持续改进意识、优质服务意识等，勇于开拓，锐意进取。

职责：

① 负责组织生产人员按公司下达的生产计划，保质保量完成任务。

② 定期组织召开调度会和专题工作会议，及时掌握生产情况，解决生产中出现的各种问题。

③ 负责生产过程中各种原辅材料、半成品及成品的管理，负责工艺技术要求的贯彻及操作规程的正确实施。

④ 建立健全各生产岗位的质量责任制度，提高工人的操作技术水平。

⑤ 加强关键过程控制，配料工序必须专人按标准规范进行操作，严把产品输入关。

⑥ 了解生产的要求，制订采购计划，抓好原料库管理。

⑦ 负责车间设备管理工作，定期检查生产设备保养清洗消毒记录。

6.4 记录与文件管理

6.4.1 记录管理

1. 目的

对记录进行控制和管理，为证明产品质量符合规定的程度及质量管理体系有效运行提供证据，以及在追溯要求场合和采取纠正、预防措施时提供依据，达到持续改进。

2. 范围

适用于管理体系运行记录，以及有关供方的记录。

3. 职责

办公室是各车间记录的归口部门。

① 质检部负责编制记录的控制办法并指导各部门的实施，负责内审的记录和管理评审方面以及把控质量方面的记录。

② 办公室负责主体运行以及人员管理方面记录，并监督各部门的实施。

③ 质检部负责检验记录的实施及审核，并负责各部门记录的审核。

④ 生产部负责生产方面记录（投料记录、管控记录、清洗消毒记录等)，各车间负责各自生产过程的记录，由车间负责人抽查及审核。

⑤ 供销部负责供方的评审，原料库、生产车间、产品库负责采购品的记录。

⑥ 供销部负责建立用户档案，成品库负责发出成品的记录。

4. 工作程序

（1）记录的分类

① 管理体系的检查记录包括：质量记录、管理记录。

② 文件管理记录包括：文件控制中的各类文件的审批发放和更改记录。

③ 产品记录包括：进货、过程和成品验证记录。

（2）记录的要求

① 填写记录，必须字迹清楚，内容完整，不允许涂改，如需修改可采用划改方式，保证被划改处清晰可见。

② 记录填写人必须本人签名，记录中的规定审核者，由本人签名。

（3）记录的收集、归档和保管　记录由各部门负责人指定专人收集保管，按记录的类别、形式、时间装订成册。

① 化验室的检验报告和原始记录装订，由化验室人员保管；

② 操作人员的操作记录，由部门负责人收集保管；

③ 设备维修记录，由维修人员收集保管；

④ 监视与测量装置、送检记录由质检部保管；

⑤ 供方资料由供销部保管；

⑥ 文件更改记录，归办公室保管；

⑦ 记录的保管应保证完整，标识准确，卷面整洁，便于查阅；

⑧ 各种记录应妥善保管，贮存环境确保记录不损坏、不丢失。

（4）记录格式的更改　必须按《文件管理制度》由归口部门填写修改申请经审批批准后，才能更改。

（5）记录的保管　一般保管三年，超期记录按《文件管理制度》，由专人填写“文件销毁申请表”，经部门负责人批准后，监销人在场才能销毁。

5. 管理要求

① 应建立记录制度，对食品生产中采购、加工、贮存、检验、销售等环节详细记录。记录内容应完整、真实，确保对产品从原料采购到产品销售的所有环节都可进行有效追溯。

② 应如实记录食品原料、食品添加剂和食品包装材料等食品相关产品的名称、规格、数量、供货者名称及联系方式、进货日期等内容。

③ 应如实记录食品的加工过程（包括工艺参数、环境监测等）、产品贮存情况及产品的检验批号、检验日期、检验人员、检验方法、检验结果等内容。

④ 应如实记录出厂产品的名称、规格、数量、生产日期、生产批号、购货者名称及联系方式、检验合格单、销售日期等内容。

⑤ 应如实记录发生召回的食品名称、批次、规格、数量、发生召回的原因及后续整改方案等内容。

⑥ 食品原料、食品添加剂和食品包装材料等食品相关产品进货查验记录、食品出厂检验记录应由记录和审核人员复核签名，记录内容应完整。保存期限不得少于2年。

⑦ 应建立客户投诉处理机制。对客户提出的书面或口头意见、投诉，企业相关管理部门应做记录并查找原因，妥善处理。

6.4.2 文件管理

1. 目的

为了更好控制与管理体系有关的各种文件，确保对质量有影响的各种场合所使用的文件为有效版本。

2. 范围

适用于与管理体系有关的所有文件。

3. 职责

① 办公室负责体系文件和技术文件的编号、登记、发放、更改、回收、保存和销毁。

② 各部门负责人负责本部门文件的管理和编写。

4. 工作程序

(1) 文件分类

① 体系文件，主要包括质量手册；

② 技术文件，包括工艺流程图、作业指导书和检验规程、产品标准等；

③ 外来文件，包括国家有关法律、法规、原辅料标准、产品标准等。

(2) 文件的编号　Q/ ××-A-2023。

(3) 文件的编写

① 质量手册由食品安全管理员组织各部门进行编制。

② 工艺流程、作业指导书等生产技术文件由生产部组织编制，检验规程、各部门管理制度等由质检部办公室指导其他部门配合进行编制。

(4) 文件的审批　审核、审批人员把好审核、审批关，审核文件是否正确，是否充分适用，是否相互协调。

① 质量手册、工艺文件由管理者代表审核，法人代表签字批准。

② 技术文件包括外来文件由质检部长审核，管理者代表批准。

③ 其他文件和记录由各部门负责人审核、批准。

(5) 文件的发放

① 文件由文件编写部门负责人决定发放范围，质检部指定专人进行发放。

② 领用文件者必须登记，按份数签名，并写明领用日期。

③ 当文件使用人的文件破损，严重影响使用时，必须向质检部提出申请，并填写“文件销毁申请表”，经发放部门负责人批准，由专人发放新的文件，并收回旧文件进行销毁。

(6) 文件的评审　文件在实施中可能由于各种情况变化发生改变，原文件编制部门应组织相关部门对文件的有效性进行评审，以确定是否需要更改。若修改则按本程序具体条款执行，并再次得到批准。

(7) 文件的更改和处置

① 文件在使用中有不适用情况，发现人可向发放部门反馈，由发放负责人对实用性进行核实，若需修改，说明原因，经原审批人审批后进行更改。

② 当原文件编写人和审批人变动时，现文件编写和审批人必须获得审批所依据的有关背景资料，才能进行。

③ 文件更改批准后，由专人按原文件发放名单进行更改。

④ 当文件更改内容较少，在文件上直接划改，在需更改的内容首尾划上“ ”，在旁边注明更改的内容，并加盖更改章。

⑤ 当文件经多次修改或大幅度更改，经审批人批准，由专人进行文件换页换版，同时收回原文件。换页时要在更改的相应页码标明更改的次数（1，2，3……）；换版时，在相应的文件封面注明（二版，三版，四版……）。

⑥ 旧文件作废，由专人填写申请经部门负责人批准，由监销人（办公室主任）在场进行销毁。

⑦ 当作废文件需要保留，由保留部门或人员填写保留申请，经部门负责人批准，加盖作废章才能留作参考。

（8）文件的保管

① 各部门文件指定专人保管。

② 外来文件加盖“受控文件”章进行标识、登记，才能归档。

5. 管理要求

① 应建立文件的管理制度，对文件进行有效管理，确保各相关场所使用的文件均为有效版本。

② 鼓励采用先进技术手段（如电子计算机信息系统），进行记录和文件管理。

③ 为使公司的文件管理工作实现规范化、制度化、科学化，提高办文速度和发文质量，充分发挥文件在各项工作中的指导作用，特制定本规定。

④ 文件管理的范围包括：上级下发文件、公司各类制度文件、外部传真文件、政策指导类文件、各类合同文件等；本规定中，公文指公司内外部发文文件，具有法定效力。

⑤ 公文管理指公文的办理、管理、整理立卷、归档等一系列相互关联、衔接有序的工作。公文管理应当坚持实事求是、精简、高效的原则，做到及时、准确、安全，必须严格执行国家保密法律、法规和其他有关规定。

第 7 章

食品生产许可证的监督检查

7.1 食品生产许可证的组成

食品生产许可证包含的信息：食品生产许可证由正本、副本、明细表组成，其中正本和副本上注明了生产者名称、统一社会信用代码、法定代表人、住所、生产地址、食品类别、许可证编号、有效日期、日常监督管理机构、日常监督管理人员、发证机关、发证日期和二维码等，品种明细表上注明了食品的类别，具体类别的编号和名称，及具体品种明细等（图 7-1）。

食品生产许可证编号的组成：由 SC（“生产”的汉语拼音字母缩写）和 14 位阿拉伯数字组成。数字从左至右依次为：3 位食品类别编码、2 位省（自治区、直辖市）代码、2 位市（地）代码、2 位县（区）代码、4 位顺序码、1 位校验码。

示例：

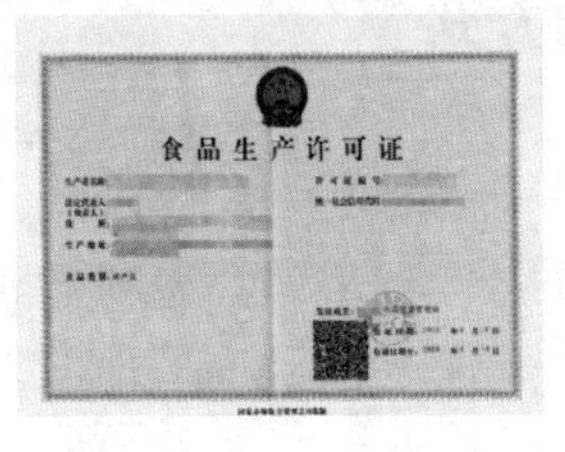
食品生产许可证

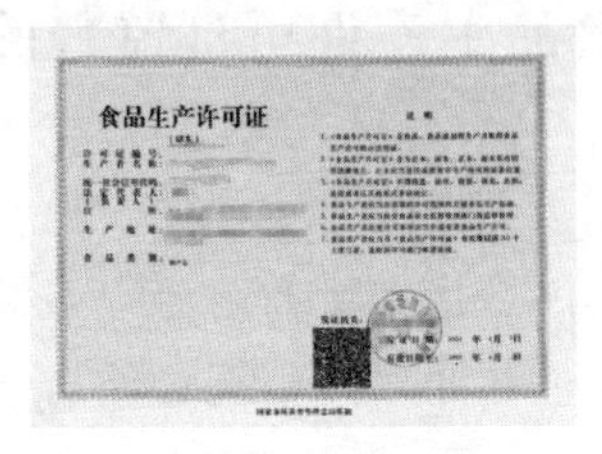
食品生产许可证

图 7-1

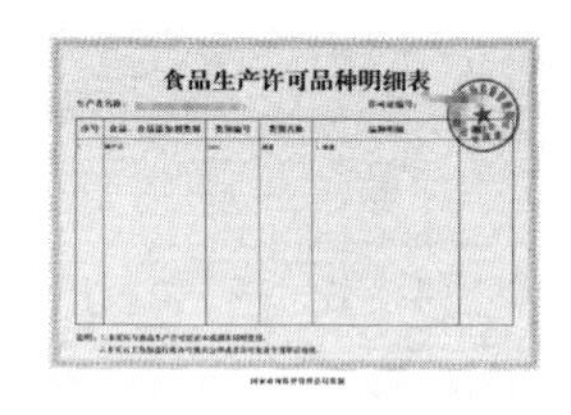
食品生产许可品种明细表

图 7-1　食品生产许可证

7.2　食品生产许可证的监督机关

食品生产许可证由县级以上地方人民政府市场监督管理部门颁发，由市场监督管理局食品生产科进行监督管理。

7.3　食品生产许可证监督的目的和意义

食品生产许可证的监督管理一是能保障群众身体健康和安全，让更多的人买得大胆、吃得放心，有利于维护社会稳定。二是促进经济发展。坚持预防为主，有针对性地确定食品的生产、销售等各个环节，打击违法行为，规范食品生产经营者行为，重塑市场信心，有利于促进经济发展。三是提高国民身心健康水平。对食品生产许可证的监督完整覆盖食品生产、流通各个环节，保障食品的安全，为消费环境营造良好的条件，从而让整个社会的人群身心健康、稳定。

7.4　食品生产许可证监督的方式

1. 日常现场监督检查

释义：是指市场监督管理局对获证企业日常展开监督、排查，根据每家企业的实际情况，结合《食品安全法》的相关要求，对企业进行监督指导、对不按食品要求生产的企业责令整改，情节严重者对其进行罚款或吊销食品生产许可证的一系列行为。

目的和意义：对食品生产经营者的监督检查是法律赋予食品安全监管工作的重要职责，是确保对已获证企业始终保持不低于发证条件的监管手段之一。尽管《食品安全法》明确食品生产经营者是食品安全的第一责任人，但历年来，仍有不少食品生产经营企业以营利目的为主，不重视或不能很好地履行主体责任，造成食品安全事件仍时有发生，因此加强监督检查、督促企业落实主体责任、减少违规违法行为，能起到很好的预防为主的目的。

2. 飞行检查

释义：食品生产许可证监督中的飞行检查是指市场监督管理部门针对获得生产许可证的食品生产者依法开展的不预先告知的有因监督检查。即一般采用不发通知、不打招呼、不透露检查信息、不听一般性汇报、不安排接待与直奔基层、直插现场的工作方式。

目的和意义：①食品生产许可证监督中的飞行检查具有突出性和针对性。飞行检查的主要目的是了解和掌握辖区食品生产企业真实情况，有效防控食品安全风险。发现不符合食品安全要求的，督促企业立即整改；发现有发生食品安全事故潜在风险的，立即停止食品生产经营活动，消除安全隐患。②更加突出系统性。飞行检查也是掌握属地落实食品获证企业监管责任真实情况的重要途径，及时发现影响推进的短板问题，督促辖区落实属地监管责任。③更加突出有效性。督促获证企业按照国家市场监督管理总局的要求严把生产关，加强对原料和辅料的采购验收，加强对生产环节中添加剂滥用的监督，加强对食品生产企业的包装、周转容器或其他输送管道的监督，禁止使用变质原辅料和其他“三无”产品，避免超量、超范围使用添加剂，防止塑化剂、重金属等其他有害于人体物质进入食品。

3. 专项检查

释义：食品生产许可证的专项检查指的区县市场监督管理局为规范食品生产许可相关工作，针对市场上近期出现的食品安全风险或事故，有针对性对获证企业展开专项检查，如：塑化剂、三聚氰胺、地沟油、酱腌菜生产的不卫生操作、香辛料重金属超标、委托加工、标签标识、超范围生产食品、滥用添加剂等。

目的和意义：专项监督检查的目的和意义如下。①专项监督检查能提高食品安全质量。可以及时发现不符合相关标准、劣质的食品，并对其进行有效剔除，避免伪劣产品出现在市场中，对食品安全质量具有重要的保障作用。②规范食品生产环境。可以及时对不合格、劣质的产品进行查处，惩罚生产劣质食品的商家，让更多消费人群以及食品生产商了解到食品安全的重要性。③提升市场监管力度。有助于找到食品生产的源头，从根本上消除假冒伪劣产品以及食品安全不达标的产品，为提高市场监管力度提供重要的依据。

4. 对获证企业不定期抽检

释义：对获证企业不定期抽检，是指市场监督管理局委托有检验资质的第三方检验机构，以科学合理的方法对市场上的产品进行抽样，或在企业不知情的情况下对库房或市场中的产品进行抽样，然后对抽样的产品进行检验。

目的和意义：俗话说“民以食为天”，在任何一个国家、任何一个时期，食品始终是人们赖以生存的关键。随着人们生活水平的不断提高，食品质量与安全已经成为影响人民群众生活满意度的直接因素，这也为我国食品监督管理工作提出了新的要求。食品抽样检验是通过科学合理的数学抽样方法，将不同类型、不同数量的食品进行有选择地提取和检验过程。由于食品数量巨大，使得对每个产品都进行检验是无法实现的，而合理的抽样则可以在保证检验覆盖性的前提下，极大降低食品检验的工作量。目前的食品抽样检验是通过检验指标对食品质量和外包装两方面进行判断。食品质量的检验主要是通过抽样的样品的各项质量标准是否达到食品要求，从而推断该批产品的质量水平。而对于食品外包装的抽样检验，主要是对食品外包装的生产日期、厂址厂名、原料配料、产品标号等相关信息进行检验，从而保证食品食用者能够熟知食品相关信息。食品抽样检验是现代化食品监督管理中的重要内容，在我国食品管理中占有非常重要的地位。通过对抽样检验工作的规范化管理，能够极大提高我国食品抽样检验工作的有效性。

7.5 食品生产许可证监督的内容

7.5.1 日常监督检查

具体内容如下。

① 查经营资格，看食品经营者证照是否齐全，期限是否有效，是否按要求悬挂，是否出租出借证照，是否超范围经营，是否具备食品从业人员的健康证明；查建立并执行进货查验和记录制度，看食品经营者进货时是否履行了检查验收责任，是否索取了供货方相关证照、发货票等相关证明材料；查经销食品，看是否有质量合格证明、检验检疫证明，是否掺杂掺假、以假充真、以次充好、以不合格食品冒充合格食品，是否经销国家明令淘汰、失效、变质的食品，是否建立食品退市制度。

② 查包装标识，看食品标识内容是否真实，是否有产品名称、厂名、厂址，是否标明食品主要成分和含量，是否标明生产日期和有效期限等国家规定必须标明的内容。

③ 查商标广告，看食品商标是否有侵权和违法使用行为，食品广告是否含有虚假宣传和误导消费的内容。

④ 查市场开办者（包括柜台出租者、展销会举办者）责任，看食品市场开办者是否建立并落实食品安全管理制度和责任制度，是否认真履行法定责任义务。

⑤ 查食品贮存，看经营者经营环境、条件是否符合相关规定，是否及时清理超期变质食品。

7.5.2 食品市场巡查要求

① 必须两人以上着装亮证依法巡查。

② 对巡查中发现的问题应及时纠正和处理，如遇重大问题要及时向上一级机关报告；需要查处的，要依法予以查处，并将相关情况录入经济户口。

③ 按照经营者自律和诚信经营情况，组织开展经常性市场巡

查，重大节日期间要相应增加巡查次数。

④ 积极创新巡查方式方法，采取随机抽取经营者经营的食品进行“倒查”的办法，检查其落实查验记录义务和建立执行自律制度情况。

7.5.3 飞行检查

食品及食品添加剂飞行检查项目共 54 项。其中食品通用检查项目共 51 项，重点项（*）21 项，一般项 30 项。食品添加剂通用检查项目共 54 项，重点项（*）22 项，一般项 32 项，具体表格见表 7-1。

表 7-1 检查项目

检查项目	项目序号	检查内容
1. 生产环境条件	1.1	厂区无扬尘、无积水，厂区、车间卫生整洁
	*1.2	厂区、车间与有毒、有害场所及其他污染源保持规定的距离
	*1.3	卫生间应保持清洁，应设置洗手设施，不与食品生产、包装或贮存等区域直接连通
	1.4	有更衣、洗手、干手、消毒设备、设施，满足正常使用
	1.5	通风、防尘、照明、存放垃圾和废弃物等设备、设施正常运行
	1.6	车间内使用的洗涤剂、消毒剂等化学品应与原料、半成品、成品、包装材料等分隔放置，并有相应的使用记录
	1.7	定期检查防鼠、防蝇、防虫害装置的使用情况并有相应检查记录，生产场所无虫害迹象
2. 进货查验结果 注：①检查原辅料仓库；②原辅料品种随机抽查，不足 2 种的全部检查	*2.1	查验食品原辅料、食品添加剂、食品相关产品供货者的许可证、产品合格证明文件；供货者无法提供有效合格证明文件的食品原料，有检验记录
	*2.2	进货查验记录及证明材料真实、完整，记录和凭证保存期限不少于产品保质期期满后六个月，没有明确保质期的，保存期限不少于二年
	2.3	建立和保存食品原辅料、食品添加剂、食品相关产品的贮存、保管记录和领用出库记录

续表

检查项目	项目序号	检查内容
3. 生产过程控制 注:在成品库至少抽取2批次产品,按生产日期或批号追溯生产过程记录及控制的全部检查,专供特定人群的产品至少抽查1个产品	3.1	有食品安全自查制度文件,定期对食品安全状况进行自查并记录和处置
	*3.2	使用的原辅料、食品添加剂、食品相关产品的品种与索证索票、进货查验记录内容一致
	*3.3	建立和保存生产投料记录,包括投料种类、品名、生产日期或批号、使用数量等
	*3.4	未发现使用非食品原料、回收食品、食品添加剂以外的化学物质、超过保质期的食品原料和食品添加剂生产食品
	*3.5	未发现超范围、超限量使用食品添加剂的情况
	3.6	生产或使用的新食品原料,限定于国务院卫生行政部门公告的新食品原料范围内
	*3.7	未发现使用药品、仅用于保健食品的原料生产食品
	*3.8	生产记录中的生产工艺和参数与企业申请许可时提供的工艺流程一致
	*3.9	建立和保存生产加工过程关键控制点的控制情况记录
	3.10	生产现场未发现人流、物流交叉污染
	3.11	未发现原辅料、半成品与直接入口食品交叉污染
	3.12	有温、湿度等生产环境监测要求的,定期进行监测并记录
	3.13	生产设备、设施定期维护保养并做好记录
	*3.14	未发现标注虚假生产日期或批号的情况
	3.15	工作人员穿戴工作衣帽,生产车间内未发现与生产无关的个人或者其他与生产不相关物品,员工洗手消毒后进入生产车间
4. 产品检验结果 注:采取抽查方式	4.1	企业自检的,应具备与所检项目适应的检验室和检验能力,有检验相关设备及化学试剂,检验仪器设备按期检定
	4.2	不能自检的,应当委托有资质的检验机构进行检验
	*4.3	有与生产产品相适应的食品安全标准文本,按照食品安全标准规定进行检验
	*4.4	建立和保存原始检验数据和检验报告记录,检验记录真实、完整
	4.5	按规定时限保存检验留存样品并记录留样情况

续表

检查项目	项目序号	检查内容
5. 贮存及交付控制 注：采取抽查方式，有冷链要求的产品必须检查冷链情况	*5.1	原辅料的贮存有专人管理，贮存条件符合要求
	*5.2	食品添加剂应当专门贮存，明显标示，专人管理
	5.3	不合格品应在划定区域存放
	5.4	根据产品特点建立和执行相适应的贮存、运输及交付控制制度和记录
	5.5	仓库温湿度应符合要求
	5.6	生产的产品在许可范围内
	5.7	有销售台账，台账记录真实、完整
	5.8	销售台账如实记录食品的名称、规格、数量、生产日期或者生产批号、检验合格证明、销售日期以及购货者名称、地址、联系方式等内容
6. 不合格品管理和食品召回 注：采取抽查方式	6.1	建立和保存不合格品的处置记录，不合格品的批次、数量应与记录一致
	*6.2	实施不安全食品的召回，有召回计划、公告等相应记录
	*6.3	召回食品有处置记录
	6.4	未发现使用召回食品重新加工食品情况（对因标签存在瑕疵实施召回的除外）
7. 从业人员管理	7.1	有食品安全管理人员、检验人员、负责人
	7.2	有食品安全管理人员、检验人员、负责人培训和考核记录
	*7.3	未发现聘用禁止从事食品安全管理的人员
	7.4	企业负责人在企业内部制度制定、过程控制、安全培训、安全检查以及食品安全事件或事故调查等环节履行了岗位职责并有记录
	*7.5	建立从业人员健康管理制度，直接接触食品人员有健康证明，符合相关规定
	7.6	有从业人员食品安全知识培训制度，并有相关培训记录
8. 食品安全事故处置	8.1	有定期排查食品安全风险隐患的记录
	8.2	有按照食品安全应急预案定期演练、落实食品安全防范措施的记录
	*8.3	发生食品安全事故的，有处置食品安全事故记录

续表

检查项目	项目序号	检查内容
9. 食品添加剂生产者管理	*9.1	原料和生产工艺符合产品标准规定
	9.2	复配食品添加剂配方发生变化的，按规定报告
	9.3	食品添加剂产品标签载明“食品添加剂”，并标明贮存条件、生产者名称和地址、食品添加剂的使用范围、用量和使用方法

注：1. 表中打*号的为重点项，其他为一般项。

2. 每次检查抽查重点项不少于10个，总检查项目不少于20个。

3. 对食品添加剂生产者每次检查，还需检查第9项，对食品生产者的检查不需检查第9项。

4. 如果检查项目存在合理缺项，该项无需勾选“是或否”，并在备注中说明，不计入不符合项数。

7.5.4 专项检查

市场监督管理局对获证企业进行不定期的专项检查，根据市场上的食品安全风险信息，有针对性地对相关企业进行专项检查，其中专项检查的内容如下。

① 营业执照、食品生产许可证是否有效，企业名称是否一致。

② 实际生产方式和范围与食品生产许可证证书内容是否一致。

③ 采购食品原料、食品添加剂、食品相关产品索证，进货查验记录保存期限不少于二年。

④ 建立和保存食品原辅料、食品添加剂、食品相关产品的贮存、保管记录和领用出库记录。

⑤ 厂区无扬尘、无积水，厂区、生产车间卫生整洁。

⑥ 是否有更衣、换鞋、洗手、干手、消毒设备、设施，满足正常使用。

⑦ 生产场所防蝇、防鼠、防虫设施完善，生产场所无虫害迹象。

⑧ 是否有生产加工过程中关键控制点的控制记录。

⑨ 生产设备、设施定期清洗消毒、维护保养并做好记录。

⑩ 生产现场是否有人流、物流交叉污染情况。

⑪ 是否有完善的投料记录。

⑫ 原辅料、半成品与直接入口食品没有交叉污染。

⑬ 现场人员卫生防护是否符合相关要求。

⑭ 是否有与出厂检验项目相关设备及化学试剂，检验仪器设备按期检定。

⑮ 检验员能独自完成出厂检验指标的实验并持证上岗。

⑯ 每批产品有原始检验数据和检验报告记录，检验记录真实、完整。

⑰ 按规定时限保存检验留存样品并记录留样情况。

⑱ 有不合格品存放专用区域。

⑲ 有不合格品的处置记录。

⑳ 对于召回食品有处置记录。

㉑ 标签是否有名称、规格、净含量、生产日期、保质期、配料表、生产者的名称、地址、联系方式、产品标准代号、贮存条件、生产许可证编号。

㉒ 营养标签标注。

㉓ 原辅料及成品储存应离地、离墙存放，食品添加剂应当专库或专柜贮存。仓库温湿度应符合要求。

㉔ 是否有销售台账，如实记录食品名称、规格、数量、生产日期、检验合格证明、销售日期以及购货者名称、地址、联系方式等内容。

㉕ 是否有食品安全管理人员、检验人员、负责人，建立培训和考核记录。

㉖ 是否建立从业人员健康管理制度，直接接触食品人员有健康证明。

㉗ 是否建立从业人员食品安全知识培训制度，并有相关培训记录。

㉘ 是否制定食品安全事故处置方案。

㉙ 是否有定期排查食品安全风险隐患的记录。

㉚ 发生食品安全事故的，是否有处置食品安全事故记录。

专项检查时一般采用“倒查”的方式来进行检查，如到库房或市场随机抽取一袋产品，对相关的培训记录（人员培训计划、人员培训内容、人员培训反馈、健康证归档等）、供货记录（进货台账、进货验证记录、销售记录等）、生产记录（投料记录、关键控制点记录、产品生产记录、设备设施清洗维护保养记录等）、检验记录（留样记录、检验原始记录、出厂检验报告、自查记录、月调度、周排查、日管控记录等）进行检查。专项检查现场时重心一般针对市场出现风险的环节上，如 2022 年“3·15”打假老坛“土坑酸菜”，湖南插旗菜业有限公司生产的土坑酸菜是指在土坑中腌制的老坛酸菜包。每年初春芥菜成熟的时候，在菜地旁边有一个大坑，工人将从地里拉过来的芥菜倒到土坑里。这些芥菜并不清洗，有些甚至带着枯萎发黄的叶子，放置好后，加水、盐等，用薄膜包上，盖上土直接腌制。但工人穿着拖鞋，或者光着脚，在酸菜上踩来踩去，有的甚至一边抽烟一边干活，抽完的烟头直接扔到酸菜上，在插旗菜业车间里，大批的酸芥菜被直接卸在地上，有的袋子已经开裂，酸菜直接落在地面上。这一系列不符合食品卫生的操作在网上曝光后，让广大市民忧心忡忡。为了杜绝此类事件，市场监督管理局成立专项检查小组，对自己管辖的区域酱腌菜企业进行专项检查。检查的重心放在工人的操作环节、机器设备的清洗消毒以及相关管理制度上。

7.5.5 市场不定期抽样检验

市场监督管理局每年会对企业进行 1～2 次的产品抽检，具体抽检内容如下。

抽样工作分为常规抽样和简易抽样，常规抽样是指抽检中需要完整程序的抽样工作，分为现场抽样和网络抽样。简易抽样是指抽样员简化抽样程序，通过模拟普通消费者日常购买行为的方式进行的抽样工作。

抽样原则：抽样工作不得预先通知被抽检监测食品生产经营者（包括进口商品在中国依法登记注册的代理商、进口商或经销商，以下简称被抽样单位）。抽样人员应不少于两人，抽样人员与检验人员不得为同一人。应采用随机抽样原则进行抽样，确保抽取的样品具有代表性和典型性。

常规抽样工作流程，现场抽样前应预先制定抽样方案，在承担抽检任务时，抽样单位应依据《食品安全监督抽检和风险监测工作规范》《食品安全监督抽检实施细则》以及组织抽检的食品安全监管部门下达的计划制定详细的抽样方案。抽样方案应包括抽样地区、抽样环节、拟抽食品类别、抽样数量、样品运输等内容。之后再对抽样人员进行确定，承担抽样任务的抽样人员应经过培训，做好培训记录，取得相应抽样员证才能上岗。在抽样时，物资应准备充足：如抽样员证、抽检任务委托书、抽样单、告知书、反馈单、现场抽样记录、收款收据、封条、简易抽检信息表、温度记录表、用于支付购买样品费用。

样品抽取：抽样人员应着规定服装，须主动向被抽样单位出示注明抽检内容的告知书和抽样员证。向被抽样单位告知抽检目的和性质、抽检食品品种、异议处理以及应有的权利和义务等相关信息。其次抽样人员应要求被抽样单位提供单位营业执照、食品生产许可证或食品经营许可证等相关法定资质证件。在确认被抽样单位合法生产经营后，拟抽取的食品需属于被抽样单位法定资质允许生产经营的类别。如发现被抽样单位存在无相关法定资质或超许可范围生产经营等行为的，应立即停止抽样。在风险监测中的抽样中，不受抽样数量、抽样地点、被抽样单位是否具备合法资质等限制。

随机抽样：至少应有两名抽样人员从符合要求的抽样地点中现场随机抽取，样品不得由被抽样单位自行抽取。抽取的样品类别、数量、状态和保质期等应达到抽样方案规定的要求。但在以下情况下不予抽样：

① 食品标签、包装、说明书标有“试制”或者“样品”等字样的；

② 有充分证据证明拟抽检监测的食品为被抽样单位全部用于出口的；

③ 食品已经由食品生产经营者自行停止经营并单独存放、明确标注进行封存待处置的；

④ 超过保质期或已腐败变质的；

⑤ 被抽样单位存在明显不符合有关法律法规和部门规章要求情形的；

⑥ 法律、法规和规章规定的其他情形。

预包装食品抽样方法：预包装食品应抽取在保质期内、包装完好的产品且应具有标识信息。生产环节抽样时，在企业成品仓库抽取近期生产的同一批次待销产品的不同部位大包装，再分别取出相应的独立包装样品，所抽样品分为两份，一份作为检验样品，另一份作为复检备份样品；流通环节抽样时，在货架、柜台、库房抽取同一批次待销产品；餐饮环节抽样时，可以抽取使用和销售的产品。散装食品的抽样样品应装于被抽检单位用于销售的包装或清洁、卫生的容器中。若容器可能影响分析结果，则需要配备专门的容器。散装食品和大包装食品应预先对容器内食品充分混合，然后从不同部位抽取，混合成待检样品。固体样品要从盛放样品容器或包装袋的上、中、下不同的部位多点采集，混合后按四分法对角采样，再进行混合，最后取代表性样品放入容器中。半固体样品要从盛放样品的包装内用采样器分上、中、下三层分别取出检样，检查样品的感官性状，有无异味、发霉，然后将样品混合均匀。液体样品应充分混匀后采集需要的样品量。样品一经抽取，抽样人员应在被抽样单位人员面前以妥善的方式进行封样，并贴上抽样单位盖章的封条，以防止样品被擅自拆封、动用及调换，保证拆封后不能恢复原来的封样状态。封条上应由被抽样单位和抽样人员双方签字或盖章确认，注明抽样日期、抽样单编号。现场封样时注意封条的完整性，不得破损，封条上的签名和盖章（或手印）应清楚易辨认。所抽样品分为检验样品和复检备份样品，均应单独封样存放于承检机构。抽样人员应当使用规定的抽样单，详细完整记录抽样信息。抽样文书应字迹工整、清楚，容易辨认，不得随意更改。如需要更改信息应当采用杠改方式，并由被抽样单位经手人签字或盖章确认。抽样单填写完毕后，应由抽样人员及被抽检单位有关负责人（或委托人）共同签名，并盖章。对被抽检单位无法提供相应合法印章的可加印手印并签字确认。抽样人员可通过拍照或录像等方式对被抽样品状态、食品库存及其他可能影响抽检监测结果的情形进行现场信息采集。现场采集的信息应包括：

① 被抽样单位外观照片，若被抽样单位悬挂厂牌的，应包含在照片内；

② 被抽样单位营业执照、许可证等法定资质证书复印件或照片；

③ 抽样人员从样品堆中取样照片，应包含有抽样人员和样品堆信息（可大致反映抽样基数）；

④ 从不同部位抽取的含有外包装的样品照片；

⑤ 封样完毕后，所封样品码放整齐后的外观照片和封条近照，有特殊贮运要求的样品应当同时包含样品采取防护措施的照片；

⑥ 同时包含所封样品、抽样人员和被抽样单位人员的照片；

⑦ 填写完毕的抽样单、购物票据等放在一起的照片；

⑧ 其他需要采集的信息。样品一经抽取，两名抽样人员应以妥善的方式进行封样，并贴上抽样单位盖章的封条，以防止样品被擅自拆封、动用及调换。封条上应由两名抽样人员签字确认，注明抽样日期、抽样单编号。现场封样时注意封条的完整性，不得破损，封条上的签名和盖章（或手印）应清楚易辨认。应将样品分为检验样品和复检备份样品，均应单独封样存放于承检机构。封样过程应进行信息采集，宜采用摄像或拍照的形式。

7.6 对食品获证企业监督检查后的处理方式

7.6.1 日常现场监督检查与飞行检查不合格的处理方式

监督检查结果公示。市、县级市场监督管理部门应当于日常监督检查结束后 2 个工作日内，向社会公开日常监督检查时间、检查结果和检查人员姓名信息，并在生产经营场所醒目位置张贴日常监督检查结果记录表。食品生产经营者应当将张贴的日常监督检查结果记录表保持至下次日常监督检查。若食品生产企业未按要求进行公示、撕毁、涂改日常监督检查结果记录表，或者未保持日常监督检查结果记录表至下次日常监督检查的，由市、县级市场监督管理部门责令改正，给予警告，并处2000元以上30000元以下罚款。

一般问题整改。对日常监督检查结果属于基本符合的食品生产经营者，市、县级市场监督管理部门应当就监督检查中发现的问题书面提出限期整改要求。被检查单位应当按期进行整改，并将整改情况报告（企业附整改前后的照片）交到市场监督管理部门。监督检查人员可以跟踪整改情况，并记录整改结果。若到期限后未整改到位或未将整改报告交到市场监督管理部门处，市场监督管理部门有权对企业进行停产处理，严重者收回食品生产许可证。整改报告模板如表7-2所示。

表7-2 整改报告模板

<table>
<tr><td colspan="3">××公司××检查整改报告</td></tr>
<tr><td colspan="3">××市场监督管理局：
根据《食品生产许可管理办法》《食品生产许可审查通则》规定，××检查组对我公司进行了全面深入细致的现场检查，并针对企业存在的不足提出了×项宝贵整改意见。公司领导高度重视此次食品生产企业现场检查工作，按照检查结果及意见，认真分析原因，制定整改措施，责成专人负责整改工作，并监督落实到位。现将企业整改情况汇报如下：</td></tr>
<tr><td colspan="3">食品、食品添加剂生产企业××现场检查问题整改项自查表</td></tr>
<tr><td colspan="2">××现场检查日期：</td><td>整改完成日期：</td></tr>
<tr><td>序号</td><td>问题整改项</td><td>整改落实情况</td></tr>
<tr><td>1.2.2</td><td>现场缺废弃物存放设施标志</td><td>已增加废弃物存放设施标志</td></tr>
<tr><td colspan="3">申请人签名(盖章)：

年 月 日

监管所验证人员签名：

年 月 日</td></tr>
</table>

续表

1.2.2　现场缺废弃物存放设施标志
整改前： 
整改措施：已增加废弃物存放设施标志
整改后： 

食品安全隐患处置。日常监督检查结果为不符合，有发生食品安全事故潜在风险的，食品生产经营者应当立即停止食品生产经营活动。市、县级市场监督管理部门在日常监督检查中发现食品生产经营者存在食品安全隐患，未及时采取有效措施消除的，可以对食品生产经营者的法定代表人或者主要负责人进行责任约谈。责任约谈情况和整改情况应当记入食品生产经营者食品安全信用档案。若在检查的途中拒绝、阻挠、干涉有关部门、机构及其工作人员依法

开展食品安全监督检查、事故调查处理、风险监测和风险评估，由有关主管部门按照各自职责分工责令停产停业，并处二千元以上五万元以下罚款，情节严重的，吊销许可证；构成违反治安管理行为的，由公安机关依法给予治安管理处罚。

立案查处。市、县级市场监督管理部门在日常监督检查中发现食品安全违法行为的，应当进行立案调查处理。立案调查制作的笔录，以及拍照、录像等证据保全措施，应当符合食品药品行政处罚程序相关规定。

7.6.2 市场抽检不合格的处理方式

食品生产经营者收到监督抽检不合格检验结论后，应当立即采取封存库存问题食品，暂停生产、销售和使用问题食品，召回问题食品等措施控制食品安全风险；排查问题发生的原因并进行整改，及时向住所地市场监督管理部门报告相关处理情况，食品生产经营者不按规定及时履行前款规定义务的，市场监督管理部门应当责令其履行。食品生产经营者在申请复检期间和真实性异议审核期间，不得停止上述义务的履行。

市场监督管理部门收到监督抽检不合格检验结论后，应当及时对不合格食品及其生产经营者进行调查处理，督促食品生产经营者履行法定义务，并将相关情况记入食品生产经营者食品安全信用档案。必要时，上级市场监督管理部门可以直接组织调查。

食品药品监督管理部门责令采取的封存库存问题食品，暂停生产、销售和使用问题食品，召回问题食品等措施；食品生产经营者拒绝履行或者拖延履行的，由市场监督管理部门根据情节依法单处或者并处警告，处3万元以下罚款。

7.7 食品生产许可证日常管理要求

食品生产许可证分为正本和副本，证书及其副页、生产许可证编号和标志均属企业获得食品生产许可的标识，其编号规则和标志样式由国家市场监督管理总局统一规定。企业应当在其食品或者其包装上标注食品生产许可证编号和标志，没有食品生产许可证编号和标志的，不得出厂销售。企业不能出租、出借或者以其他形式转让食品生产许可证书和编号。更不能伪造、编造食品生产许可证书、食品生产许可证编号和食品生产许可证标志。企业只能在食品生产许可的品种范围内从事食品生产活动，不能在超出许可的品种范围生产食品。

企业应当妥善保管食品生产许可证书，做到防潮、防晒，建议在生产场所显著位置予以悬挂或者摆放。食品生产许可证有效期为五年。有效期届满，取得食品生产许可证的企业需要继续生产的，应当在食品生产许可证有效期届满六个月前，向原许可机关提出换证申请。若食品生产许可证书遗失或者损毁，企业应当及时在省级以上媒体声明，并及时申请补办。具体遗失声明格式见图 7-2。

遗失声明

×××公司不慎，将食品生产许可证（编号：×××）丢失，声明作废。特此声明！

×××公司

××年××月××日

图 7-2　遗失声明

下面介绍登报的具体流程。

① 打开支付宝，搜索“跑政通”，点击进入小程序；

② 在跑政通页面，点击进入“自助登报”，切换到您所在的城市，点击“进入登报”，进到自助登报页面；

③ 在自助登报页面，搜索或选择您要登报的证件类型；

④ 选择好登报的证件类型后，进入到登报内容填写页面，在此页面按照格式填写您的登报内容，点击“选择报纸”后，可以选择想要登报的报纸类型，在选完报纸后，再次点击“选择报纸”，页面下滑到收件人信息的填写，按照要求进行填写，就可以收到邮寄的报纸了。

第8章 食品生产许可案例指引

随着社会经济的快速发展和人们生活质量的不断提高，对食品安全的需求越来越强烈。食品生产许可是确保食品安全，保护消费者权益的重要手段。通过食品生产许可，可以保证食品企业从生产环节就满足国家对食品安全的基本要求，为消费者提供健康、安全的食品。本章节将就食品生产许可的案例进行详细的介绍和分析。

食品生产许可是指食品生产企业在生产销售食品前，必须向市场监督管理部门申请，获得食品生产许可证后才能进行生产销售。其目的是通过对食品生产企业的生产条件、生产过程管理等方面进行审查，确保食品生产企业有能力生产出符合食品安全标准的食品，保障食品的安全、合法性。

新办企业许可、变更许可和延续许可是食品生产许可的主要类型。新办企业许可是指新成立的食品生产企业在开展生产活动前，必须申请的许可；变更许可是指已获得食品生产许可证的企业，由于生产地址、生产范围等发生变化，需要进行许可变更；延续许可是指食品生产许可证到期后，企业想要继续生产活动，需要进行的许可。

在食品生产许可的过程中，每一步骤都需要我们细致地审查和准备，任何疏忽都可能影响到最后的许可结果。因此，对于食品生产企业来说，了解和掌握食品生产许可的相关知识和流程是非常重要的。本章将通过具体的案例，为您详细介绍食品生产许可的过程，希望能为您的食品生产许可工作提供参考。

8.1 新办企业案例指引

8.1.1 案例简介

在食品产业中，新办企业的成长之路充满了机遇与挑战。为了帮助新入行的企业更好地理解这个过程，我们将通过一个具体的虚构案例来展示一家新办食品生产企业从筹备、申请生产许可到正式运营的全过程。

这家新成立的公司，我们在此将其称为“新烘焙有限公司”。新烘焙有限公司是一家注册在中国的私营企业，其主营业务是生产和销售各类糕点，包括但不仅限于各种口味的面包、各类丰富创新的蛋糕、口感酥脆的饼干等。新烘焙有限公司不仅在产品种类上丰富多样，更在食品质量和食品安全上有着严格的标准和要求。

作为一家新成立的食品生产公司，新烘焙有限公司对本地市场有着深度的研究和理解，因此选择将其市场定位在满足本地消费者的日常糕点需求。他们深知食品行业的竞争激烈，因此十分注重产品的新鲜度、口感以及营养均衡，从而希望通过提供高质量的糕点，获得消费者的信任和喜爱。

在硬件设备方面，新烘焙有限公司配置有一套完整的糕点生产线，包括专业的烘焙炉、混合机、裹包机等生产设备。他们了解到生产设备的先进性和完备性对保证产品质量的重要性，因此在设备选购和使用维护上投入了大量的精力和资金。

另外，新烘焙有限公司也十分重视食品安全管理，不仅建立了一套包括原料检验、生产过程控制、成品检验等多个环节的食品安全管理制度，还配备了专门的食品安全管理人员，以确保每一个生产环节的安全可控。

新烘焙有限公司是一家专业生产糕点的新办企业，他们凭借对本地市场的深刻理解，以及对食品质量和食品安全的严格把控，正准备向市场发起他们的第一次挑战。然而，想要正式投入生产，他们首先需要取得食品生产许可。接下来，我们将详述新烘焙有限公司在申请食品生产许可过程中的筹备工作、许可流程以及应注意的事项。

8.1.2 生产许可筹备

新企业在申请食品生产许可时，筹备工作是至关重要的一环。这个阶段需要企业细心准备并提交一系列相关的材料。在这个过程中，填写申请表格无疑是一个关键步骤。接下来，我们将会详细介绍食品生产许可流程登记表和区县局食品生产许可受理登记表的填写方法和要点。

1. 食品生产许可流程登记表

食品生产许可流程登记表是向市场监督管理局提交的关键文件之一，它详细记录了企业提交许可申请的基本信息。在填写这个表格时，以下几个部分需要特别关注。

企业基本信息：包括企业名称、注册地址、生产地址、联系方式等信息，需要与营业执照上的信息保持一致。如果企业有多个生产地址，需要列出所有地址。

产品类别和种类：需要列出企业主要生产的食品种类和子类别，以及主要生产设备。这部分信息将被用于评估企业的生产能力和是否满足生产所列产品的要求。

食品安全管理人员：需要提供食品安全管理人员的基本信息，包括姓名、职务、联系方式等。食品安全管理人员应具有一定的专业知识和经验，能有效负责企业的食品安全管理工作。

此外，企业还需要关注填写表格的格式要求，例如，所有的日期需要按照“年/月/日”格式填写，所有的名称需要使用正规的中文全称，等等。

2. 区县局食品生产许可受理登记表

区县局食品生产许可受理登记表是向地方市场监督管理局提交的重要文件，用于登记企业申请食品生产许可的基本信息。在填写这个表格时，以下几个部分需要特别关注。

企业基本信息：与食品生产许可流程登记表一样，企业需要填写企业名称、注册地址、生产地址、联系方式等基本信息。所有信息需要与营业执照上的信息保持一致。

申请类型：企业需要明确自己的申请类型，包括新办许可、变更许可、延续许可等。

申请人或委托代理人信息：需要提供申请人或委托代理人的基本信息，包括姓名、职务、联系方式等。

在填写这两份表格时，需要特别注意的是，所有的信息都需要真实、准确，任何虚假或误导的信息都可能导致许可申请被拒绝。此外，所有的表格都需要按照指定的格式和规定填写，不得随意更改表格的内容和格式。所有的表格都需要企业盖章确认，表明企业对所提供的信息负责。

3. 权限委托相关文件的处理方式

在食品生产许可的申请过程中，如果企业选择委托代理人进行申请，那么需要准备一份合适的授权委托书。授权委托书是一份法律文件，它表明企业已正式授权代理人代表其进行许可申请的所有工作。在委托书中，企业需要明确指出被委托人的姓名、身份证号以及具体的授权范围，例如提交申请文件、接受相关通知等。同时，该文件应由企业法人或负责人签字并加盖公司公章，以确保其合法性和有效性。此外，若授权期限有限，需要明确写明。值得注意的是，一旦授权委托书生效，企业应确保其代理人能准确、及时地履行相关职责，并对其行为负责。

4. 企业和申请人或委托代理人身份验证的重要性及方法

在食品生产许可申请中，企业和申请人或委托代理人的身份核验是至关重要的步骤。身份核验确保了申请的合法性，防止了虚假申请或者滥用企业信息的情况发生。在此过程中，企业需要提供营业执照获取核验记录，申请人或委托代理人则需提供身份核验记录。

对于企业，核验记录主要包括企业的名称、注册地址、法定代表人、注册资本等信息，这些都需要与工商行政管理部门登记的信息一致。提供的营业执照需要扫描或复印，并打印出纸质件。

对于申请人或委托代理人，需要提供与身份证明文件相符的身份信息，包括但不限于姓名、身份证号码等，并确保所提供的信息真实、准确。此外，如果是委托代理人，则需要核验其被委托的合法性，即核验其授权委托书。

5. 食品生产设备、设施和管理制度等准备情况

在食品生产企业申请食品生产许可证时，食品生产设备、设施和管理制度的准备情况是至关重要的。

食品生产设备和设施必须满足食品安全的生产要求。

设备和设施：生产设备应当符合食品安全和卫生要求，不会对食品安全造成危害。设备应当定期维护保养，以保证其良好运转。生产设施包括生产区域、储存区域以及洗涤区等，都应当做好清洁卫生，防止对食品的污染。

生产设备布局：生产设备的布局应当合理，以便于产品的流通以及人员的作业。生产流程应当尽可能避免交叉污染的可能，比如原料处理区和成品处理区应当严格分开。

设备、设施清单：为了便于管理，企业应当有完整的设备、设施清单，包括设备名称、型号、规格、数量、使用状态等信息，并及时更新。

食品安全管理制度的建立是确保食品安全生产的重要环节。

原料供应商管理制度：确保原料的质量安全，需要对供应商进行严格的审核和管理。

生产过程控制制度：包括生产设备的清洁消毒、产品的生产过程控制等，以保证生产过程的安全。

产品检验制度：对产品进行定期的质量检验，包括原料检验、中控检验和出厂检验，确保产品的质量。

食品召回制度：对于已经发现的问题产品，企业应当有完善的召回制度和程序，以减少对消费者的影响。

人员培训制度：企业应当定期对员工进行食品安全知识的培训，提高员工的食品安全意识。

食品生产设备、设施和管理制度的准备情况，是企业申请食品生产许可的重要环节。企业应当充分准备，以便于通过相关的审核和检查。

企业必须提交的其他相关法律法规规定的证明材料（如产业政策等）的说明如下。

食品生产许可的申请过程中，企业需要提交的材料不仅限于基本的企业注册信息和生产设备信息，还包括了其他一些相关的法律法规规定的证明材料。这些材料主要包括产业政策证明、企业标准文本等。

产业政策证明是为了确保企业的生产活动符合国家和地方的产业发展政策。例如，如果企业位于某一特定的经济发展区，可能需要提供该区域的产业政策证明，来表明其生产活动符合该区域的产业发展规划。

企业标准文本是企业自行制定，且已经通过相关部门备案的生产和产品标准。如果企业有执行自己的企业标准，需要提供经过卫生行政部门备案的企业标准文本。这是为了保证企业生产的食品安全质量能达到规定的标准，为消费者提供安全、健康的食品。

这些法律法规规定的材料对于申请成功至关重要，企业需要根据具体情况和规定准备齐全。

6. 提交材料的整理和审核，以确保资料的完整性和准确性

提交的申请材料是企业获取食品生产许可的关键。因此，整理和审核这些材料的完整性和准确性显得非常重要。

在整理材料时，企业应将所有的文档分类清晰，并按照清单准备齐全。每份文件都应有清晰的标题和日期，并在需要时加盖公章。一份清晰、准确的材料清单可以帮助申请者确保所有的文件都已准备就绪。

在审核材料时，除了检查材料的完整性外，还要确认所有信息的准确性。例如，营业执照的号码、企业名称、地址等基本信息，都需要与实际相符。在提交之前，应再次确认每一份文件是否完

整、清晰，并且没有错误。

这个过程需要一些时间和精力，但是却能有效避免因材料问题导致的申请失败，是获取食品生产许可的必经之路。

8.1.3 许可流程

具体许可流程见图 8-1。

图 8-1　具体许可流程

1. 受理申请：包括材料提交、审查、确认

受理申请是食品生产许可流程中的首个阶段，涵盖了材料的提交、审查和确认三个关键步骤。申请者需要深入理解每一步的重要性以及执行方式，以确保流程的顺利进行。下面分别对这三个步骤进行详细介绍。

(1) 材料提交　食品生产许可的申请以提交完备的申请材料为起点。申请者需要参照《食品生产许可需提交材料目录》准备相关材料。这些材料包括但不限于食品生产许可流程登记表、营业执照、申请人或委托代理人身份核验记录、食品生产主要设备、设施清单等。务必确认所有的表格已经正确填写，所有的文件都已经齐全，以确保申请过程能够顺利进行。

(2) 材料审查　提交的材料将被受理部门进行详细的审查。审查过程主要是为了确认申请材料的完整性和合规性。受理部门将根据食品生产许可的相关法律法规和标准，检查提交的材料是否齐全，内容是否准确。如果发现任何缺失或错误，受理部门将会要求申请者进行补充或修改。

(3) 材料确认　审查通过后，受理部门将确认材料无误并正式受理申请。受理通知书将发放给申请者，标志着申请流程正式启动。此阶段的完成意味着申请者已经成功跨过了申请的第一道门槛。然而，这只是食品生产许可流程的开始，接下来，申请者需要进一步准备应对后续的现场核查和许可审查环节。

整个受理申请阶段申请者要保持严谨认真的态度，任何疏忽都可能导致申请的失败。因此，申请者在提交材料时需要仔细核对，确保所有信息准确无误，所有文件齐全。同时，对于受理部门的反馈和要求，申请者也需要及时响应，以保证流程的顺利进行。

2. 现场核查：包括核查目的、核查流程以及核查结果的影响

现场核查是食品生产许可流程中的关键环节。这一步骤的目的是实地验证申请企业所提供的信息，包括生产设施、设备、工艺流程等是否符合规定，以确保其满足食品安全的基本要求。下面，我们将详述这一过程。

（1）核查目的　现场核查的主要目的是确保企业在食品生产过程中的所有设施和操作都符合国家食品安全标准和规定。在这一过程中，核查人员会对企业的生产设备、设施、工艺流程、质量控制体系等进行实地考察。此外，还会评估企业的食品安全管理制度以及员工的食品安全知识和实践能力。

（2）核查流程　食品生产许可的现场核查流程通常包括以下步骤。

接收核查任务：核查组长接收核查任务后，需与企业沟通确定具体的核查时间，并通知受理部门。

初次会议：核查组在到达企业现场后，会先召开初次会议，解释核查的目的、程序和要求，并对企业提出的问题进行回答。

实施核查：核查人员会根据食品生产许可核查评分记录表进行核查。在核查过程中，可能会观察生产流程，检查设备和设施，询问员工，并查阅相关记录和文件。

最后一次会议：核查结束后，核查组将召开最后一次会议，简单概述核查结果，解答企业的问题，并告知后续步骤。

编写核查报告：核查组长根据现场核查过程和结果，完成现场核查报告，并将报告及相关材料提交给许可资料审查部门。

（3）核查结果的影响 现场核查的结果对企业是否能获得食品生产许可有着重大影响。如果核查结果显示企业满足所有食品安全标准和规定，企业将有可能获得食品生产许可。如果企业在核查过程中发现存在不符合规定的情况，可能会被要求进行整改，严重的话，可能导致企业无法获得许可。因此，企业必须重视现场核查，事前做好充分准备。

3. 许可审查：包括审查标准、审查流程、审查结果

许可审查是食品生产许可流程中的关键步骤，其主要目标是对申请材料进行全面、细致的检查，确保所有的信息都是准确无误的，所有的要求都已经被满足。这一步骤涉及的内容包括审查标准、审查流程以及审查结果，我们将在以下部分逐一进行阐述。

审查标准：审查的标准主要根据相关的法律法规来设定，包括但不限于《食品安全法》《食品生产许可管理办法》以及各种行业指导性的技术文件。这些法律法规和技术文件为食品生产企业设定了必须要达到的标准，如设备条件、卫生条件、质量管理系统等。在审查过程中，审查员会参照这些标准，对申请企业的所有申请材料进行对照和检查。

审查流程：在申请资料被受理并经过初步检查合格后，许可审查就会正式开始。首先，审查部门会将电子版审查材料发送给审查员，审查员会根据审查标准对材料进行审查。在审查过程中，可能需要对申请材料中的内容进行更深入的查询或者了解，这可能包括与申请企业进行沟通，或者查阅相关的法律法规。在审查完成后，审查员会在规定的日期内签署审核文件，并将审核文件及审查材料送交许可机关。

审查结果：审查结果是基于审查员对申请企业及其申请材料的全面考察和评估。如果审查结果显示申请企业已经满足了所有的审查标准，并且所有的申请材料都符合要求，那么审查结果就会是“通过”。反之，如果在审查过程中发现了任何不符合标准的情况，或者申请材料中存在问题，那么审查结果就可能是“不通过”。对

于不通过的情况，审查员会明确指出问题所在，并给出改正的建议。

许可审查是一个对申请企业进行全面审查的过程，其目的是确保食品生产企业能够满足食品生产的基本要求，保障食品的安全和质量。在这个过程中，申请企业需要提供全面、真实的申请材料，并积极配合审查工作。

4. 许可决定：包括许可准则、决定流程、许可证颁发或不予许可决定书发送

许可决定是食品生产许可流程的最后阶段，涉及许可的准则、决定流程以及许可证的颁发或不予许可决定书的发送。

许可准则：许可决定主要基于现场核查和许可资料审查的结果。如果企业符合国家的食品安全法规，满足生产条件，具备食品安全管理体系，并且能保证生产的食品符合国家食品安全标准，那么该企业就能通过食品生产许可的审核。值得注意的是，这个判断不仅基于企业的硬件条件，如设施设备、卫生环境等，也涉及企业的软实力，如食品安全管理制度、人员素质等。

决定流程：在核查和审查结束后，相关部门会根据审查结果进行讨论和研究，最终做出是否准予食品生产许可的决定。决定会以书面形式记录，并签署相关文件，包括审查报告和决定书。在许可决定出台后，相关部门会按照规定的时间限制进行公示。

许可证颁发或不予许可决定书发送：如果企业通过了食品生产许可审核，相关部门会制作食品生产许可证，并通过邮寄的方式发送给企业。许可证上会明确标注许可的范围、有效期等信息。如果企业未通过审核，那么将会收到不予许可决定书，上面会详细说明不予许可的原因，以便企业针对性地进行改进。

在许可决定阶段，企业需要对许可结果进行接受和理解，如果收到不予许可决定书，企业应积极面对，通过对决定书的研究，找出自身存在的问题并进行改进，为下次申请打下基础。如果收到许可证，企业也不能掉以轻心，要继续保持和提高其食品生产和安全管理水平，以确保在许可证有效期内合规生产。

8.1.4 注意事项

1. 材料的准确性和完整性

在申请食品生产许可过程中，提交材料的准确性和完整性，以及有效地准备和组织这些材料是至关重要的。以下是一些关于这方面的专业指导。

(1) 提交材料的准确性和完整性 申请食品生产许可所需的材料详尽且复杂，包括企业基本信息的验证、设备和设施清单、食品安全管理制度清单等。所有提交的材料都应完全准确，无遗漏，否则可能导致申请被拒绝或延迟。您可以通过以下方式确保材料的准确性和完整性。

事先准备好所有所需材料的清单：对照食品生产许可需要提交的材料清单，确保准备齐全，每一项都已核对无误。

详细核对企业信息：所有的企业信息，包括营业执照、申请人或委托代理人身份核验记录等，都应当仔细核对，以确保无误。

确保提交的文件清晰、易读：所有的提交文件都应当清晰可读，特别是设备布局图、食品生产工艺流程图等细节较多的部分。

关注法规更新：食品生产许可的法规可能会发生变化，申请人需要及时关注，确保所提交的材料满足最新的法规要求。

(2) 有效地准备和组织这些材料 有效地组织和准备提交的材料可以提高您的申请效率。以下是一些建议。

按照逻辑顺序组织文件：把相关的文件放在一起，例如，将所有企业基本信息的文件放在一起，所有设备和设施的文件放在一起。

明确标记所有文件：每个文件都应该有清晰的标签，指示其内容。例如，食品生产设备清单、食品安全管理制度清单等。

使用数字系统进行文件管理：考虑使用数字系统对文件进行编号，以便在需要时能够迅速找到。

创建文件索引：创建一个详细的文件索引，列出每个文件及其内容，可以帮助审查人员快速理解和查找您的提交文件。

2. 许可流程中的关键节点和时间节点

食品生产许可的流程中，存在着许多关键节点和时间节点。了解这些节点，并合理安排时间，是确保流程顺利进行的重要步骤。

申请受理日期：在提交申请后，您将收到一个受理通知书。这是流程的起点，所有后续的步骤都会围绕这个日期进行。

现场核查日期：现场核查是审批流程的关键部分。您需要确保在这个日期当天所有的准备工作都已经就绪。

许可资料审查日期：在现场核查之后，审查部门将对您的许可资料进行审查。您需要在此日期前，提交所有的审查材料。

作出准予（或者不准予）食品生产许可决定日期：这是流程的最后一个关键节点。在这个日期，许可机关将根据您的申请材料和现场核查结果，作出是否准予许可的决定。

在食品生产许可的审查阶段，申请者需要特别注意审查的标准和要求。这包括但不限于食品安全管理制度的完备性、生产设备的符合性、食品生产工艺流程图的精确性等。

为了顺利通过审查，申请者应提前熟悉审查的各项标准和要求，并按照这些要求准备申请材料。同时，也应保持与审查部门的良好沟通，了解审查进度，及时响应并处理审查过程中可能出现的问题。

3. 对许可决定的理解和接受

一旦食品生产许可被授予，申请者需要对许可决定有全面的理解，并接受所有相关的责任和义务。在获得许可后，企业应尽快开始生产活动，且必须始终遵守食品安全和质量标准。

同时，企业也应关注许可的有效期，并提前开始准备许可的更新或延续。总的来说，食品生产许可不仅是一种法律许可，也是企业对公众健康和安全负责的重要证明。因此，企业在整个食品生产过程中，都应严格遵守食品生产许可的所有规定和要求。

8.2 变更许可案例指引

8.2.1 案例简介

在本节中，我们将以一个虚拟的企业——“绿色食品有限公司”作为案例，深入解析食品生产许可证变更的整个过程。

绿色食品有限公司是一家中型企业，主要从事的业务是生产和销售有机蔬果制品。这些产品包括新鲜有机蔬菜、水果，以及以这些为原材料的罐头、果酱等加工品。公司设在城市的郊区，拥有自己的有机农场和生产线，产品销往全国。

绿色食品有限公司成立后就申请并获得了食品生产许可证，严格按照相关的食品安全规定进行生产和经营。然而，近年来，由于市场需求的变化和公司业务的扩展，公司计划引入新的生产线，生产有机豆制品，包括豆腐、豆奶等产品。这一变化意味着绿色食品有限公司需要变更其食品生产许可证。

这个变更会扩大绿色食品有限公司的产品范围，在原本有机蔬果制品基础上将增加有机豆制品。这个扩展无疑将增加公司的经营复杂性，但也带来更大的市场机会。然而，由于豆制品的生产工艺、生产设备和生产条件与蔬果制品不同，因此在食品安全管理和生产流程方面将面临新的挑战。

这个变更意味着公司的食品生产许可证必须包含豆制品的生产许可。而获取这个许可需要公司满足一系列的条件，包括有适当的生产设施、设备，有合格的生产管理人员，有完善的食品安全管理制度，等等。这些条件需要公司在申请变更许可前进行详细的筹备和规划。

绿色食品有限公司的食品生产许可证变更案例代表了许多食品生产企业在扩展业务和应对市场变化时面临的挑战。通过研究这个案例，我们可以更好地理解食品生产许可证变更的过程，以及在这个过程中需要注意的问题。

8.2.2 变更许可筹备

1. 变更申请食品生产许可需提交材料目录

在申请食品生产许可的变更过程中，准备相关材料是一项重要任务。以下是详细的申请材料目录，以及对于每项材料的说明。

食品生产许可流程登记表：此表单作为申请的核心文件，需要详细填写公司相关信息以及申请的详细内容。请保证所填信息的准确性。

区县局食品生产许可受理登记表：这是申请流程中的一个重要环节，需要在当地的市场监督管理局进行登记。

授权委托书：若申请流程由第三方代理完成，需提供由申请公司法定代表人签署的委托书。

企业声明：关于食品生产许可变更的申请声明，需要公司法定代表人签字并加盖公章。

营业执照获取核验记录：请提供公司营业执照的扫描/复印件并打印纸质件，须清晰可见。

申请人或委托代理人身份核验记录：请提供申请人或委托代理人的身份证明文件。

食品生产许可申请书/补办申请书/注销申请书：请根据申请情况选择相应的表格，并按要求填写。

食品生产主要设备、设施清单：请列出公司使用的所有主要生产设备和设施，包括设备名称、规格、数量等。

食品安全管理制度清单：列出公司的食品安全管理制度，这是食品生产许可的一个重要考察内容。

生产设备布局图：提供设备布局图，确保生产环境符合食品生产的安全标准。

食品生产工艺流程图：描述食品的生产流程，需同时列示产品的主要原料。

特别需要注意的是，对于变更许可的申请，还需要提交原有的食品生产许可证正本、副本和明细表。这是因为在审核变更申请时，审核部门需要对照原许可证的内容，来确认变更的内容和理由。所以，申请公司需要确保提交的这些材料的完整性和准确性。

以上的材料清单，根据实际情况和审核部门的要求，可能需要进行相应的增减和调整。在提交申请之前，建议申请公司与审核部门进行充分的沟通，确保所有的材料都能满足审核的要求。

2. 需要满足的基本条件

在食品生产许可证的变更筹备过程中，必须满足一系列基本条件以保证企业符合新的许可要求。下面将详细说明这些条件。

对于企业的资质要求，申请变更许可的企业需要具备合法的营业执照，并且在有效期内。企业的注册资本、生产规模、企业类型等基本信息需要清晰，并且符合申请变更许可的相关法律规定。

企业的生产设施和设备必须满足相关食品安全和生产质量标准。比如，新采购的设备需要符合国家相关食品生产设备的标准，设备的生产能力需要和企业的生产规模相匹配。此外，设备的布局应符合食品安全生产流程，防止食品在生产过程中的交叉污染。对于涉及的新设备或设施，企业需要提交详细的设备、设施清单和生产设备布局图，以供审查机构评估。

企业的生产流程也需要满足相应标准。新的生产流程需要根据食品安全法律法规和行业生产标准进行设计和优化。生产过程中应充分考虑食品安全因素，例如原材料的采购、储存以及产品的加工、包装、存储和运输等环节。对于新的生产流程，企业需要提交详细的工艺流程图，以便审查机构评估流程的合规性。

企业的食品安全管理制度也需要进行相应的调整和完善，以适应新的生产要求。例如，新的生产流程可能需要更加严格的质量控制措施，或者需要新的员工培训和教育方案。

在准备变更许可过程中，企业需要充分了解和满足相关的基本条件，以确保变更许可的顺利进行。企业也需要提前做好充分的准备，以便在变更许可的过程中能够快速应对各种可能的问题和挑战。

3. 可能遇到的困难和挑战

在筹备食品生产许可证变更的过程中，企业可能会遇到许多困难和挑战。以下是一些常见的问题及其解决方法。

材料准备不全或不合规：在申请变更食品生产许可证时，需要提交一系列详细的申请材料，这些材料的准备往往需要耗费大量时间和精力。如果材料不全或不符合规定，可能会导致申请失败或者延迟。解决这个问题的方法是，企业在申请前应详细了解并严格遵守相关规定，提前做好申请材料的准备工作。如果必要，可以请专业的法律顾问或咨询机构帮助准备和审核申请材料。

满足新的生产标准和要求：食品生产许可证的变更可能涉及新的生产流程、设备或标准的实施。这些新的要求可能会对企业的生产方式、设备配置等产生较大的影响，企业需要投入相应的资源和时间来进行调整。对此，企业应提前评估新的标准和要求对生产的影响，规划合理的实施计划，并逐步调整生产方式和设备配置，确保满足新的标准和要求。

时间规划和进度控制：食品生产许可证的变更涉及多个步骤，包括申请受理、现场核查、许可资料审查等，每个步骤都需要一定的时间。如果企业对整个过程的时间规划不合理，可能会导致申请进度延迟或者错过重要的申请窗口。解决这个问题的方法是，企业应在申请前制定详细的时间规划，明确每个步骤的时间要求，定期监控申请进度，及时调整时间规划。

应对现场核查：现场核查是申请变更食品生产许可证的重要环节。核查人员会对企业的生产设施、设备、工艺流程、管理制度等进行详细的核查。企业如果对核查的内容和要求不熟悉，可能会影响核查结果。为此，企业应在申请前充分了解现场核查的内容和标准，提前做好准备，确保现场核查顺利进行。

申请变更食品生产许可证是一个复杂的过程，需要企业充分了解相关规定，提前做好准备，合理规划时间，积极应对各种挑战。只有这样，企业才能顺利完成许可证的变更，实现生产和经营的转型升级。

8.2.3 许可流程

1. 使用流程图详细展示许可流程

企业名称变更流程见图 8-2。

图 8-2 企业名称变更流程

申报产品扩项、生产条件发生重大变化、生产地址变更（含企业迁址、扩址、异地增加新生产车间或生产线），需要重新对企业进行现场核查，按照首次申报程序进行（图 8-3）。

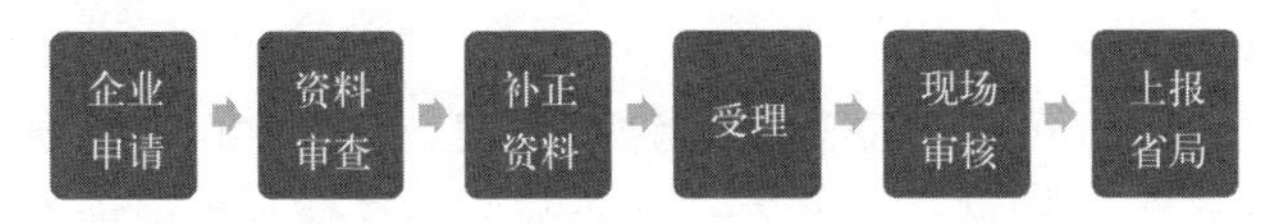

图 8-3 申报流程

在食品生产许可证的变更过程中，许可流程是核心环节，需要得到充分关注和认真执行。该流程主要包括四个部分：申请受理、现场核查、许可资料审查和最后的许可决定。

申请受理：企业首先需要向有关部门提交申请，这包括填写食品生产许可流程登记表和受理登记表，提供营业执照、申请人或委托代理人身份证明，以及其他相关材料。在申请受理阶段，企业需要明确表明其意向，即需要变更食品生产许可证的具体内容。有关部门在接收申请后，会进行初步审查，确认申请材料的完整性和准确性，以及企业的申请符合条件。

现场核查：申请受理部门会组织专业人员对申请企业进行现场核查。这主要是为了确认企业提供的信息准确无误，并核实企业的生产设备、生产环境和生产流程是否符合食品生产许可的标准。核查过程会详细记录，形成核查报告，并由企业对核查工作进行反馈。核查过程中，企业须配合核查人员完成工作，并保证所提供的信息真实可靠。

许可资料审查：现场核查结束后，相关部门会对企业提交的许可申请材料进行详细审查。这包括审查企业的经营状况，生产设备和流程，食品安全管理制度等。审查结果会形成审核文件，提交给最终的决定机关。在这个阶段，企业需要确保其提供的所有信息都是准确和真实的。

许可决定：基于现场核查报告和许可资料审查报告，许可机关会对企业的许可申请作出最后决定。如果企业满足所有条件，许可机关将会批准许可证的变更，并发放新的许可证；如果企业没有满足条件，许可机关将会拒绝申请，同时给出不予许可的原因。

以上就是食品生产许可证变更的主要流程，企业在申请过程中需要认真对待每个环节，保证信息的准确性，以确保许可证的顺利变更。

2．对每个环节进行详细的解释

（1）生产许可申请受理　在这个阶段，“甲企业”应准备并提交所需的各类申请材料。首先，企业需要提交食品生产许可流程登记表和区县局食品生产许可受理登记表，这两份表格是申请的基础，包含了企业的基本信息和申请变更的具体内容。若存在代理申请的情况，还需提交授权委托书。企业需关注日期，确保所有的申请材料在规定时间内准备完成并提交。注意的是，提交的材料需真实且完整，任何的虚假或缺漏都可能导致申请失败。

（2）现场核查　在申请材料提交后，核查组将会安排现场核查。在核查过程中，“甲企业”需要提供包括生产设备布局图、食品生产工艺流程图以及现场核查通知书等相关证明材料，以便核查组进行实地查验。核查组长与企业将沟通确定具体核查时间，并通知相应部门。此阶段，企业应做好实地接待工作，同时确保现场条件与申请材料中描述的一致。任何现场环境和申请材料不符的情况，都可能对许可结果产生影响。

（3）许可资料审查　通过现场核查后，“甲企业”将进入许可资料审查阶段。这个阶段中，许可资料审查部门将接收并审核“申请人或委托代理人身份核验记录”“食品生产主要设备、设施清单”

等相关材料。此阶段的时间节点应引起重视，确保材料在规定日期前送达。审查部门在收到材料后将对材料进行详细的审查，并在审查结束后签署审核文件。

（4）许可决定　最后阶段是由许可机关作出是否准予许可的决定。许可机关将基于审查部门的审核文件及审查材料进行评估。在许可决定作出后，“甲企业”将接收到食品生产许可证或不予许可决定书。在此阶段，企业需关注决定的接收日期，以便于做好后续的调整和规划。

以上就是食品生产许可变更流程的详细解析，希望能对企业有所帮助。每个环节都有其重要性，而企业需要做的是确保每个环节都得到有效的执行，这样才能保证变更许可的顺利进行。

8.2.4 注意事项

1. 申请过程中需要注意的问题

在申请食品生产许可证的过程中，有几个关键领域需要特别留意，这些细节往往关系到整个申请过程的顺利进行。

一是关于申请材料的准备。要理解的是，每一份所需的文件和资料都有其特定的目的和重要性。例如，食品生产主要设备、设施清单需要完整列出企业所有的生产设备和设施，为许可机关提供企业实际生产能力的直观认识。同样，食品生产工艺流程图不仅要细致到显示主要原料，还要突出重要的生产流程，以便于许可机关对企业的生产流程有全面了解。所有申请材料的准备都需要严格按照规定格式进行，任何材料的遗漏或错误都可能导致申请被延误或拒绝。因此，企业需要花费足够的时间和精力，确保所有提交的材料都是最新、最准确且最全面的。

二是关于申请时间的规划。申请食品生产许可证是一个复杂的过程，涉及许多环节，包括受理申请、现场核查、许可资料审查等。这些环节往往需要花费较长的时间，而且一些环节之间存在着时间上的依赖性，例如许可机关在收到现场核查的结论后，才会进行许可资料的审查。因此，企业需要提前做好时间规划，确保有足够的时间完成每一个环节，避免因时间紧张而导致的错误。

三是关于流程的执行。申请食品生产许可证的流程有许多细节，例如在现场核查环节，需要按照指定的时间安排和流程进行，任何偏差都可能影响到核查的结果。因此，企业需要深入理解申请流程的每一个环节，以便于有效地执行和管理这些流程。如果在某一环节存在不确定性，应及时向相关部门或专业人员寻求帮助，避免因流程执行的错误而导致申请失败。

申请食品生产许可证是一项需要精细操作的任务，只有在材料准备、时间规划和流程执行三个关键领域都做到细致入微，才能确保整个申请过程的顺利进行。

2. 总结常见的错误

在食品生产许可的变更过程中，企业往往会遇到多种问题。针对常见的错误，我们在此进行了梳理，并提供了一些避免这些错误的方法。

材料缺失或不完整：这是食品生产许可变更过程中最常见的问题。企业 A 在进行许可变更的过程中，忽视了部分必要的材料，导致申请被打回。为避免此类问题，建议企业提前准备好全部所需材料，并详细核对。例如，依照《申请食品生产许可需提交材料目录》逐一核对并整理材料，避免任何遗漏。

时间规划不合理：企业 B 在申请许可变更时，未考虑到审查的时间，导致计划混乱。为此，企业需要对整个申请流程有充分了解，并合理安排时间。例如，通过查阅《食品、食品添加剂生产许可流程》，对各个环节的时间要求有所了解，并进行合理规划。

对许可流程不清晰：企业 C 在许可变更过程中，由于对流程不清晰，导致步骤出现混乱。为避免此类问题，建议企业提前研究许可流程，并进行适当的培训。例如，参考《食品、食品添加剂生产许可流程》，理解并掌握每个环节的内容和要求。

不符合基本条件：在许可变更过程中，企业由于不符合新的许可要求，导致申请未能通过。因此，企业在筹备变更申请前，需确保满足所有基本条件，如企业资质、设备或生产流程等。

以上就是食品生产许可变更过程中常见的错误及其避免方法。希望各企业在进行许可变更时，充分准备，理解并遵循相关流程和规定，以顺利完成许可变更。

8.3 延续许可案例指引

8.3.1 案例简介

本文的案例是一个已经运营了近二十年的食品生产企业，以下我们暂且称它为“甲公司”。甲公司在食品行业内有着深厚的底蕴和卓越的业绩，其产品线包括众多不同种类的食品，如糕点、饮品和方便食品等。这些产品在市场上有着广泛的知名度和良好的销售记录。

甲公司在食品生产流程中遵循严格的食品安全管理规范，并在生产环境、设备、人员等多个层面进行了细致的控制和管理，以保证产品的安全和质量。同时，甲公司还在产品研发、原材料选择、包装设计等方面投入了大量的人力和资源，力求为消费者提供更高质量和更多元化的食品产品。

作为一个在食品行业内具有重要影响力的企业，甲公司持有由相关行政部门颁发的食品生产许可证。然而，这个许可证并非永久有效，而是有一定的有效期限，这是为了保证持证企业能持续满足食品生产和安全管理的相关规定。

当许可证接近有效期限时，企业需要对其进行延续，以保持其在有效期内，否则企业将无法合法进行食品生产。因此，对于甲公司来说，及时进行许可证的延续申请，不仅是为了符合法律法规的要求，更是确保企业持续稳定运营的必要步骤。同时，延续许可也是检验一个企业是否仍然满足食品生产安全要求的过程，体现了对食品安全的重视和负责任的态度。

在本案例中，该企业主要业务领域涉及糖果制品和糕点制造。食品厂拥有包括但不限于食品生产许可证、食品添加剂生产许可证以及有机食品生产许可证在内的一系列许可证。

在即将到期的食品生产许可证中，涉及的产品主要有各类糖果和糕点，包括软糖、棒棒糖、巧克力、饼干、蛋糕等。食品添加剂许可证涉及的则是在生产过程中可能使用到的各种食品添加剂，如色素、防腐剂、乳化剂等。有机食品生产许可证则覆盖了公司生产的所有符合有机食品标准的糖果和糕点产品。

食品厂的主要目标是成功延续以上所述的所有许可证，以确保其在法规允许的范围内持续稳定地进行生产和销售。为了实现这一目标，企业已经制订了详细的计划。

食品厂将提前开始准备所需的所有文件和证明材料。企业已经指定了专门的团队来负责这一工作，并进行了详细的任务分配。其次，企业也制定了一套完善的时间线，以确保在许可证到期之前完成所有的申请和审查流程。此外，食品厂也在积极寻求专业法律指导，以确保在整个过程中遵守所有相关法律法规，最大限度地降低可能的风险和延误。最后，企业还计划在获得许可证延续后进行一次全面的内部审计，以确保其操作和管理符合所有新的规定和要求。

8.3.2 延续许可筹备

1. 准备申请食品生产许可需提交的材料清单明细

在食品生产许可的申请过程中，准备和提交合格的申请材料是关键的一步。以下是详细的材料清单及其重要性的解析。

食品生产许可流程登记表：这是整个许可申请流程的第一步，它是企业对其许可申请流程的总体记录，也是许可机关了解企业申请的基本情况的关键文件。填写准确可以使得审查流程更加顺利。

区县局食品生产许可受理登记表：这份文件主要是记录区县局对于企业食品生产许可申请的受理情况，是区县局和企业之间沟通的重要记录。

授权委托书：在有需要的情况下，如企业委托代理人进行许可申请，此文件就非常重要。它是企业正式授权代理人进行申请的法律文件，缺少它可能导致整个申请无法进行。

企业声明：此文件是企业对其生产产品和运营情况进行正式声明的文件，虽然首次申请时不需要，但在后续的许可申请中，尤其是许可变更和延续时，它的重要性就体现出来了。

营业执照获取核验记录以及申请人或委托代理人身份核验记录：这两份文件是确认企业和申请人身份的关键，有助于许可机关了解企业的合法性和申请人的合法代理地位。

食品生产许可申请书/补办申请书/注销申请书：这份文件是企业正式向许可机关提交许可申请的重要文件，其中详细记录了企业的基本情况、生产产品、申请许可的种类等重要信息。

食品生产主要设备、设施清单及食品安全管理制度清单：这两份清单详细地列出了企业的生产设备和食品安全管理制度，可以帮助许可机关了解企业的生产能力和食品安全管理水平。

生产设备布局图和食品生产工艺流程图：这两份图表可以直观地展示出企业的生产设备布局和产品生产流程，有助于许可机关更直观地理解企业的生产情况。

相关法律法规规定应当提交的其他证明材料：这些材料是根据具体的法律法规要求提交的，如产业政策证明等，对于企业的许可申请至关重要。

执行企业标准的，须提供经卫生行政部门备案的企业标准文本：这份文本证明了企业的产品生产标准已经经过相关部门的备案，可以证明企业的产品质量符合国家标准。

除此之外，还有一些其他的材料。如生产许可证正本、副本和明细表，现场核查通知书复印件，现场核查评分记录表，现场核查报告等。这些都是在许可申请过程中必不可少的。

总的来说，这些文件和材料的准备和提交，是食品生产许可申请过程中不可或缺的一部分。每一份文件都对许可申请有着重要的影响。企业应该高度重视这些材料的准备和提交，以确保整个许可申请流程的顺利进行。

2. 对每项材料的具体准备和提交要求解析

食品生产许可流程登记表：这是记录整个食品生产许可流程的

重要文件。每一个环节的时间、内容、负责人等都需要在此表格中进行记录和登记。在填写时，必须保证准确性和完整性，不能有遗漏或者错误。此文件作为整个流程的“导航”，其准确性直接关系到审查的效率和结果。

区县局食品生产许可受理登记表：在你的企业地理位置对应的区县局提交。它记录了企业申请受理的具体信息，包括企业名称、地址、受理内容、受理时间等。表格需要真实、准确地填写，不得随意涂改，必要时可加盖公章。

授权委托书：只有在需要第三方代理申请的情况下才需要提交。代理人的姓名、身份证明、联系方式等信息需详细填写。此外，必须明确代理的范围、期限等内容，避免法律纠纷。

企业声明：不用在首次申请时提供，但在后续的变更、延续申请中需要提交。声明中要明确企业的主要情况和申请的内容、理由，同时要保证内容的真实性。

营业执照获取核验记录：需要提交扫描件或者复印件，并打印纸质件。这是证明企业合法运营的重要材料。在复印件上应加盖“与原件一致”的印章和企业公章。

申请人或委托代理人身份核验记录：需要提交扫描件或者复印件，并打印纸质件。核验记录上要有申请人或委托代理人的姓名、身份证号等信息，以确保申请人的身份。

食品生产许可申请书/补办申请书/注销申请书：根据不同的需要选择不同的申请书。申请书上要详细描述申请的内容、理由以及企业的主要情况，需要加盖企业公章。

以上七项是食品生产许可申请的主要材料，对于每一项材料，企业都要根据自身情况准备，同时严格按照要求提交，以保证审查的顺利进行。

3. 材料的格式和提交的时间线

提交的材料必须符合特定的格式要求，以确保其在食品生产许可审查过程中的有效性。例如，所有文件应清晰、整洁且无损坏。如果有任何复印文件，必须声明“与原件一致”并盖章。对于某些特定文件，如企业标准文本，必须骑缝加盖企业公章。一般而言，所有文件都应在适当的位置盖上企业公章，以表示其真实性和准确性。

在筹备材料时，还需考虑每项材料的提交时间线。在提交申请前，应准备齐全所有必需的文件。在整个审查过程中，一旦收到来自审查部门的任何回应或者请求，应及时提供所需的信息或者补充材料。尤其在现场核查阶段，相关材料的准备和提交应与核查计划保持一致，例如，现场核查报告和评分记录表等，应在核查完成后尽快提交。在整个过程中，密切关注各阶段的完成日期，以确保所有材料能在规定的日期前提交。

4. 筹备过程中可能遇到的问题和建议

在食品生产许可的筹备过程中，可能会遇到各种问题。其中一些可能包括文件缺失或格式错误，无法在规定时间内完成所有提交，或者在现场核查过程中出现问题。

对于文件准备，应确保有专人负责检查所有提交的材料，以确保其完整性和准确性。对于时间管理，应制定详细的时间线，为每个步骤预留足够的时间，并为可能出现的延误做好准备。

对于现场核查，应该对生产设施进行全面的自我审查，以确保符合所有的食品安全和生产标准。此外，还要确保有适当的人员在现场以协助核查，并对企业的运营流程有充分了解。

在整个筹备过程中，密切与相关部门保持沟通，以便于及时获取更新信息并解决可能出现的问题。

8.3.3　许可流程

1. 解释食品、食品添加剂生产许可流程

在食品生产许可证五年有效期满后，企业需要提交延续申请。根据当前的食品安全法规，如果在这五年期间，企业的生产环境、设备布局、生产流程等核心要素未发生重大变动，那么，延续申请一般不需要再进行现场核查（图 8-4）。

然而，如果企业在这五年期间内部发生了重大变动，如设备布

图 8-4 未发生重大变动延续申请

局或生产流程发生重大变化，那么在提交延续申请时，必须在申请书中详细列明这些变动，并可能需要重新接受现场核查。规定旨在确保企业的生产环境、设备和流程依然符合食品生产许可的基本要求，保障食品的安全和质量（图 8-5）。

图 8-5 发生重大变动延续申请

另外，还有一种特殊情况需要注意。即使在五年期间，企业内部没有发生重大变动，但是如果企业在这期间接受了食品安全监督抽检，并且结果不合格，引发了相关行政处罚，那么在提交延续申请时，也需要重新接受现场核查。这是因为抽检不合格和行政处罚可能意味着企业在食品安全管理上存在问题，需要通过现场核查来进行深入的评估和整改。

食品生产许可证的延续申请并非一个简单的行政程序，而是需要企业按照实际情况，准确地提供相关信息，以便许可机关能够准确、公正地作出决定。在这个过程中，企业需要积极配合许可机关的工作，及时提供所需的信息和材料，以确保延续申请的顺利进行。

2. 描述每个步骤的具体过程

申请受理：首先，企业需要向市场监督管理局提出食品生产许可的申请，提交完整的申请材料，包括申请书、企业基本信息表、授权委托书（如有）、营业执照、申请人或委托代理人身份核验记录等。受理部门在接收申请后，将对材料进行初步审核，确保所有的材料齐全、真实。如果材料有误或者不完整，受理部门会要求企业补充或者修改。此步骤至关重要，因为只有材料经过审核，申请才能顺利进入到下一步。因此，企业在提交材料时，一定要确保材料的完整性和真实性。

现场核查：受理部门在确认材料无误后，会安排现场核查。核查组长会根据实际情况，安排核查日期，并在现场核查前通知企业。现场核查主要是查看企业的实际生产条件、设备设施、管理制度等是否符合食品生产许可的要求。核查组将对生产设备布局图、工艺流程图进行核实，并记录核查情况。核查结束后，核查组将出具现场核查报告，报告将记录下核查过程中的所有情况，包括企业的优点和存在的问题。如果存在问题，企业需要在规定的时间内进行整改。

许可资料审查：现场核查结束后，许可资料审查部门将接收到所有的审查材料，包括申请材料和现场核查报告。审查部门将对所有的材料进行深入的审查，查看企业是否符合食品生产许可的要求。审查部门在完成审查后，会签署审核文件，记录下审查的结果。如果审查结果为不通过，审查部门会指出问题所在，并要求企业在规定的时间内进行整改。如果审查结果为通过，审查部门会将审核文件和审查材料发送给许可机关。

3. 制作食品、食品添加剂生产许可流程图

流程图可以视为一条从左到右进行的时间线。首先，开始于“生产许可申请受理部门”的申请受理，包括电子版接收日期和纸质申请材料接收日期。接着进行现场核查，包括核查组长接收现场核查任务，实施核查，以及最后提交核查结论。随后，许可资料审查部门会进行许可资料审查，接收电子审查材料，接收纸质审查材料，签署审核文件，并将审核文件及审查材料发送给许可机关。最后，许可机关对资料进行审查，作出准予或者不准予食品生产许可的决定，然后发送食品生产许可证或者不予许可决定书。

4. 许可流程中可能出现的问题及解决方案

材料不全或者不符合要求：申请企业需要根据《食品生产许可需提交材料目录》进行检查，确保所有材料都符合规定。如果有不

清楚的地方，应及时向许可申请受理部门咨询。

现场核查未通过：企业需要明确核查标准，提前做好充足准备，以确保现场环境、设施设备、生产工艺等满足规定。如果初次未通过，应针对核查报告中指出的问题进行改正，然后重新申请现场核查。

许可资料审查未通过：在提交许可申请之前，企业应对所有材料进行详细检查，确保没有遗漏或错误。如果审查未通过，应根据许可资料审查部门的反馈，对材料进行修订，然后重新提交。

8.3.4 注意事项

1. 申请过程中需要注意的问题

（1）材料准确性和完整性　申请延续食品生产许可证的过程中，企业需要提交一系列详细的文件和资料。这些文件和资料必须准确无误，否则可能导致延误或者申请不成功。例如，食品生产许可申请书必须详细列出所有需要延续许可的产品类型，并且描述清楚企业的生产设备、生产工艺等。食品安全管理制度清单也需要完整详细，列出企业对食品安全的所有管理措施。

提交的材料也必须完整。任何缺失的文件或信息都可能导致申请不成功。例如，食品生产主要设备、设施清单，生产设备布局图，食品生产工艺流程图等必须一一提供。如果有相关法律法规规定应当提交的其他证明材料，如产业政策等，也必须提交。同时，所有提交的文件和材料必须符合相关规定的格式。

（2）提交的时间要求　在申请过程中，企业必须严格遵守规定的时间节点，确保所有文件和资料在规定的时间内提交。提交时间不仅影响到申请的进度，也可能影响到申请的成功与否。例如，申请材料必须在许可证有效期结束前提交，且应留有足够的时间进行审核和处理。

（3）流程中可能的问题　在申请过程中可能会出现各种问题，如文件丢失、信息填写错误、审查过程中的延误等。企业需要提前做好准备，建立应急预案，以便于在遇到问题时能够及时处理，防止延误整个申请过程。同时，企业也需要密切关注申请的进度，及时与相关部门进行沟通，解决可能出现的问题。

2. 避免常见错误的方法和建议

在申请延续食品生产许可证的过程中，有一些常见错误可以通过预先规划和准备得以避免。首先，企业应当提前准备并整理所有需要提交的材料。这包括但不限于：食品生产许可流程登记表、营业执照、设备和设施清单、生产设备布局图等。在准备这些材料时，要保证其准确性和完整性，任何错误或遗漏都可能导致审批过程的延迟。

企业在筹备过程中要时刻注意并遵守所有相关的法律法规，如《食品安全法》《食品生产许可管理办法》等。这些法规为食品生产许可设定了明确的要求和标准，不符合这些要求和标准的申请将无法通过审批。

此外，企业还需要注意申请过程中的时间要求。每一个步骤都有明确的时间要求，如材料提交的时间、现场核查的时间等。企业应当按照这些时间要求安排自己的工作，以避免时间问题导致的审批延误。

3. 延续许可过程中如何保持企业运营和产品质量的稳定

在申请食品生产许可证延续的过程中，企业运营和产品质量的稳定性至关重要。首先，企业需要保持其生产设备和工艺的稳定，保证在申请过程中不会因为生产环节的问题影响产品质量。其次，企业需要继续执行其食品安全管理制度，保证食品的安全和卫生。此外，企业还需要关注供应链的稳定，避免因原料供应问题影响生产。

同时，企业还需要保持与相关部门的良好沟通。例如，企业可以及时向相关部门报告其生产和销售情况，以证明其在申请过程中的业务稳定性。此外，企业还可以通过定期培训和教育，提高员工对食品安全的认识和执行力，从而进一步保证产品质量。

4. 对未来许可延续的规划和准备

对于企业来说，食品生产许可证的延续不仅是一次申请过程，更是对企业未来发展的规划。企业在申请过程中需要考虑自己的业务发展目标，对未来可能涉及的新产品或新技术进行预测，并将这些因素纳入许可申请的考虑范围内。同时，企业也需要提前规划和准备相关的材料和资源，以便在申请过程中能够顺利应对各种情况，保证许可申请的成功。

8.4 总结

食品生产许可作为食品行业内重要的合规性手段，对于确保食品安全、维护消费者利益起着至关重要的作用。首先，通过设定食品生产许可证制度，能够在源头上进行食品生产和食品安全的管理和控制，避免不合规的食品进入市场，对公众健康造成影响。其次，对食品生产企业的许可管理可以使企业更加重视食品安全管理，促使企业按照相关法律法规进行生产，进而提升食品的整体安全水平。同时，这一制度也可以维护良好的市场秩序，使得合规的企业得以公平竞争。最后，食品生产许可证制度的存在对于保护消费者权益也具有实质性的价值，消费者可通过许可证判断企业的合规性，更加放心地购买和食用产品。

1. 提炼关键信息

本章通过新办、变更和延续许可的案例指引，深度剖析了申请食品生产许可的全过程。在新办企业许可的部分，我们关注到申请许可证的筹备工作、详细的许可流程，以及新办企业申请许可证的注意事项。变更许可案例则聚焦于变更许可的筹备工作、许可程序，以及申请变更许可的关键点。而在延续许可案例中，我们了解到了延续许可的筹备流程、许可流程，以及延续许可过程中的注意事项。通过对各个案例的深入剖析，我们认识到无论是新办、变更还是延续许可，都需要在提交材料的准备、审查流程的理解、许可申请书的撰写以及现场核查等环节中精细操作，严格遵循相关规定，确保食品生产许可的顺利进行。同时，这些案例也揭示了在实际操作中可能遇到的问题和挑战，为我们提供了顺利完成食品生产许可申请的宝贵经验。

2. 食品生产许可流程和必备材料的要点

结合提供的《申请食品生产许可需提交材料目录》和《食品、食品添加剂生产许可流程》，我们可以提炼出申请过程中的关键步骤和必备材料。在申请过程中，务必按照规定准备和提交必需的材料，包括食品生产许可流程登记表、区县局食品生产许可受理登记表、营业执照获取核验记录等，遵循规定的流程进行，包括申请受理、现场核查、许可资料审查等环节。特别要注意的是，不仅要将材料准备齐全，而且在每个环节中都应严格遵循法律法规的要求，确保所有的材料和流程符合食品生产许可的规定。这样才能确保食品生产许可的顺利进行，避免因材料不全或流程不符合要求而导致的许可申请失败。

附录　食品生产许可审查通则（2022版）

第一章　总　则

第一条　为了加强食品、食品添加剂（以下统称食品）生产许可管理，规范食品生产许可审查工作，依据《中华人民共和国食品安全法》《中华人民共和国食品安全法实施条例》《食品生产许可管理办法》（以下简称《办法》）等法律法规、规章和食品安全国家标准，制定本通则。

第二条　本通则适用于市场监督管理部门组织对食品生产许可和变更许可、延续许可等审查工作。

第三条　食品生产许可审查包括申请材料审查和现场核查。

申请材料审查应当审查申请材料的完整性、规范性、符合性；现场核查应当审查申请材料与实际状况的一致性、生产条件的符合性。

第四条　本通则应当与相应的食品生产许可审查细则（以下简称审查细则）结合使用。使用地方特色食品生产许可审查细则开展食品生产许可审查的，应当符合《办法》第八条的规定。

对未列入《食品生产许可分类目录》和无审查细则的食品品种，县级以上地方市场监督管理部门应当依据《办法》和本通则的相关要求，结合类似食品的审查细则和产品执行标准制定审查方案（婴幼儿配方食品、特殊医学用途配方食品除外），实施食品生产许可审查。

第五条　法律、法规、规章和标准对食品生产许可审查有特别规定的，还应当遵守其规定。

第二章　申请材料审查

第六条　申请人应当具有申请食品生产许可的主体资格。申请材料应当符合《办法》规定，以电子或纸质方式提交。申请人应当对申请材料的真实性负责。

符合法定要求的电子申请材料、电子证照、电子印章、电子签名、电子档案与纸质申请材料、纸质证照、实物印章、手写签名或者盖章、纸质档案具有同等法律效力。

第七条　负责许可审批的市场监督管理部门（以下称审批部门）要求申请人提交纸质申请材料的，应当根据食品生产许可审查、日常监管和存档需要确定纸质申请材料的份数。

申请材料应当种类齐全、内容完整，符合法定形式和填写要求。

第八条　申请人有下列情形之一的，审批部门应当按照申请食品生产许可的要求审查：

（一）非因不可抗力原因，食品生产许可证有效期届满后提出食品生产许可申请的；

（二）生产场所迁址，重新申请食品生产许可的；

（三）生产条件发生重大变化，需要重新申请食品生产许可的。

第九条　申请食品生产许可的申请材料应当按照以下要求进行审查：

（一）完整性

1. 食品生产许可的申请材料符合《办法》第十三条和第十四条的要求；

2. 食品添加剂生产许可的申请材料符合《办法》第十六条的要求。

（二）规范性

1. 申请材料符合法定形式和填写要求，纸质申请材料应当使用钢笔、签字笔填写或者打印，字迹应当清晰、工整，修改处应当加盖申请人公章或者由申请人的法定代表人（负责人）签名；

2. 申请人名称、法定代表人（负责人）、统一社会信用代码、住所等填写内容与营业执照一致；

3. 生产地址为申请人从事食品生产活动的详细地址；

4. 申请材料应当由申请人的法定代表人（负责人）签名或者加盖申请人公章，复印件还应由申请人注明“与原件一致”；

5. 产品信息表中食品、食品添加剂类别，类别编号，类别名称，品种明细及备注的填写符合《食品生产许可分类目录》的有关要求。分装生产的，应在相应品种明细后注明。

（三）符合性

1. 申请人具有申请食品生产许可的主体资格；

2. 食品生产主要设备、设施清单符合《办法》第十二条第（二）项和相应审查细则要求；

3. 食品生产设备布局图和食品生产工艺流程图完整、准确，布局图按比例标注，设备布局、工艺流程合理，符合《办法》第十二条第（一）项和第（四）项要求，符合相应审查细则和所执行标准要求；

4. 申请人配备专职或者兼职的食品安全专业技术人员和食品安全管理人员，符合相应审查细则要求，符合《中华人民共和国食品安全法》第一百三十五条的要求；

5. 食品安全管理制度清单内容符合《办法》第十二条第（三）项和相应审查细则要求。

第十条 申请人有下列情形之一，依法申请变更食品生产许可的，审批部门应当按照变更食品生产许可的要求审查：

（一）现有设备布局和工艺流程发生变化的；

（二）主要生产设备设施发生变化的；

（三）生产的食品类别发生变化的；

（四）生产场所改建、扩建的；

（五）其他生产条件或生产场所周边环境发生变化，可能影响食品安全的；

（六）食品生产许可证载明的其他事项发生变化，需要变更的。

第十一条 变更食品生产许可的申请材料应当按照以下要求审查：

（一）申请材料符合《办法》第三十三条要求；

（二）申请变更的事项属于本通则第十条规定的变更范畴；

（三）涉及变更事项的申请材料符合本通则第九条中关于规范性及符合性的要求。

第十二条　申请人依法申请延续食品生产许可的，审批部门应当按照延续食品生产许可的要求审查。

第十三条　延续食品生产许可的申请材料应当按照以下要求审查：

（一）申请材料符合《办法》第三十五条要求；

（二）涉及延续事项的申请材料符合本通则第九条中关于规范性及符合性的要求。

第十四条　审批部门对申请人提交的食品生产申请材料审查，符合有关要求不需要现场核查的，应当按规定程序作出行政许可决定。对需要现场核查的，应当及时作出现场核查的决定，并组织现场核查。

第三章　现场核查

第十五条　有下列情形之一的，应当组织现场核查：

（一）属于本通则第八条申请食品生产许可情形的；

（二）属于本通则第十条变更食品生产许可情形第一至五项，可能影响食品安全的；

（三）属于本通则第十二条延续食品生产许可情形的，申请人声明生产条件或周边环境发生变化，可能影响食品安全的；

（四）需要对申请材料内容、食品类别、与相关审查细则及执行标准要求相符情况进行核实的；

（五）因食品安全国家标准发生重大变化，国家和省级市场监督管理部门决定组织重新核查的；

（六）法律、法规和规章规定需要实施现场核查的其他情形。

第十六条　对下列情形可以不再进行现场核查：

（一）特殊食品注册时已完成现场核查的（注册现场核查后生产条件发生变化的除外）；

（二）申请延续换证，申请人声明生产条件未发生变化的。

第十七条　审批部门或其委托的下级市场监督管理部门实施现场核查前，应当组建核查组，制作并及时向申请人、实施食品安全日常监督管理的市场监督管理部门（以下称日常监管部门）送达

《食品生产许可现场核查通知书》，告知现场核查有关事项。

第十八条 核查组由食品安全监管人员组成，根据需要可以聘请专业技术人员作为核查人员参加现场核查。核查人员应当具备满足现场核查工作要求的素质和能力，与申请人存在直接利害关系或者其他可能影响现场核查公正情形的，应当回避。

核查组中食品安全监管人员不得少于2人，实行组长负责制。实施现场核查的市场监督管理部门应当指定核查组组长。

第十九条 核查组应当确保核查客观、公正、真实，确保核查报告等文书和记录完整、准确、规范。

核查组组长负责组织现场核查、协调核查进度、汇总核查结论、上报核查材料等工作，对核查结论负责。

核查组成员对现场核查分工范围内的核查项目评分负责，对现场核查结论有不同意见时，及时与核查组组长研究解决，仍有不同意见时，可以在现场核查结束后1个工作日内书面向审批部门报告。

第二十条 日常监管部门应当派食品安全监管人员作为观察员，配合并协助现场核查工作。核查组成员中有日常监管部门的食品安全监管人员时，不再指派观察员。

观察员对现场核查程序、过程、结果有异议的，可在现场核查结束后1个工作日内书面向审批部门报告。

第二十一条 核查组进入申请人生产场所实施现场核查前，应当召开首次会议。核查组长向申请人介绍核查组成员及核查目的、依据、内容、程序、安排和要求等，并代表核查组作出保密承诺和廉洁自律声明。

参加首次会议人员包括核查组成员和观察员，以及申请人的法定代表人（负责人）或者其代理人、相关食品安全管理人员和专业技术人员，并在《食品、食品添加剂生产许可现场核查首次会议签到表》（附件1）上签名。

第二十二条 核查组应当依据《食品、食品添加剂生产许可现场核查评分记录表》（附件2）所列核查项目，采取核查场所及设备、查阅文件、核实材料及询问相关人员等方法实施现场核查。

必要时，核查组可以对申请人的食品安全管理人员、专业技术人员进行抽查考核。

第二十三条 现场核查范围主要包括生产场所、设备设施、设备布局和工艺流程、人员管理、管理制度及其执行情况，以及试制食品检验合格报告。

现场核查应当按照食品的类别分别核查、评分。审查细则对现场核查相关内容进行细化或者有特殊要求的，应当一并核查并在《食品、食品添加剂生产许可现场核查评分记录表》中记录。

对首次申请许可或者增加食品类别变更食品生产许可的，应当按照相应审查细则和执行标准的要求，核查试制食品的检验报告。申请变更许可及延续许可的，申请人声明其生产条件及周边环境发生变化的，应当就变化情况实施现场核查，不涉及变更的核查项目应当作为合理缺项，不作为评分项目。

现场核查对每个项目按照符合要求、基本符合要求、不符合要求3个等级判定得分，全部核查项目的总分为100分。某个核查项目不适用时，不参与评分，在“核查记录”栏目中说明不适用的原因。

现场核查结果以得分率进行判定。参与评分项目的实际得分占参与评分项目应得总分的百分比作为得分率。核查项目单项得分无0分项且总得分率≥85%的，该类别名称及品种明细判定为通过现场核查；核查项目单项得分有0分项或者总得分率<85%的，该类别名称及品种明细判定为未通过现场核查。

第二十四条 根据现场核查情况，核查组长应当召集核查人员共同研究各自负责核查项目的得分，汇总核查情况，形成初步核查意见。

核查组应当就初步核查意见向申请人的法定代表人（负责人）通报，并听取其意见。

第二十五条 核查组对初步核查意见和申请人的反馈意见会商后，应当根据不同类别名称的食品现场核查情况分别评分判定，形成核查结论，并汇总填写《食品、食品添加剂生产许可现场核查报告》（附件3）。

第二十六条 核查组应当召开末次会议，由核查组长宣布核查结论。核查人员及申请人的法定代表人（负责人）应当在《食品、食品添加剂生产许可现场核查评分记录表》《食品、食品添加剂生产许可现场核查报告》上签署意见并签名、盖章。观察员应当在《食品、食品添加剂生产许可现场核查报告》上签字确认。

《食品、食品添加剂生产许可现场核查报告》一式两份，现场交申请人留存一份，核查组留存一份。

申请人拒绝签名、盖章的，核查组长应当在《食品、食品添加剂生产许可现场核查报告》上注明情况。

参加末次会议人员范围与参加首次会议人员相同，参会人员应当在《食品、食品添加剂生产许可现场核查末次会议签到表》（附件4）上签名。

第二十七条 因申请人的下列原因导致现场核查无法开展的，核查组应当向委派其实施现场核查的市场监督管理部门报告，本次现场核查的结论判定为未通过现场核查：

（一）不配合实施现场核查的；

（二）现场核查时生产设备设施不能正常运行的；

（三）存在隐瞒有关情况或者提供虚假材料的；

（四）其他因申请人主观原因导致现场核查无法正常开展的。

第二十八条 核查组应当自接受现场核查任务之日起5个工作日内完成现场核查，并将《食品、食品添加剂生产许可核查材料清单》（附件5）所列的相关材料上报委派其实施现场核查的市场监督管理部门。

第二十九条 因不可抗力原因，或者供电、供水等客观原因导致现场核查无法开展的，申请人应当向审批部门书面提出许可中止申请。中止时间原则上不超过10个工作日，中止时间不计入食品生产许可审批时限。

因自然灾害等原因造成申请人生产条件不符合规定条件的，申请人应当申请终止许可。

申请人申请的中止时间到期仍不能开展现场核查的，或者申请人申请终止许可的，审批部门应当终止许可。

第三十条　因申请人涉嫌食品安全违法被立案调查或者涉嫌食品安全犯罪被立案侦查的，审批部门应当中止食品生产许可程序。中止时间不计入食品生产许可审批时限。

立案调查作出行政处罚决定为限制开展生产经营活动、责令停产停业、责令关闭、限制从业、暂扣许可证件、吊销许可证件的，或者立案侦查后移送检察院起诉的，应当终止食品生产许可程序。立案调查作出行政处罚决定为警告、通报批评、罚款、没收违法所得、没收非法财物且申请人履行行政处罚的，或者立案调查、立案侦查作出撤案决定的，申请人申请恢复食品生产许可后，审批部门应当恢复食品生产许可程序。

第四章　审查结果与整改

第三十一条　审批部门应当根据申请材料审查和现场核查等情况，对符合条件的，作出准予食品生产许可的决定，颁发食品生产许可证；对不符合条件的，应当及时作出不予许可的书面决定并说明理由，同时告知申请人依法享有申请行政复议或者提起行政诉讼的权利。

现场核查结论判定为通过的婴幼儿配方食品、特殊医学用途配方食品申请人应当立即对现场核查中发现的问题进行整改，整改结果通过验收后，审批部门颁发食品生产许可证；申请人整改直至通过验收所需时间不计入许可时限。

第三十二条　作出准予食品生产许可决定的，审批部门应当及时将申请人的申请材料及相关许可材料送达申请人的日常监管部门。

第三十三条　现场核查结论判定为通过的，申请人应当自作出现场核查结论之日起1个月内完成对现场核查中发现问题的整改，并将整改结果向其日常监管部门书面报告。

因不可抗力原因，申请人无法在规定时限内完成整改的，应当及时向其日常监管部门提出延期申请。

第三十四条 申请人的日常监管部门应当在申请人取得食品生产许可后3个月内对获证企业开展一次监督检查。对已实施现场核查的企业，重点检查现场核查中发现问题的整改情况；对申请人声明生产条件未发生变化的延续换证企业，重点检查生产条件保持情况。

第五章 附 则

第三十五条 申请人的试制食品不得作为食品销售。

第三十六条 特殊食品生产许可审查细则另有规定的，从其规定。

第三十七条 省级市场监督管理部门可以根据本通则，结合本区域实际情况制定有关食品生产许可管理文件，补充、细化《食品、食品添加剂生产许可现场核查评分记录表》《食品、食品添加剂生产许可现场核查报告》。

第三十八条 本通则由国家市场监督管理总局负责解释。

第三十九条 本通则自2022年11月1日起施行。原国家食品药品监督管理总局2016年8月9日发布的《食品生产许可审查通则》同时废止。

附件：1. 食品、食品添加剂生产许可现场核查首次会议签到表
2. 食品、食品添加剂生产许可现场核查评分记录表
3. 食品、食品添加剂生产许可现场核查报告
4. 食品、食品添加剂生产许可现场核查末次会议签到表
5. 食品、食品添加剂生产许可核查材料清单

附件 1

食品、食品添加剂生产许可现场核查
首次会议签到表

<table>
<tr><td>申请人名称</td><td colspan="4"></td></tr>
<tr><td>会议时间</td><td colspan="4">年　月　日　时　分至　时　分</td></tr>
<tr><td>会议地点</td><td colspan="4"></td></tr>
<tr><td rowspan="3">核查组</td><td>组长</td><td colspan="3"></td></tr>
<tr><td>成员</td><td colspan="3"></td></tr>
<tr><td>观察员</td><td colspan="3"></td></tr>
<tr><td colspan="5">申请人参加首次会议的人员签名</td></tr>
<tr><td>签名</td><td colspan="2">职务</td><td>签名</td><td>职务</td></tr>
<tr><td></td><td colspan="2"></td><td></td><td></td></tr>
<tr><td></td><td colspan="2"></td><td></td><td></td></tr>
<tr><td></td><td colspan="2"></td><td></td><td></td></tr>
<tr><td></td><td colspan="2"></td><td></td><td></td></tr>
<tr><td></td><td colspan="2"></td><td></td><td></td></tr>
<tr><td></td><td colspan="2"></td><td></td><td></td></tr>
<tr><td>备注</td><td colspan="4"></td></tr>
</table>

附件 2

食品、食品添加剂生产许可现场核查评分记录表

申请人名称：________________________________

食品、食品添加剂类别及类别名称：________________

生产场所地址：______________________________

核查日期：__________年__________月__________日

	姓名(签名)	单位	职务	核查分工
核查组成员			组长	
			组员	
			组员	

使用说明

1. 本记录表依据《中华人民共和国食品安全法》及其实施条例、《食品生产许可管理办法》等法律法规、规章以及相关食品安全国家标准的要求制定。

2. 本记录表应当结合相应食品生产许可审查细则要求使用。

3. 本记录表包括生产场所（18 分）、设备设施（36 分）、设备布局和工艺流程（9 分）、人员管理（9 分）、管理制度（27 分）以及试制食品检验合格报告（1 分）六部分，共 34 个核查项目。

4. 核查组应当按照核查项目规定的核查内容及评分标准核查评分，并将发现的问题详实地记录在“核查记录”栏目中。

5. 现场核查评分原则：现场核查评分标准分为符合要求、基本符合要求、不符合要求。符合要求，是指现场核查情况全部符合“核查内容”要求，得 3 分；基本符合要求，是指现场核查发现的问题属于个别、轻微或偶然发生，不会对食品安全产生严重影响，可在规定时间内通过整改达到食品安全要求的，得 1 分；不符合要求，是指现场核查发现的问题属于申请人内部普遍、严重、系统性或区域性缺陷，可能影响食品安全的，得 0 分。

试制食品检验报告核查判定得分为 1 分、0.5 分和 0 分。

6．现场核查结论判定原则：核查项目单项得分无0分且总得分率≥85％的，该类别名称及品种明细判定为通过现场核查。

当出现以下两种情况之一时，该类别名称及品种明细判定为未通过现场核查：

（1）有一项及以上核查项目得0分的；

（2）核查项目总得分率＜85％的。

7．某个核查项目不适用时，不参与评分，并在“核查记录”栏目中说明不适用的原因。

一、生产场所（共18分）

序号	核查项目	核查内容	评分标准		核查得分	核查记录
1.1	厂区要求	1．厂区不应选择对食品有显著污染的区域。厂区周围无虫害大量孳生的潜在场所，无有害废弃物以及粉尘、有害气体、放射性物质和其他扩散性污染源。各类污染源难以避开时应当有必要的防范措施，能有效清除污染源造成的影响。现场提供的《食品生产加工场所周围环境平面图》与实际一致。	符合规定要求。	3		
			有污染源防范措施，效果不明显，可通过改善防范措施有效清除污染源造成的影响。现场提供的平面图与实际不一致。	1		
			无污染源防范措施，或者污染源防范措施无效果。	0		
		2．厂区环境整洁，无扬尘或积水现象。各功能区划分明显，布局合理。现场提供的《食品生产加工场所平面图》与实际一致。生活区与生产区保持适当距离或分隔，防止交叉污染。厂区道路应当采用硬质材料铺设。厂区绿化应当与生产车间保持适当距离，植被应当定期维护，防止虫害孳生。	符合规定要求。	3		
			厂区环境、布局、功能区划分、绿化带位置及维护等略有不足。现场提供的平面图与实际不一致。	1		
			厂区环境不整洁；厂区布局不合理，或者生活区与生产区未保持适当距离或分隔，并存在交叉污染。	0		

续表

序号	核查项目	核查内容	评分标准		核查得分	核查记录
1.2	厂房和车间	1. 应当具有与生产的产品品种、数量相适应的厂房和车间，并根据生产工艺及清洁程度的要求合理布局和划分作业区，避免交叉污染；厂房内设置的检验室应当与生产区域分隔。现场提供的《食品生产加工场所各功能区间布局平面图》与实际一致。	符合规定要求。	3		
			作业区布局和划分存在轻微缺陷。现场提供的平面图与实际不一致。	1		
			厂房面积与空间不能满足生产需求，或者作业区布局和划分不合理，或者检验室未与生产区域分隔。	0		
		2. 车间保持清洁，顶棚、墙壁、门窗和地面应当采用无毒、无味、防渗透、防霉、不易破损脱落的材料建造，结构合理，易于清洁；顶棚结构不利于冷凝水垂直滴落，裸露食品上方的管路应当有防止灰尘散落及水滴掉落的措施；门窗应当闭合严密，不透水、不变形，并有防止虫害侵入的措施；地面应当平坦防滑、无裂缝。	符合规定要求。	3		
			车间清洁程度以及顶棚、墙壁、地面和门窗或者相关防护措施略有不足。	1		
			严重不符合规定要求。	0		
1.3	库房要求	1. 应当具有与所生产产品的数量、贮存要求相适应的，与《食品生产加工场所平面图》《食品生产加工场所各功能区间布局平面图》中标注的库房一致。库房整洁，地面平整，易于维护、清洁，防止虫害侵入和藏匿。必要时库房应当设置相适应的温度、湿度控制等设施。	符合规定要求。	3		
			库房整洁程度或者相关设施略有不足。实际库房与平面图标注不一致。	1		
			严重不符合规定要求。	0		

续表

序号	核查项目	核查内容	评分标准		核查得分	核查记录
1.3	库房要求	2. 原料、半成品、成品、包装材料等应当依据性质的不同分设库房或分区存放。清洁剂、消毒剂、杀虫剂、润滑剂、燃料等物料应当分别安全包装，与原料、半成品、成品、包装材料等分隔放置。库房内的物料应当与墙壁、地面保持适当距离，并明确标识，防止交叉污染。	符合规定要求。	3		
			物料存放或标识略有不足。	1		
			原料、半成品、成品、包装材料等与清洁剂、消毒剂、杀虫剂、润滑剂、燃料等物料未分隔存放；物料无标识或标识混乱。	0		

二、设备设施（共36分）

序号	核查项目	核查内容	评分标准		核查得分	核查记录
2.1	生产设备	1. 应当配备与生产的产品品种、数量相适应的生产设备，设备的性能和精度应当满足生产加工的要求。	符合规定要求。	3		
			个别设备的性能和精度略有不足。	1		
			生产设备不能满足生产加工要求。	0		
		2. 生产设备清洁卫生，直接接触原料、半成品、成品的设备、工器具材质应当无毒、无味、抗腐蚀、不易脱落，表面光滑、无吸收性，易于清洁保养和消毒。	符合规定要求。	3		
			设备清洁卫生程度或者设备材质略有不足。	1		
			严重不符合规定要求。	0		
		3. 生产设备维修保养良好，并做好记录。用于监测、控制、记录的设备应当定期校准、维护。停用的设备需标注清晰，不影响正常生产。	符合规定要求。	3		
			维修保养、记录略有不足，或者个别监测设备未校准。	1		
			无维修保养记录，或者监测设备无法满足规定要求。	0		

续表

序号	核查项目	核查内容	评分标准		核查得分	核查记录
2.2	供排水设施	1. 食品加工用水的水质应当符合 GB 5749 的规定，有特殊要求的应当符合相应规定。食品加工用水与其他不与食品接触的用水应当以完全分离的管路输送，避免交叉污染。各管路系统应当明确标识以便区分。	符合规定要求。	3		
			供水管路标识略有不足。	1		
			食品加工用水的水质不符合规定要求，或者供水管路无标识或标识混乱，或者供水管路存在交叉污染。	0		
		2. 排水系统的设计和建造应保证排水畅通，便于清洁维护，且满足生产的需要。室内排水应当由清洁程度高的区域流向清洁程度低的区域，且有防止逆流的措施。排水系统出入口设计合理并有防止污染和虫害侵入的措施。	符合规定要求。	3		
			排水略有不畅，或者相关防护措施略有不足。	1		
			排水不畅，或者室内排水流向不符合要求，或者相关防护措施严重不足。	0		
2.3	清洁消毒设施	应当配备相应的食品、工器具和设备等的专用清洁设施，必要时配备相应的消毒设施。清洁、消毒方式应当避免对产品造成交叉污染，使用的洗涤剂、消毒剂应当符合相关规定要求。	符合规定要求。	3		
			清洁消毒设施略有不足。	1		
			清洁消毒设施严重不足，或者清洁消毒的方式、用品不符合规定要求。	0		
2.4	废弃物存放设施	应当配备设计合理、防止渗漏、易于清洁的存放废弃物的专用设施，必要时可设置废弃物临时存放设施。车间内存放废弃物的设施和容器应当标识清晰，不得与盛装原料、半成品、成品的容器混用。	符合规定要求。	3		
			废弃物存放设施及标识略有不足。	1		
			废弃物存放设施设计不合理，或者与盛装原料、半成品、成品的容器混用。	0		

续表

序号	核查项目	核查内容	评分标准		核查得分	核查记录
2.5	个人卫生设施	生产场所或车间入口处应当设置更衣室，更衣室应当保证工作服与个人服装及其他物品分开放置；车间入口及车间内必要处，应当按需设置换鞋（或穿戴鞋套）设施或鞋靴消毒设施；清洁作业区入口应当设置与生产加工人员数量相匹配的非手动式洗手、干手和消毒设施；洗手设施的材质、结构应当易于清洁消毒，临近位置应当标示洗手方法。卫生间应当易于保持清洁，不得与生产、包装或贮存等区域直接连通，卫生间内的适当位置应当设置洗手设施。	符合规定要求。	3		
			个人卫生设施略有不足。	1		
			个人卫生设施严重不符合要求。	0		
2.6	通风设施	应当具有适宜的通风设施，进气口位置合理，避免空气从清洁程度要求低的作业区域流向清洁程度要求高的作业区域。必要时应当安装空气过滤装置和除尘设施。通风设施应当易于清洁、维修或更换，能防止虫害侵入。	符合规定要求。	3		
			通风设施略有不足。	1		
			通风设施严重不足，或者不能满足必要的空气过滤净化、除尘、防止虫害侵入的需求。	0		
2.7	照明设施	厂房内应当有充足的自然采光或人工照明，光泽和亮度应能满足生产和操作需要，光源应能使物料呈现真实的颜色。在暴露原料、半成品、成品正上方的照明设施应当	符合规定要求。	3		
			照明设施或者防护措施略有不足，光泽和亮度略显不足，或改变物料真实颜色。	1		

续表

序号	核查项目	核查内容	评分标准		核查得分	核查记录
2.7	照明设施	使用安全型或有防护措施的照明设施；如需要，还应当配备应急照明设施。	照明设施或者防护措施严重不足。	0		
2.8	温控设施	应当根据生产的需要，配备适宜的加热、冷却、冷冻以及用于监测温度和控制室温的设施。	符合规定要求。	3		
			温控或监测设施略有不足。	1		
			温控或监测设施严重不足。	0		
2.9	检验设备设施	自行检验或部分自行检验的，应当具备与所检项目相适应的检验室、检验仪器设备和检验试剂。检验室应当布局合理，检验仪器设备的数量、性能、精度应当满足相应的检验需求，检验仪器设备应当按期检定或校准。	符合规定要求。	3		
			检验室布局略不合理，或者检验仪器设备性能略有不足，或者个别检验仪器设备未按期检定或校准。	1		
			检验室布局不合理，或者检验仪器设备数量、性能、精度不能满足检验需求，或者检验仪器设备未检定或校准。	0		

三、设备布局和工艺流程（共9分）

序号	核查项目	核查内容	评分标准		核查得分	核查记录
3.1	设备布局	生产设备应当按照工艺流程有序排列，合理布局，便于清洁、消毒和维修保养，避免交叉污染。	符合规定要求。	3		
			个别设备布局不合理。	1		
			设备布局存在交叉污染。	0		
3.2	工艺流程	1. 应当具备合理的生产工艺流程，防止生产过程中造成交叉污染。申请的食品类别、产品配方、工艺流程应当与产品执行标准相适应。执行企业标准的，应当依法备案或公开。食品添加剂生产使用的原料和工艺，应符合食品添加剂食品安全国家标准规定。	符合规定要求。	3		
			个别工艺流程略不合理。	1		
			工艺流程存在交叉污染，或者工艺流程、原料不符合产品执行标准的规定，或者企业标准未依法备案或公开。	0		

续表

序号	核查项目	核查内容	评分标准		核查得分	核查记录
3.2	工艺流程	2. 应当制定所需的产品配方、工艺规程等工艺文件，明确生产过程中的食品安全关键环节和控制措施。生产食品添加剂时，产品命名、标签和说明书及复配食品添加剂配方、有害物质、致病性微生物等控制要求应当符合食品安全国家标准规定。	符合规定要求。	3		
			工艺文件略有不足。	1		
			工艺文件严重不足，或者生产复配食品添加剂的相关控制要求不符合食品安全标准的规定。	0		

四、人员管理（共9分）

序号	核查项目	核查内容	评分标准		核查得分	核查记录
4.1	人员要求	应当配备专职或兼职食品安全管理人员和食品安全专业技术人员，明确其职责。人员要求应当符合有关规定。	符合规定要求。	3		
			人员职责不太明确，或者个别人员不符合规定要求。	1		
			相关人员配备不足，或者人员不符合规定要求。	0		
4.2	人员培训	应当制定和实施职工培训计划，根据岗位需求开展食品安全知识及卫生培训，做好培训记录。食品安全管理人员上岗前应当经过培训，并考核合格。	符合规定要求。	3		
			培训计划及计划实施、培训记录略有不足。	1		
			无培训计划，或计划实施严重不足，或无培训记录。	0		
4.3	人员健康管理制度	应当建立并执行从业人员健康管理制度，明确患有国务院卫生行政部门规定的有碍食品安全疾病的或有明显皮肤损伤未愈合的人员，不得从事接触直接入口食品的工作。从事	符合规定要求。	3		
			制度内容或执行略有缺陷。	1		

续表

序号	核查项目	核查内容	评分标准		核查得分	核查记录
4.3	人员健康管理制度	接触直接入口食品工作的食品生产人员应当每年进行健康检查，取得健康证明后方可上岗工作。	无制度或者制度执行严重不足。	0		

五、管理制度（共27分）

序号	核查项目	核查内容	评分标准		核查得分	核查记录
5.1	采购管理及进货查验记录	应当建立并执行采购管理制度，规定食品原料、食品添加剂、食品相关产品验收标准。采购时，应当查验供货者的许可证和产品合格证明；对无法提供合格证明的食品原料，应当按照食品安全标准及产品执行标准进行检验。 应当建立并执行进货查验记录制度，记录采购的食品原料、食品添加剂及食品相关产品名称、规格、数量、生产日期或者生产批号、保质期、进货日期以及供货者名称、地址、联系方式等信息，保存相关记录和凭证。	符合规定要求。	3		
			制度内容或执行略有不足。	1		
			制度内容或执行严重不足。	0		
5.2	生产过程控制	应当建立并执行生产过程控制制度，制定所需的操作规程或作业指导书，明确原料（如领料、投料、余料管理等）、生产关键环节（如生产工序、设备、贮存、包装等）控制的相关要求，防止交叉污染，并记录产品的加工过程（包括工艺参数、环境监测等）。	符合规定要求。	3		
			个别制度内容或执行略有不足。	1		
			制度内容或执行严重不足。	0		

续表

序号	核查项目	核查内容	评分标准		核查得分	核查记录
5.3	检验管理及出厂检验记录	应当建立并执行检验管理制度，规定原料检验、过程检验、产品出厂检验以及产品留样的方式及要求，综合考虑产品特性、工艺特点、原料控制等因素明确制定出厂检验项目，保存相关检验和留样记录。生产复配食品添加剂的，还应当明确规定各种食品添加剂的含量和检验方法。委托检验的，应当委托有资质的机构进行检验。 应当建立并执行产品出厂检验记录制度，规定产品出厂时，查验出厂产品的安全状况和检验合格证明，记录产品的名称、规格、数量、生产日期或者生产批号、保质期、检验合格证明编号、销售日期以及购货者名称、地址、联系方式等信息，保存相关记录和凭证。	符合规定要求。	3		
			制度内容或执行略有不足。	1		
			制度内容或执行严重不足。	0		
5.4	运输和交付管理	应当建立并执行运输和交付管理制度，规定根据产品特点、贮存要求、运输条件选择适宜的运输方式，并做好交付记录。委托运输的，应当对受托方的食品安全保障能力进行审核。	符合规定要求。	3		
			制度内容或执行略有不足。	1		
			制度内容或执行严重不足。	0		
5.5	食品安全追溯管理	应当建立并执行食品安全追溯管理体系，记录并保存法律、法规及标准等规定的信息，保证产品可追溯。	符合规定要求。	3		
			管理体系或执行略有不足。	1		
			管理体系或执行严重不足。	0		

续表

序号	核查项目	核查内容	评分标准		核查得分	核查记录
5.6	食品安全自查	应当建立并执行食品安全自查制度,规定对食品安全状况定期进行检查评价,并根据评价结果采取相应的处理措施。有发生食品安全事故潜在风险的,应当立即停止食品生产活动,并向所在地县级市场监督管理部门报告。	符合规定要求。	3		
			制度内容或执行略有不足。	1		
			制度内容或执行严重不足。	0		
5.7	不合格品管理及不安全食品召回	应当建立并执行不合格品管理制度,规定原料、半成品、成品及食品相关产品中不合格品的管理要求和处置措施。 应当建立并执行不安全食品召回制度,规定停止生产、通知相关生产经营者和消费者、召回和处置不安全食品的相关要求,记录召回和通知情况。	符合规定要求。	3		
			制度内容或执行略有不足。	1		
			制度内容或执行严重不足。	0		
5.8	食品安全事故处置	应当建立食品安全事故处置方案,规定食品安全事故处置措施及向事故发生地县级市场监督管理部门和卫生行政部门报告的要求。	符合规定要求。	3		
			方案内容或执行略有不足。	1		
			方案内容或执行严重不足。	0		
5.9	其他	应当按照相关法律法规、食品安全标准以及审查细则规定,建立并执行其他保障食品安全的管理制度。	符合规定要求。	3		
			个别制度内容或执行略有不足。	1		
			制度内容或执行严重不足。	0		

六、试制食品检验合格报告（共1分）

序号	核查项目	核查内容	评分标准		核查得分	核查记录
6.1	试制食品检验合格报告	应当提交符合产品执行的食品安全标准、产品标准、审查细则和国务院卫生行政部门相关公告的试制食品检验合格报告。	符合规定要求。	1		
			非食品安全标准规定的检验项目不全。	0.5		
			无检验合格报告，或者食品安全标准规定的检验项目不全。	0		

附件3

食品、食品添加剂生产许可现场核查报告

根据《食品生产许可审查通则》及________________、________________、________________生产许可审查细则，核查组于______年____月____日至______年____月____日对（申请人名称）________________进行了现场核查，结果如下：

一、现场核查结论

（一）现场核查正常开展，经综合评价，本次现场核查的结论是：

序号	食品、食品添加剂类别	类别名称	品种明细	执行标准及标准编号	核查结论
1					
2					
……					

（二）因申请人的下列原因导致现场核查无法正常开展，本次现场核查的结论判定为未通过现场核查：

□不配合实施现场核查；

□现场核查时生产设备设施不能正常运行；

□存在隐瞒有关情况或提供虚假申请材料；

□因申请人的其他主观原因：________________________________。

（三）因下列原因导致现场核查无法正常开展，中止现场核查：

□因不可抗力或其他客观原因：________________________________；

□因申请人涉嫌食品安全违法被立案调查或者涉嫌食品安全犯罪被立案侦查。

核查组组长签名：　　　　　　　　申请人意见：

组员签名：

观察员签名：　　　　　　　　　　申请人签名（盖章）：

年　月　日　　　　　　　　　　年　月　日

二、食品、食品添加剂生产许可现场核查得分及存在的问题

食品、食品添加剂类别及类别名称：________________

核查范围	核查项目分数	实际得分
生产场所	（分）	（分）
设备设施	（分）	（分）
设备布局和工艺流程	（分）	（分）
人员管理	（分）	（分）
管理制度	（分）	（分）
试制食品检验合格报告	（分）	（分）
总分：	（分）	（分）
核查得分率：____%，单项得分为0分的共__项		
现场核查发现的问题		
核查项目序号	问题描述	

核查组组长签名：　　　　　　　　申请人意见：

组员签名：

观察员签名：　　　　　　　　　　申请人签名（盖章）：

年　　月　　日　　　　　　　　　年　　月　　日

注：1. 申请人申请多个类别名称的，应当按照类别名称分别填写核查得分及存在的问题。

2. “现场核查发现的问题”应当详细描述申请人扣分情况；核查结论为“通过”的类别名称，如有整改项目，应当在报告中注明；核查结论为“未通过”的类别名称，应当注明否决项目；对于无法正常开展现场核查的，应当注明具体原因。

3. 现场核查报告一式两份，申请人、核查组各留存一份。

4. 现场核查结论为“通过”的，申请人应当自作出现场核查结论之日起1个月内完成现场核查中发现问题的整改，并将整改结果向日常监管部门书面报告。

附件 4

食品、食品添加剂生产许可现场核查
末次会议签到表

<table>
<tr><td>申请人名称</td><td colspan="4"></td></tr>
<tr><td>会议时间</td><td colspan="4">年　月　日　时　分至　时　分</td></tr>
<tr><td>会议地点</td><td colspan="4"></td></tr>
<tr><td rowspan="3">核查组</td><td>组长</td><td colspan="3"></td></tr>
<tr><td>成员</td><td colspan="3"></td></tr>
<tr><td>观察员</td><td colspan="3"></td></tr>
<tr><td colspan="5">申请人参加末次会议的人员签名</td></tr>
<tr><td>签名</td><td colspan="2">职务</td><td>签名</td><td>职务</td></tr>
<tr><td></td><td colspan="2"></td><td></td><td></td></tr>
<tr><td></td><td colspan="2"></td><td></td><td></td></tr>
<tr><td></td><td colspan="2"></td><td></td><td></td></tr>
<tr><td></td><td colspan="2"></td><td></td><td></td></tr>
<tr><td></td><td colspan="2"></td><td></td><td></td></tr>
<tr><td></td><td colspan="2"></td><td></td><td></td></tr>
<tr><td>备注</td><td colspan="4"></td></tr>
</table>

附件5

食品、食品添加剂生产许可核查材料清单

1.《食品生产许可申请书》及其随附材料；

2. 食品生产加工场所周围环境平面图；

3. 食品生产加工场所平面图；

4. 食品生产加工场所各功能区间布局平面图；

5.《食品生产许可现场核查通知书》；

6.《食品、食品添加剂生产许可现场核查首次会议签到表》；

7.《食品、食品添加剂生产许可现场核查末次会议签到表》；

8.《食品、食品添加剂生产许可现场核查评分记录表》；

9.《食品、食品添加剂生产许可现场核查报告》；

10. 产品执行非食品安全国家标准的标准文本；

11. 试制食品检验报告；

12. 许可机关要求提交的其他材料。

参考文献

［1］ 张建新．食品市场监管概论［M］．北京：中国轻工业出版社，2020.

［2］ 任端平，冀玮，宋凯栋．新食品安全法及配套规章理解适用与案例解读［M］．北京：中国民主法制出版社，2016.

［3］ 张靖，马纯良，徐景和，等．食品生产许可管理办法及审查通则政策解读［M］．北京：法律出版社，2016.

［4］ 纪正昆，刘洪生，王海东，等．工业产品生产许可证教程［M］．3版．北京：中国标准出版社，2006.

［5］ 樊永祥，丁绍辉，刘奂辰．GB 14881—2013《食品安全国家标准 食品生产通用卫生规范》实施指南［M］．北京：中国质检出版社/中国标准出版社，2016.

［6］ 蔺婷．我国食品生产经营许可制度研究［D］．西安：西北大学，2016.

［7］ 白越华，李睿琪，张思丽．浅谈食品分类方法［J］．质量安全与检验检测，2021，31（04）：84-86.

［8］ 张哲，朱蕾，樊永祥．建党百年回顾我国食品标准体系的奋斗路和新征程［J］．中国食品卫生杂志，2021，33（04）：404-408.